高等职业教育“十四五”规划教材
中国特色高水平高职专业建设计划成果
现代农业装备应用技术专业群系列教材

食用菌生产技术

冯淑华　谢　红　主编

中国农业大学出版社
·北京·

内 容 简 介

本书在系统阐述食用菌生产、菌种制作的理论知识的基础上，介绍了平菇、香菇、草菇、双孢蘑菇、黑木耳、灵芝等常见食用菌和珍稀食用(药用)菌的具体栽培技术；食用菌生产中病虫害的防治技术；食用菌干制、罐藏、盐渍、糖制、酱类、饮料加工制作技术。学习任务中安排了相应的技能训练和思考与练习内容，并通过二维码配备了微课视频和动画供读者学习使用。

本书适合作为高等职业院校食用菌生产相关专业课程教材，也可作为食用菌生产企业技术人员、科研人员的参考用书。

图书在版编目(CIP)数据

食用菌生产技术/冯淑华，谢红主编. --北京：中国农业大学出版社，2024.6(2025.1重印)

ISBN 978-7-5655-3204-7

Ⅰ.①食…　Ⅱ.①冯…②谢…　Ⅲ.①食用菌—蔬菜园艺—高等职业教育—教材　Ⅳ.①S646

中国国家版本馆 CIP 数据核字(2024)第 103886 号

书　　名　食用菌生产技术
作　　者　冯淑华　谢　红　主编

策划编辑　郭建鑫　张秀环　　**责任编辑**　郭建鑫
封面设计　李尘工作室
出版发行　中国农业大学出版社
社　　址　北京市海淀区圆明园西路 2 号　　**邮政编码**　100193
电　　话　发行部 010-62733489，1190　　读者服务部 010-62732336
编辑部 010-62732617，2618　　出 版 部 010-62733440
网　　址　http://www.caupress.cn　　**E-mail** cbsszs@cau.edu.cn
经　　销　新华书店
印　　刷　北京溢漾印刷有限公司
版　　次　2024 年 6 月第 1 版　　2025 年 1 月第 2 次印刷
规　　格　185 mm×260 mm　　16 开本　　13.25 印张　　331 千字
定　　价　39.00 元

编 审 人 员

主　　编　冯淑华　黑龙江农业工程职业学院
　　　　　谢　红　黑龙江农业工程职业学院

副 主 编　李永晶　黑龙江农业工程职业学院
　　　　　魏淑红　黑龙江农业工程职业学院
　　　　　冯　博　黑龙江农业工程职业学院
　　　　　陈晓宇　黑龙江农业工程职业学院

参　　编　张　煜　黑龙江农业工程职业学院
　　　　　谢鹏宇　黑龙江农业工程职业学院
　　　　　刘　立　黑龙江农业工程职业学院
　　　　　王　影　黑龙江农业工程职业学院

主　　审　高仕刚　黑龙江秸竞生物科技有限公司

前　言

党的二十大报告提出“坚持农业农村优先发展”“坚持科技是第一生产力、人才是第一资源、创新是第一动力，深入实施科教兴国战略、人才强国战略、创新驱动发展战略，开辟发展新领域新赛道，不断塑造发展新动能新优势”，这为新时期我国农业现代化发展指明了方向，涉农高等职业院校应全面贯彻党的教育方针，落实立德树人根本任务，积极为农业农村发展培养和输送创新型、实干型人才。

本教材共分为四个项目，即项目一认识食用菌、项目二制作菌种、项目三生产食用菌、项目四食用菌保鲜与加工技术。本教材在保证知识系统性和完整性的前提下，强调技术技能的实用性和可操作性，与时俱进，将新理论、新知识、新技术和新方法与现代信息技术相结合，为重要的知识点与技能点配备了视频、动画等数字资源，并通过二维码呈现，知识与技能更加直观，着力打造新形态立体化教材。

本教材由冯淑华、谢红主编，高仕刚主审，具体编写分工如下：冯淑华编写项目一，项目二，项目三中学习任务一、二、三、四；谢红编写项目三中学习任务六、七；李永晶编写项目三中学习任务八、九、十；冯博编写项目三中学习任务十一、十二；魏淑红编写项目三中学习任务五、十三；陈晓宇编写项目三中学习任务十四；谢鹏宇编写项目四；张煜编写附录、参考文献；王影、刘立负责制作全书视频、图片。

本教材适应面广，选择性强，各院校可根据不同专业的教学需求和实训条件选讲部分学习任务或选做部分技能训练。本教材适合作为高等职业院校食用菌生产相关专业课程教材，也可作为食用菌生产企业技术人员、科研人员的参考书。

本教材在编写过程中参考了大量的文献资料，在此向有关作者表示感谢。由于编者的知识水平和能力有限，教材中难免存在不足之处，敬请各位同行和广大读者批评指正。

冯淑华

2024 年 1 月

目　　录

项目一　认识食用菌

问题导入：

什么是食用菌？食用菌有哪些营养价值与药用价值？伞形食用菌由哪几部分组成？食用菌对温度、光照、水分、空气的需求规律分别是怎么样的？

【项目概述】

食用菌是可供食用的大型真菌，具有丰富的营养价值和极高的药用价值。本项目分为三个学习任务，即学习任务一食用菌概况，介绍食用菌的概念、营养与药用价值及生产概况；学习任务二食用菌形态结构与分类，介绍食用菌的孢子、菌丝体、子实体的基本结构及分类方式；学习任务三食用菌生理生态，介绍食用菌生长发育所需的营养、温度、光照、水分、空气、酸碱度、微生物环境。

学习任务一　食用菌概况

【知识目标】

- 了解食用菌的概念，从感官上认识食用菌。
- 了解食用菌在保护生态环境上的重要意义。
- 了解食用菌国内外生产现状、存在的不足及未来发展趋势。
- 掌握食用菌的营养价值与药用价值。
- 掌握食用菌的类型及特点。

【能力目标】

- 能识别不同类型的食用菌。
- 能利用学习平台自主学习。
- 能对食用菌产业的发展有较准确的认识。

一、食用菌的概念

食用菌是一类大型真菌，其肉质(或胶质)子实体(或菌核)可供人类食用。食用菌中 90% 属于担子菌亚门，如平菇、香菇、木耳等。少数属于子囊菌亚门，如冬虫夏草、羊肚菌等。现已报道约 1 000 种，人工栽培的有 90 余种，大规模生产的有 30 余种，可食用、药用的有 300 余种，包括常规菌类、药用菌类、珍稀菌类。

二、食用菌的价值

(一)食用价值

食用菌集中了食品的一切良好特性，营养价值达到植物性食品的“顶峰”。如胶质滑嫩的木耳，香气四溢的香菇，肉质细腻的口蘑，“增智”的金针菇等。食用菌在吃法上也各具特色，如银耳用冰糖炖服；香菇可炒，可凉拌，可与鸡、鸭炖汤，可做饺子、包子等；马勃幼时能吃，成熟后又能入药止血；黑木耳配其他食品炒食，也可以单独食用；食用菌还能加工干制、罐藏或制成肉酱、饮料、酒等可贮藏的食品。

动脑筋：既然食用菌营养丰富，你认为食用菌可以代替蔬菜、粮食吗？

(二)营养价值

食用菌具有高蛋白、低脂肪、低糖、无淀粉、无胆固醇的特点，含有较多的维生素、氨基酸、矿质元素和膳食纤维，具有非常高的营养价值。

从现代营养学的角度来看，食用菌的营养价值主要在于蛋白质(及其氨基酸组成)、碳水化合物、脂肪(及其组成)、维生素、矿物质和膳食纤维六大营养要素的含量和比例。必需氨基酸的种类和数量是衡量食品营养价值高低的重要指标。食用菌的氨基酸不仅种类多、含量高，而且各种比例接近人体的需要。因此，在日常饮食中合理增加食用菌的量，可以补充人体对氨基酸的需求。对目前栽培的食用菌各组分的分析表明，食用菌除富含天然蛋白质外，还含有大量碳水化合物，以及部分的天然纤维素，其脂肪含量和热量均较低。在其所含的矿质元素中，磷、钠、钾含量最丰富，其次为钙和铁，食用菌子实体中含有大量的维生素（表1-1-1、表1-1-2）。

表1-1-1　部分食用菌与蔬菜、粮食中蛋白质含量的比较　　g/100 g（干重）

食用菌		蔬菜		粮食	
种类	蛋白质含量	种类	蛋白质含量	种类	蛋白质含量
蘑菇	36.1	白萝卜	0.6	小麦	12.4
香菇	13.4～18.5	大白菜	1.1	稻米	8.5
平菇	10.5～30.4	菠菜	1.8	玉米	8.5
草菇	25.9～30.1	黄瓜	0.8	高粱	9.5

表1-1-2　部分食用菌维生素的含量　　mg/kg（鲜重）

种类	维生素含量				
	维生素B_1	维生素B_2	维生素B_3	维生素C	维生素D原
双孢菇	1.6	0.7	48.0	131.9	1 240.0
香菇	0.7	1.2	24.0	109.7	2 460.0
平菇	4.0	1.4	107.0	93.0	1 200.0
草菇	12.0	33.0	919.0	206.27	—
金针菇	3.1	0.5	81.0	109.3	2 040.0

（三）药用价值

食用菌的主要药用成分是多糖类、三萜类及核苷类化合物等，具有抗肿瘤、抗菌、抗病毒、降血压、降血脂、抗血栓、镇静、保肝、护肝、代谢调节等功能。如香菇子实体中含有大量的维生素D原，经常食用可以预防儿童佝偻病和老年骨质疏松症。草菇中含有大量的维生素C，可以提高人体免疫力和预防维生素C缺乏病。富含胶质的木耳，具有补血、镇静、润肺等作用，是理想的营养保健食品，因此被作为矿业和纺织业工人的保健食品。药用真菌如茯苓、冬虫夏草、灵芝、猪苓、麦角和马勃等都有一定的药用价值。猪苓常用于治疗小便不利、脚气、水肿等症。灵芝孢子粉可提高人体免疫力，具有抗肿瘤、抗衰老等药用功能。

（四）生态学意义

食用菌作为自然界的“清洁工”，可利用农业垃圾，变废为宝，也可作为肥料、饲料或生产沼气而被利用，是一种清洁能源和可循环再生能源。对于保护生态、维持自然生态系统的平衡、提供能源有巨大的作用。

动脑筋：食用菌作为自然界生物残体的分解者，你认为在保护和改善生态环境上，该怎样发挥其优势？

共生菌与森林植物有共生现象。据研究，地球上95%以上的绿色植物都有菌根，植物和真菌的这种相互依赖的关系，对于这两类生物的进化（协同进化）繁衍，以及对森林、草原和农业生态系统的健康发育都至关重要。如牛肝菌属、乳牛肝菌属、鹅膏属、口蘑属、块菌属等食用菌能与植物形成外生菌根。植物通过根系为真菌提供有利于生长的环境和严格限制异养生物生长的碳水化合物，而菌根真菌供给植物不能通过根系直接从土壤中吸收到的养分，并促进水分的吸收。

有些植物仅和一种真菌有共生关系，有些植物必须与几种真菌建立共生关系才能正常生存。菌根的有无及其分布直接影响高等植物的生存与地理分布。如松属、云杉属、冷杉属和落叶松属等植物在无菌根条件下是不能存活的。因此，菌根对于森林植物至关重要。

腐生菌包括草腐菌、木腐菌和粪生菌，是自然界的分解者。草腐菌分解森林中的落叶，利用落叶的分解物进行繁殖。木腐菌生于树干或木材上，能分解木质素、纤维素和半纤维素，多为担子菌。但所分解的部位和树种有关，也因真菌的种类而异。木腐菌可分为白腐菌和褐腐菌，白腐菌如云芝属、侧耳属等；褐腐菌有革桐菌属、黏褶菌属和香菇属等。通过真菌和其他菌的分解作用每年将约 850 亿 t 碳源以 CO_2 的形式归还到大气中。粪生菌分解动物的粪便，同分解落叶和木材是相似的。

寄生菌的分解作用如冬虫夏草侵染活体生物并从中得到生存所必需的养分，属于分解者或活体分解者。

三、食用菌产业现状

世界主要的食用菌生产国有法国、德国、美国、荷兰、印度尼西亚等。食用菌在中国栽培历史悠久，据唐代韩鄂所著的《四时纂要》中记载，我国唐代已经有了食用菌人工栽培技术。世界四大食用菌包括草菇、平菇、香菇、双孢蘑菇。目前食用菌产业现状主要包括以下几个方面。

（一）结合实现循环生态模式，促进农民增收、生态环保

随着经济的快速发展，我国承载了越来越重的资源、能源压力。要使可持续发展能力不断增强，就必须大力降低资源消耗，提高利用效率，建设资源节约型社会。把菌类生产与其他产业结构调整相结合，将降低养殖、种植成本，提高食用菌品质与实现农业良性循环相结合，利用作物秸秆下脚料、畜禽粪便作为培养料，可以变废为宝，节约成本，又可以保护生态环境。食用菌与农作物立体栽培模式可以充分利用空间，增加农民收入，生态园区又可实现观赏价值。例如，在示范基地的带动下，发展“牧—菌—菜”等生态农业循环经济模式，推动产业结构调整和农民增收，促进人与自然和谐相处。通过发展实施生态农业循环经济，不仅可以增加农民的收入，减少环境污染，同时能增加农村劳动力的就业机会。

因此，大力发展食用菌产业是贯彻落实科学发展观、促进农业生态良性循环、建设资源节约型生态高效农业、实现农业可持续发展的重要选择，是实现乡村振兴的重要渠道之一。

（二）食用菌区域化种植格局逐渐被打破，北方栽培种类增多

我国食用菌大部分产于南方，东部地区占 85%，西部地区占 15%。北方拥有自然、气候适宜及原料广泛等巨大优势，但是食用菌栽培种类较少，食用菌产业发展不够平衡。由于北方设施生产的技术水平不断提高，南方的食用菌种类不断引入，扩大了北方食用菌的种类和生产规模，推动了北方作物秸秆和畜禽粪便的循环利用，增加了农民的收入，发展了北方的经济。

（三）食用菌生产逐渐走向产业化、规模化、现代化和增值化

食用菌规范化栽培技术研究，围绕食用菌优良品种选育、病虫害防治、产品保鲜、加工、贮运等方面，形成了规范的技术规程，促进了新技术的推广和应用。设施栽培不仅是食用菌生产发展的方向，更是集约化规模经营的必然要求。所以，必须尽快提高食用菌生产户的科技素质，从而实现食用菌生产的规范化和标准化。向着深加工方向发展，实现产品的增值化。

（四）当前我国食用菌产业存在的不足

1. 产业结构不合理

产业化经营现状与规模化生产的要求不相适应，现有的食用菌公司辐射面不广，带动力不强，且与菇农的利益衔接不紧密；菇农生产合作化或行业协会也不多，生产的组织化程度偏低。我国对食用菌产业的管理起步相对较迟，对行业的规划引导、信息服务、行政管理都比较薄弱，对菌种、原辅材料的管理基本处于无序状态，常因菌种混乱，菇农的利益得不到保障，挫伤了菇农生产的积极性。

2. 生产效益不够高

我国农村每年有4亿～5亿t的农作物秸秆、茎蔓、芯壳，还有1亿t工厂排弃的甘蔗渣、甜叶菊渣、甜菜渣、酒糟、边材碎屑等下脚料。其中秸秆火烧或弃掉，不仅污染环境，而且浪费了资源。这些都是生产食用菌的好原料，其生物转化率非常高，但目前的利用率不高、效益不好。另外，大量农村剩余劳动力，对发展食用菌产业是很有利的，但由于技术及生产条件的限制，大部分剩余劳动力没有被充分利用，导致食用菌生产率低下。

3. 行业发展不均衡

食用菌的工厂化生产中，双孢蘑菇所占比重较大；个体与集体生产中，香菇生产比较多。食用菌生产过程中，要求的技术含量较高。但由于技术人员的分布不均衡、产品农残等问题，终端产品的开发严重滞后，因此，产品质量不高，结构不稳。

因此，食用菌产业未来将向着高效益发展，注重反季节栽培、立体栽培、珍稀菌类的栽培；生产更加注重食品安全、减少农药和化肥的使用；食用菌生产更加工厂化、规模化、专业化和产业化；食用菌生产向增值化发展，注重产品的加工，增加收益。

【思考与练习】

1. 食用菌的营养价值和药用价值分别有哪些？
2. 食用菌产业发展优势有哪些？为什么说食用菌是自然界的“清洁工”？
3. 结合你家乡的食用菌生产现状，分析未来食用菌产业的发展趋势。

学习任务二　食用菌形态结构与分类

【知识目标】

- 了解食用菌由哪几部分组成及各组成部分的生理特性。
- 了解食用菌的分类方式及种类。
- 掌握食用菌的基本形态和特殊形态。
- 掌握食用菌的繁殖方式及在生产上的应用。

【能力目标】

- 会识别食用菌的形态结构。
- 会识别食用菌的种类。
- 会利用学习平台自主学习。

一、食用菌的形态结构

食用菌种类繁多，形态各异，颜色不一。其形态特征因种类而异，并与生长环境密切相关。虽然它们的形态有很大的差异，但基本结构大致相同，都是由菌丝体和子实体两个基本部分组成的。

(一)菌丝体

菌丝是组成菌丝体的基本单位，多数是无色透明的多细胞的管状、丝状物，呈辐射状分布。菌丝聚集在一起形成菌丝体，呈绒毛状。生长点在菌丝尖端。菌丝体是生活在基质内部的营养器官，它生长在土壤、草地、林木或其他基质内，分解有机物，吸收养分和水分进行生长繁殖。当菌丝体达到生理成熟时，它就会扭结在一起，形成子实体原基，进而形成子实体。子实体成熟后又产生孢子，孢子萌发又形成菌丝体。菌丝有很强的生命力，只要条件适宜就能无休止生长，可持续多年产生子实体。

微课1　菌丝体

1. 菌丝体的一般形态

根据菌丝体的形成过程将菌丝分为初生菌丝、次生菌丝和三生菌丝。

(1)初生菌丝(或称一次菌丝)　由孢子萌发而成的菌丝。初期无隔多核，由多核单细胞发展为单核细胞，菌丝细而少，生长慢，生长期短，难结实(子实体)。

(2)次生菌丝(或称二次菌丝)　由两条初生菌丝质配(质配是指细胞接触处，细胞溶解，其细胞质发生融合，细胞核独立存在于一个细胞中)而成的双核菌丝。次生菌丝要比初生菌丝粗壮，分支多，生长快，生长期长，多以锁状联合方式分裂，可结实。这是食用菌菌丝存在的主要形式，生产上使用的菌种都是双核菌丝。

动画1　次生菌丝的形成过程

双核菌丝细胞的生长是通过锁状联合结构实现的。锁状联合是双核菌丝分裂的形式。存在于香菇、木耳等担子菌中，即生在两个核间的细胞壁一侧上出现一个极短的小分枝，形成一个钩状突起，并不断向原细胞弯曲，与此同时 a、b 两核之一移进了钩状部分，此时，细胞中两个细胞核同时进行有丝分裂，形成子核 a、a′、b、b′。其中一个子核 b 留在钩状突起内，另一个子核 b′则进入顶部。母核 a 分裂成 a、a′后，其中一个子核 a′随新细胞生长方向移到顶端，和一个 b′配合在一起，另一个子核 a 则和另一个移来的子核 b 配合在一起。然后突起下弯，与菌丝接触，发生细胞壁溶解，使突起与原细胞相通。随后，突起中 b 核也进入原细胞的后半部与子核 a 相邻，然后在细胞中间和钩状突起的对侧，分别各形成一个新隔膜。这样一个母细胞就形成了两个具有 a、b 核的双核（异核）子细胞，在两个细胞的隔膜处则残留下一个明显的突起，也就是锁状突起（图 1-2-1，图 1-2-2）

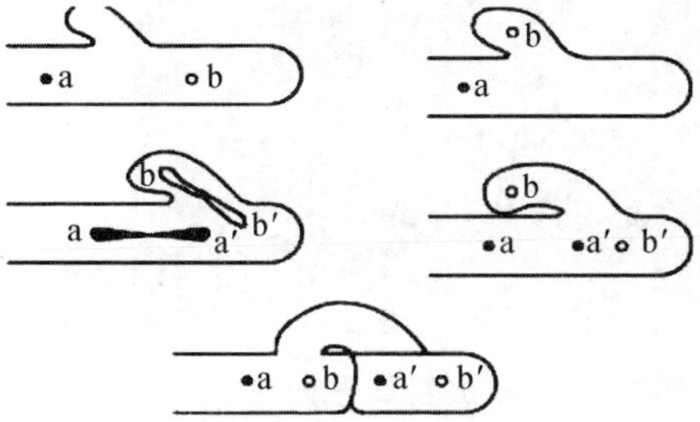

图 1-2-1　锁状联合的形成过程示意图

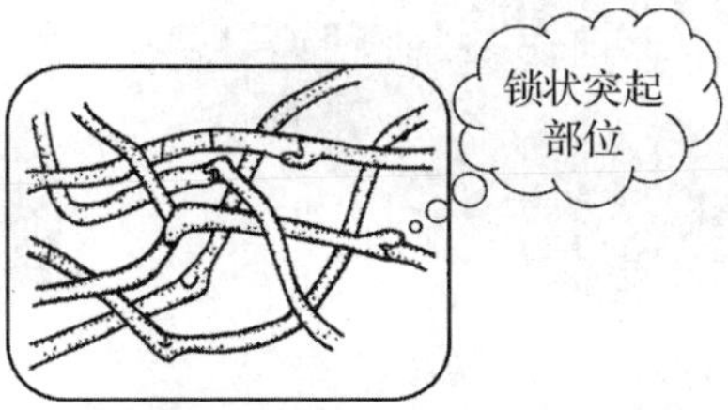

图 1-2-2　锁状联合

动画 2　锁状联合的形成过程

（3）三生菌丝（三级菌丝）当菌丝达到生理成熟时，由次生菌丝进一步发育而形成的组织化的双核菌丝（图 1-2-3）。

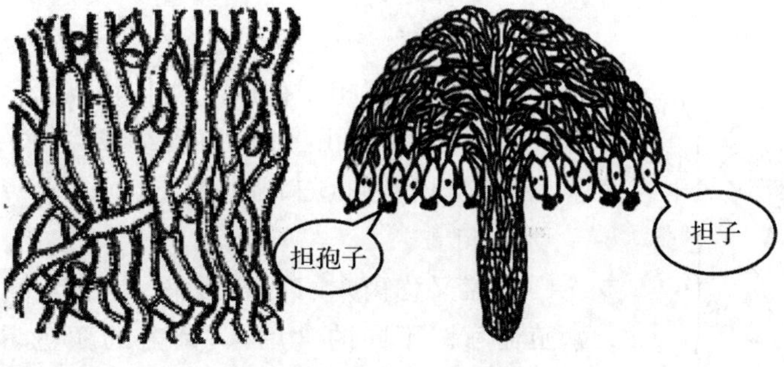

图 1-2-3　三生菌丝

2. 菌丝的特殊形态

（1）菌核　有些食用菌在生长发育过程中的某个阶段或遇到不良的环境条件时，就会扭结在一起，成为一种紧密的假薄壁组织，形成球形、块状或颗粒状的组织，即为菌核。菌核的内部结构可分两层，即皮层和髓层。典型的菌核质地坚硬，皮层多凸凹不平，菌丝扭结比较紧密，呈皮壳状，多为棕褐色至黑褐色，细胞较小，细胞壁厚；髓层白色或粉红色，髓层通常贮有较多的养分，细胞壁较薄，类似植物的薄壁组织。子囊菌和担子菌的许多种类有形成菌核的现象。它是食用菌的休眠组织，能抗御不良环境。当环境适宜时，则可萌发成营养菌丝体或子实体。例如，药用菌茯苓（图 1-2-4）的药用部分就是菌核。

(2)菌索　有些食用菌的菌丝体常缠结成鞋带状或绳索状的结构，这种变态组织称为菌索。其颜色为白色、褐色或暗褐色，粗细长短不一，一般有分枝，并彼此联结成网状或根状。如蜜环菌就有根状菌索，从根状菌索的横切面看，内部结构可分两层，即皮层和髓层，皮层是数层小型厚壁暗色细胞组成的密丝组织，髓部由薄壁菌丝细胞组成。菌索表面常角质化，在不良环境中能保持休眠状态，当条件适宜时，可从生长点恢复生长，发育到一定的阶段再形成子实体。

(3)子座　类似垫状的营养菌丝，常在其中或其上生长子实体，也是繁殖体的一部分。有柱状、棒状、头状等，如冬虫夏草(图 1-2-5)。

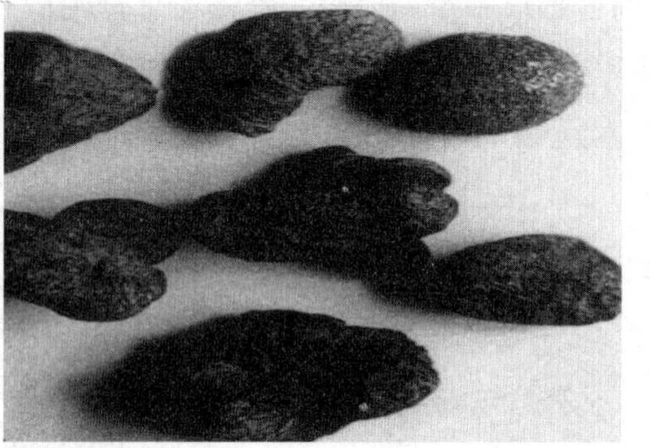

图 1-2-4　茯苓菌核

图 1-2-5　冬虫夏草子座

微课 2　子实体

(二)子实体

子实体是大部分食用菌的主体部分，也是食用菌产生孢子及繁殖后代的器官，只在特定的生殖阶段才能产生。担子菌的子实体是高等担子菌产生子实层的一种高度组织化的结构。

典型的伞状担子菌的子实体由菌盖、菌柄和附属物组成(图 1-2-6)。菌盖由菌肉、菌褶组成，某些伞菌的菌盖上有菌幕，菌柄上还有菌环和菌托。

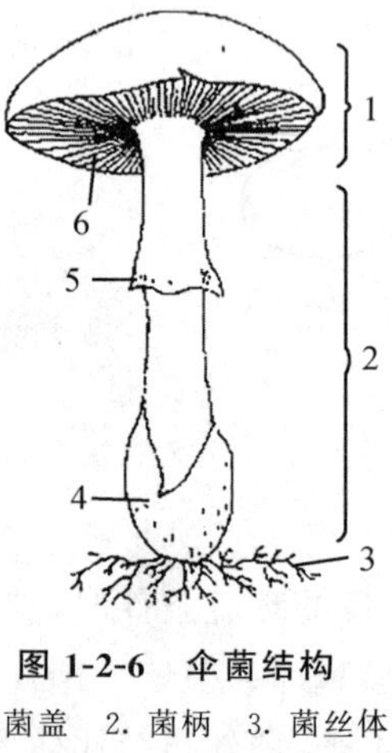

图 1-2-6　伞菌结构

1. 菌盖　2. 菌柄　3. 菌丝体　4. 菌托　5. 菌环　6. 菌褶

1. 菌盖

菌盖又称菌伞、菇盖、菌帽，是食用菌的食用部分，又是繁殖器官。不同的食用菌，菌盖的颜色、形状及大小各不相同，有半球形、斗笠形、圆形、钟形、卵形、平展形、漏斗形等。菌盖小的直径小于 2.5 cm，中等大小的在 2.5～10 cm，大的则超过 10 cm。菌盖的边缘有平滑、波浪、反卷之分，中央有凹凸之分。菌盖的皮层颜色各异，如白、黄、褐、灰、红、青色等。菌盖是由皮层、菌肉和菌褶(或菌管)组成的。

(1)皮层　菌盖的表层叫皮层，皮层细胞含有不同的色素，使菌盖呈现不同的颜色，但颜色常受光照强度的影响，有白色(口蘑、双孢蘑菇)、灰色(草菇)、紫色(红蜡伞)、黄色(金针菇)、杂色(花盖菇)等，是辨认食用菌种类的重要依据。菌盖的皮层有光滑的，有具黏液的，有的有皱纹、条纹或龟裂，有的有绒毛、鳞片、刺或晶粒状的小片。

（2）菌肉　菌盖的皮层下松软的部分是菌肉，是菌盖的实体部分，是组织化的菌丝，有些种类菌丝中有球状泡细胞，红菇属和乳菇属的菌肉就是这种类型。菌肉质地、厚薄不一，有肉质、纤维质、革质、胶质、蜡质、软骨质等。有或无乳汁，有色或无色，有的伤后变色。某些菇类常具典型风味，如味辣的辣乳菇，味香的香菇，味臭的臭黄菇，味苦的苦乳菇，质脆的脆红菇，有杏仁香味的鸡油菌，有海鲜风味的鲍鱼菇、蟹味菇等。

（3）菌褶（菌管）　在菌盖的下方生长着子实层，在子实层上呈放射状排列的片状结构叫菌褶，又称菇叶。有的呈管状，叫菌管，是菇类产生担孢子的地方。菌褶等长或长短不一，有疏、有密。少数种类子实层平铺在子实体表面，如木耳是铺在耳片的腹面；银耳是在耳片的上下表面；猴头菇是在各个肉刺上；喇叭菌是铺在菌盖的外侧；羊肚菌是铺在菌盖凹穴的表面。

2. 菌柄

菌柄也称菇柄，是菌盖的支撑部分，也是输送水分和养料的器官。除少数食用菌无菌柄或仅具有短柄外，绝大多数种类均具有圆柱状的菌柄，但其形状、质地、表面特征以及在菌盖上的着生的位置因种类而不同，也可随生长阶段的不同而发生一些变化。有圆柱形、棒状、纺锤形等不同形状，通常直立、弯曲、扭转，有独立分枝的，也有基部联合的。通常为肉质、纤维质、革质、脆骨质等不同质地；菌柄内部有中空、中松和中实三种情况；多为白色、灰白色，也有其他颜色；与菌盖的着生关系有中生、偏生和侧生三种形式。中生菌柄着生于菌盖的中心，如双孢蘑菇；偏生菌柄着生于菌盖的偏心处，如香菇；侧生菌柄着生于菌盖的一侧，如有些平菇种类。

3. 菌环

菌环是内菌幕残留在菌柄上的环状物。子实体发育早期，菌盖边缘和菌柄间由一层包膜（即内菌幕）相连接，子实体长大时，内菌幕破裂，一部分内菌幕留在菌柄上，呈环状，此环状物称为菌环。菌环着生在菌柄的上、中、下部，其着生方式是分类的主要依据。

4. 菌托

有些伞菌（如草菇）在子实体幼小时，外面包裹一层菌膜，即外菌幕。当子实体长大，外菌膜随之破裂，残留在菌柄基部的外菌幕称菌托（或脚苞）。

（三）有性孢子

1. 担孢子

担子菌类的有性孢子称为担孢子，担孢子着生在担子顶端，故称外生孢子。不同菌类的担孢子弹射方法不同，鬼伞成熟时菌褶会自溶，墨汁状的孢子液靠雨水流散。块菌是生长在地下的，孢子封闭在腹腔内，块菌成熟时散发出特殊的香味，引诱动物来取食，这样靠动物带到别处而传播。竹荪子实体成熟时，产生孢子部位会产生恶臭的黏液，即使在 10 m 外也能闻到臭味，因此它能强烈地吸引蝇类，从而帮助传播孢子。大部分食用菌的孢子是靠自己弹射的方式传播的（图 1-2-7）。

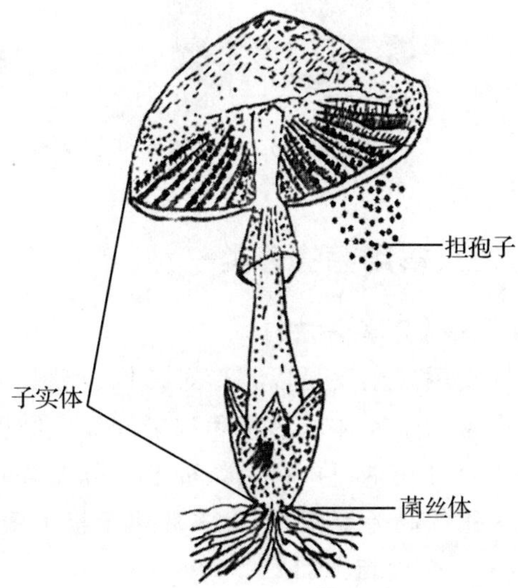

图 1-2-7　担孢子的产生

2. 子囊孢子

子囊菌有性繁殖产生的孢子为子囊孢子，子囊孢子形成于子囊内，与担孢子相对应，被称为内生孢子。受精的产囊体上伸出的产囊丝发育成核菌和盘菌，如虫草类、块菌类，产囊丝具隔膜，它们中的每个细胞内含 2 个核，分别来自雄器、产囊体。由产囊丝顶端的双核细胞伸长并弯曲成为 1 个钩状体，双核并裂成 4 个子核，其中 2 个核移到钩头，一个在钩尖，另一个核在钩柄。然后，钩头与钩尖、钩柄之间各生一隔膜，将钩状体分成三个细胞，钩尖、钩柄各含 1 个核，钩头细胞含 2 个核，称为子囊母细胞，由它伸长并进行核配发育成子囊。子囊中的双倍体细胞核，经过减数分裂形成 4 个单倍体的细胞核，再经过一次有丝分裂形成 8 个细胞核，然后围着每个核的细胞质形成细胞壁形成 8 个子囊孢子。

子囊孢子的释放是很复杂的，与周围空气湿度、温度、阳光及气流有着密切的关系。羊肚菌的子实层着生在凹坑内。块菌埋生地下，子囊不规则地散布于埋藏在脑状髓层和外菌脉间形成的组织圈内，不外露，块菌子囊孢子常只有 2～4 个。

二、食用菌的生活史

食用菌的生活史(图 1-2-8)是指食用菌从孢子到孢子的整个生长发育过程，包括无性繁殖和有性繁殖。不经过性细胞结合而产生的孢子是无性孢子，如厚垣孢子、冬虫夏草的分生孢子。在食用菌生产过程中往往忽略这些无性孢子，而野生菌的这些繁殖体对其遗传和繁衍有重要的影响，如一些菌根菌和形成蘑菇圈的食用菌。

各种菌的有性繁殖生活史不同，但大致都经过孢子萌发、菌丝生长、两条初生的单核菌丝进行质配、双核菌丝形成、双核菌丝产生子实体、两个遗传型不同的核相结合(核配) 形成二倍体、二倍体核经减数分裂形成有性孢子等过程。多数担子菌的菌丝体在完成其生活史前要经过三个明显不同的发育阶段，即初生菌丝体、次生菌丝体及三生菌丝体。

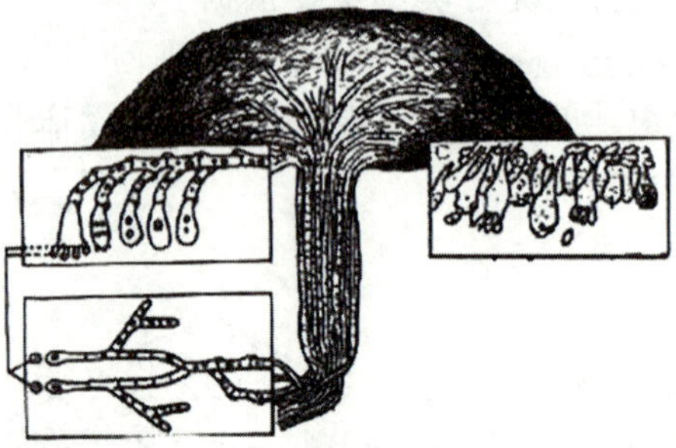

图 1-2-8　食用菌的生活史

动脑筋：食用菌像植物一样有一年生、两年生和多年生之分吗?

三、食用菌的分类

(一)分类方法

食用菌主要是以其形态结构、细胞、生理生化、生态学、遗传等特征为依据进行分类的。特别是常以子实体的形态和孢子的显微结构为主要依据。根据各类群之间的相似程度，将其划分为界、门、纲、目、科、属、种七个分类等级。其中“种”为分类的基本单位。食用菌是人们食用和药用的高等真菌，绝大多数属于担子菌亚门，少数属于子囊菌亚门。

1. 子囊菌亚门

种类少，经济价值高，多为野生菌(图 1-2-9)。

2. 担子菌亚门

种类多,主要供药用和食用(图 1-2-10)。

- 子囊菌亚门
  - 麦角菌目麦角菌科（冬虫夏草）
  - 盘菌目
    - 马鞍菌科
      - 马鞍菌属（马鞍菌）
      - 鹿花菌属（鹿花菌）
    - 羊肚菌科羊肚菌属（羊肚菌）
  - 块菌目块菌科块菌属（块菌）

图 1-2-9　子囊菌亚门

- 担子菌亚门
  - 耳类（木耳、银耳、桂花耳）
  - 非褶菌类（猴头、灵芝等）
  - 伞菌类（平菇、香菇、草菇等）
  - 腹菌类（竹荪、马勃等）

图 1-2-10　担子菌亚门

(二)主要种类

我国地理位置和自然条件十分优越,蕴藏着极为丰富的食用菌资源。目前,我国已发现食用菌 1 000 多种,隶属于 166 个属、54 个科、14 个目。

1. 子囊菌亚门

子囊菌亚门,包括块菌科、腔地菇科、盘菌科、肉盘菌科、羊肚菌科、马鞍菌科、麦角菌科等。它们的子实体大都呈盘状、鞍状、钟状或脑状。

(1)块菌科　包括白块菌、夏块菌、黑孢块菌等菌类,这些菌类有着独特的味道和营养保健价值,被誉为“菌中之王”。

(2)腔地菇科　包括网孢地菇、瘤孢地菇,是味道鲜美的食用菌。

(3)盘菌科。

(4)肉盘菌科。

(5)羊肚菌科　包括羊肚菌、尖顶羊肚菌、黑脉羊肚菌等,也都是味道鲜美的食用菌。

(6)马鞍菌科　包括马鞍菌、棱柄马鞍菌。

(7)麦角菌科　冬虫夏草是名贵的药用菌类,能止血化痰、补肾保肝、提高人体免疫机能等。此菌类不易培养,药效很高,经济价值极高,每克干品能创造 1 万余元的经济效益。

2. 担子菌亚门

绝大多数食用菌属于担子菌亚门,含 40 个科,大致可分为四大类群,耳类、非褶菌类、伞菌类及腹菌类。

(1)耳类　包括银耳目、木耳目、花耳目的食用菌。常见种类有木耳、银耳、桂花耳等。

(2)非褶菌类　指非菌褶目的可食用菌类,包括珊瑚菌科、杯瑚菌科、枝瑚菌科、绣球菌科等。

(3)伞菌类　包括伞菌目、牛肝菌目、鸡油菌目、红菇目的食用菌。其中以伞菌目食用菌种类最多。常见栽培种类有平菇、草菇、金针菇、香菇、鸡腿菇、大肥菇等。平菇类代表菌有糙皮侧耳、紫孢侧耳、佛罗里达侧耳、鲍鱼侧耳等。鸡油菌目的鸡油菌科包括鸡油菌、白鸡油菌、小鸡油菌等,在国际市场上很受青睐。牛肝菌目的牛肝菌科包括美味牛肝菌、松乳牛肝菌、松塔牛肝菌、黑牛肝菌等。红菇目的红菇科包括大白菇、黑菇、正红菇、变色红菇、松乳菇等。

(4)腹菌类　包括腹菌目、须腹菌科、灰色菇科、鬼笔目等可食用的菌类。常见的菌类有红须腹菌、柱孢须腹菌等;灰色菇科的荒漠胃腹菌;鬼笔目的鬼笔科中的红鬼笔、长裙竹荪、短裙竹荪菌。

【技能训练】

技能训练一　食用菌菌丝体形态观察

一、实训目的

1. 了解食用菌的微观结构、识别食用菌次生菌丝的特征。

2. 掌握制片方法、观察食用菌双核菌丝及锁状联合。

二、实训材料

1. 材料

平菇、香菇等试管母种与平板菌落。

2. 用具和试剂

生物显微镜、尖嘴镊子、载玻片、盖玻片、解剖刀、解剖针、解剖剪、刀片、酒精灯、火柴、番红染色液、二甲苯、擦镜纸、吸水纸等。

三、方法步骤

（一）直接观察

从颜色、菌丝长势、爬壁力、有无无性孢子、菌苔边缘特征等方面进行识别。

（二）显微镜观察

1. 制片

取一块洁净载玻片，将其一面在火焰上微热，在中央滴一滴番红染色液，按无菌操作用解剖针挑取少许带培养基的菌丝，然后置于番红染色液中。

2. 盖片

取一块盖玻片，轻轻盖上后用手指适当按压，将培养基压碎，使其均匀平展于载玻片上。

3. 镜检

将标本片固定于载物台上，先在低倍镜下找到理想目标，再在高倍镜下观察菌丝的分枝、分隔、锁状联合等特征。

四、实训考核

绘出双核菌丝及锁状联合形态特征图。

技能训练二　食用菌子实体形态结构观察

一、实训目的

认识常见的食用菌子实体形态、观察担子及担孢子的着生情况。

二、实训材料

1. 材料

各种新鲜食用菌的子实体，干制食用菌标本及胡萝卜。

2. 用具

显微镜、载玻片、盖玻片、镊子、解剖刀、解剖针、解剖剪等。

三、方法步骤

（一）直接观察

识别平菇、香菇等子实体形态特征。首先观察子实体的组成部分及其形态特征，从颜色、大小及其菌盖、菌褶、菌柄、菌环、菌托等特征将各种子实体进行比较识别。再用解剖刀纵切子实体,观察菌盖和菌柄等部分的组成,从菌肉颜色、质地、菌褶着生情况,菌柄的质地、粗细、是否中实等方面进行比较。

(二)显微镜观察

1. 切片

用尖嘴镊子取一小块菌褶,将其夹于胡萝卜条的切线中间,用刀片横切,切下的切片放入有蒸馏水的培养皿中,切片要求薄而均匀。

2. 制片

在载玻片中央滴一滴蒸馏水,用解剖针挑取最薄的切片放于载玻片上的水滴中,盖上盖玻片。

3. 镜检

将标本片固定于载物台上,用低倍镜寻找理想目标,再用高倍镜观察子实层、担子和担孢子的形态、大小及排列状况。

四、实训考核

1. 绘出香菇、平菇子实体形态及纵剖面简图并注明各部分名称。
2. 绘出担子及担孢子着生情况图并注明各部分名称。

【思考与练习】

食用菌形态结构(菌丝体)

一、判断题

1. 菌丝体具有吸收水分和营养物质的功能,是营养器官。 (　　)
2. 菌丝体一般呈白色绒毛状。 (　　)
3. 初生菌丝可以结子实体。 (　　)
4. 次生菌丝有锁状联合,初生菌丝没有。 (　　)
5. 次生菌丝是由初生菌丝质配而形成的。 (　　)
6. 三生菌丝是次生菌丝组织化而形成的子实体结构,我们吃的香菇其实是次生菌丝体。 (　　)
7. 菌丝体是为适应环境由子实体形成的特殊形态。 (　　)
8. 菌丝体是由孢子萌发而获得的。 (　　)

二、多项选择题

1. 子实体的特殊形态包括(　　)。

A. 菌核　　B. 菌锁　　C. 子座　　D. 虫草

2. 菌丝体按照形成过程分为(　　)。

A. 初生菌丝　　B. 次生菌丝　　C. 三生菌丝　　D. 中生菌丝

食用菌形态结构(子实体)

一、判断题

1. 子实体是由次生菌丝体组织化形成的。 (　　)
2. 子实体是繁殖和食用部分。 (　　)

3. 子实体是产生有性孢子的肉质或胶质的大型菌丝组织体又称菇、耳等。（　）
4. 菌肉可产生无性孢子。（　）
5. 菌盖表皮是产生有性孢子的部位。（　）

二、简答题

子实体有哪些特点？

食用菌形态结构(孢子)

一、判断题

1. 食用菌多属担子菌纲，产生担孢子。（　）
2. 担孢子产生于菌褶内，相当于食用菌的种子，可萌发菌丝，结成子实体。（　）
3. 担孢子属于有性孢子，食用菌只能产生有性孢子。（　）
4. 担孢子是由次生菌丝尖端双核细胞减数分裂而成的。（　）
5. 担孢子是野生食用菌的重要繁殖方式。（　）
6. 孢子印是孢子按菌褶排列方式散落在纸上形成的图纹，是鉴定伞菌种类的重要依据，也可用于母种制备。（　）

二、简答题

食用菌的繁殖方式有哪些？

三、思考题

为什么担孢子繁殖是野生食用菌的重要繁殖方式？（自查资料）

学习任务三　食用菌生理生态

【知识目标】

- 了解食用菌生长过程中需要哪些营养。
- 了解食用菌生长过程中的理化环境与生物环境。
- 了解食用菌的生理类型。
- 掌握食用菌的营养来源及配制培养料所用的原料。
- 掌握食用菌理化环境变化规律。
- 掌握生物对食用菌生长发育的影响。

【能力目标】

- 能根据食用菌的营养特点选择培养料。
- 能根据食用菌对理化环境的要求调控栽培环境。
- 能根据食用菌的生理类型选择适合的培养料和栽培环境。

一、食用菌的营养

能够满足食用菌生命活动的物质称为食用菌的营养。食用菌生命活动中需要大量的水、有机物、无机盐等物质。但由于食用菌摄取营养的方式不同(腐生、共生和寄生),所摄取营养物质的来源也不同。食用菌的营养包括碳源、氮源、无机盐及生长因子。

1. 碳源

碳是食用菌生命活动所需要的能量来源,是构成食用菌细胞和代谢产物中碳骨架的营养物质。食用菌的碳源有纤维素、半纤维素、木质素、淀粉、果胶、戊聚糖类、有机酸、醇类、糖类。常见的碳源中,单糖、低分子有机酸、醇类可以被直接吸收,纤维素、半纤维素、淀粉等大分子化合物需要经过菌丝细胞产生的胞外酶分解成葡萄糖、果糖等简单糖类,才能被吸收利用。

在一级菌种培养基中,一般加入葡萄糖、蔗糖,供菌丝直接吸收利用,提高菌丝的生长速度。在二级菌种、三级菌种的培养基中,主要提供各种富含纤维素、半纤维素、淀粉、木质素等的木屑、棉籽壳、麦秸、玉米芯等。在配制这样的培养料时,加入0.5%～1%的单糖类(如蔗糖)能提高酶的活性,加快对纤维材料的分解。

2. 氮源

氮源是指能被食用菌吸收利用的含氮化合物,是合成菌丝细胞蛋白质和核酸的主要来源。食用菌主要利用各种有机氮,也可以利用氨态氮、硝态氮等无机氮,但无机氮利用率低,菌丝生长较慢,并且有不出菇现象。生产上常用蛋白胨、酵母膏、尿素等作为一级菌种培养基的氮源,而在二级菌种和三级菌种培养基中,多用麦麸、米糠、豆饼等含氮量高的物质作为提供氮的原料。

不同的食用菌、同种食用菌的不同发育阶段对碳氮比的要求不同。一般说来,菌丝生长阶段碳氮比为20∶1,含氮量过低,菌丝生长缓慢;子实体发育阶段碳氮比为(30～40)∶1,含氮量过高，菌丝体徒长，抑制子实体的发生，延迟出菇。

3. 无机盐

无机盐是构成细胞和酶的成分，并调节细胞与环境的渗透压。根据食用菌对矿质元素需求量的大小，可分为大量元素和微量元素。磷、钾、硫、钙、镁为大量元素，在食用菌生产中，可向培养料中施加适量的 KH_2PO_4、石膏、硫酸镁来满足食用菌的需求。微量元素包括铁、铜、锌、硼等，在培养基中的浓度为 1 mg/L。在生产中常添加石膏（1%～3%）、过磷酸钙（1%～5%）、碳酸钙（1%～3%）、硫酸镁（0.5%～1%）。草木灰、石膏、碳酸钙等还可以调节培养料的酸碱度。

4. 生长因子

生长因子是食用菌生长中需求量很小的特殊有机物质。维生素、核酸、碱基、氨基酸、植物激素等生长因子是一类微量有机物。这类物质用量甚微，但作用很大，维生素类物质主要起辅酶作用，生长因子对食用菌的生长发育有促进作用。天然培养基或半合成培养基使用的马铃薯、酵母粉、麦芽汁、米糠等天然物质中提供了足量的生长因子，因此一般不需要另外添加。

二、食用菌生长发育环境条件

（一）非生物环境条件

1. 水分

微课 3 食用菌的生长环境

水分对食用菌的影响包括培养料的含水量和空气的相对湿度。水分是细胞的成分，也是新陈代谢必不可少的溶剂，并且影响食用菌生长的生态环境。水分影响食用菌孢子的萌发及菌丝体的生长。一般来说，培养料含水量在 60%～65%，菌丝生长阶段空气相对湿度为 65%～70%，而子实体生长阶段空气相对湿度为 80%～95%（表 1-3-1）。食用菌生长发育从孢子萌发到菌丝体生长到子实体发育对水分的需求逐渐增多。可以通过培养料注水、空气中喷水等方式进行水分的补充。

表 1-3-1 常见食用菌对培养料水分和空气相对湿度的要求 %

种 类	菌丝生长阶段培养基的含水量	子实体发育阶段空气相对湿度
双孢蘑菇	60～65	85～90
香菇	55～60	85～90
草菇	65～70	85～90
金针菇	65～70	90
滑菇	60～65	85～95
平菇	60～65	85～90
金顶侧耳	60～65	90

2. 温度

食用菌生长受温度的影响。它直接影响食用菌生长的速度。在适宜温度下，酶活性高，促进菌丝快速生长。随着温度的上升菌体中的生物化学反应速率加快，菌丝体内的蛋白质、核酸等对温度较敏感，随着温度的升高而可能遭受不可逆的破坏，因此，菌丝生长只是在一定范围内才随温度的上升而加快。温度上升到一定程度后开始对菌丝体产生不利影响，以致死亡。一般菌丝生长的温度范围为 5～45 ℃，最适宜温度是 20～35 ℃，草菇最高 35 ℃，口蘑最低 20 ℃。食用菌生长发育从孢子萌发到菌丝体生长到子实体发育，温度逐渐降低。

食用菌菌丝耐低温而不耐高温。不同的菌类有不同的适宜温度，依据适宜温度可将其分为高温型（适温为 28～35 ℃，如灵芝、草菇等）、中温型（适温为 18～28 ℃，如香菇等多种食用菌）及低温型（适温为 18～20 ℃，如金针菇、滑子菇等）。根据食用菌不同阶段对温度的要求要在栽培中通过设施控制环境温度，并且注意培养料的温度（表 1-3-2）。

表 1-3-2　几种常见食用菌对温度的要求　　℃

种类	菌丝体生长温度		子实体分化与生长最适温度	
	范围	最适	分化	生长
蘑菇	6～33	24	8～18	13～16
香菇	3～33	25	7～21	12～18
草菇	12～45	35	22～35	30～32
木耳	4～39	30	15～37	24～27
侧耳	10～35	24～27	7～22	13～17
银耳	12～36	25	18～26	20～24
猴头菇	12～33	21～24	12～24	15～22
金针菇	7～30	23	5～19	8～14
平菇	6～35	20～27	15～24	13～17

3. 酸碱度

大多数食用菌喜欢偏酸性的环境，菌丝生长的 pH 为 3～8，最适 pH 为 5.0～6.5。猴头菇菌丝生长最适 pH 为 4.0～5.0，pH 大于 7.5 时，菌丝难以生长。少数食用菌喜欢偏碱性环境，如草菇菌丝生长最适 pH 为 7.5～8.0（表 1-3-3）。在配制培养基时，pH 要调高一些，因为 pH 在灭菌后会有所下降，同时食用菌生长发育过程中，产生有机酸也会使 pH 降低。为了维持环境中 pH 的稳定，在配制培养基时，培养料在配制时要调节 pH，并且常加入石膏、碳酸钙、K_2HPO_4 等作为缓冲剂。在培养间歇期用氢氧化钙石灰水喷料面维持 pH。

表 1-3-3　常见食用菌对 pH 的要求

种类	适宜范围	最适	种类	适宜范围	最适
蘑菇	5～8	6.8～7.5	平菇	4～8	5.8～6.2
草菇	6～8.8	7.5～8	银耳	4～7.5	5.5～6.0
香菇	3～7	4.5～6	黑木耳	4～7	5～6.5
金针菇	3～8.4	4～7	猴头菇	2.4～5.4	4
滑菇	3～8	4.0～5.5			

4. 光照

食用菌菌丝生长一般不需要光照,光照对某些食用菌菌丝生长有抑制作用。在子实体生长阶段要求一定的散射光照。不同食用菌对光的反应也不同。草菇一生都不需要光照,花菇在形成时需要一部分直射光。木耳子实体生长时也可以有少量直射光。因此,栽培期间需要采取覆盖遮阳网、草帘等来控制光照。

5. 空气

几乎所有食用菌都是好气性菌类。食用菌的不同发育阶段所需的氧气量不同,食用菌从孢子萌发到菌丝体生长再到子实体发育,需要空气的量逐渐增多。不同食用菌的菌丝体生长阶段需氧量是有差异的。食用菌对高浓度的 CO_2 一般很敏感,平菇对 CO_2 的忍受力则较强,菌丝体培养时,在 CO_2 浓度高达 20%～30%的条件下,其菌丝仍能正常生长。除平菇外,其他菌类在菌丝体培育期间都必须有新鲜空气供给,否则,氧气不足,菌丝体的生活力下降,菌丝蔓延缓慢,菌丝体呈灰白色。

有一些特殊的食用菌,如金针菇,在菌盖直径 1 cm 时,需要减少通风,增加 CO_2 的浓度,才能使菌柄伸长。因此,在食用菌生长的不同阶段,要控制好通风量。当菌袋中菌丝体生长缓慢时可以用刺孔的方式增加透气性,促进菌丝生长。

(二)生物环境条件

食用菌作为自然界中的分解者和农业废弃物的利用者,在维持生态系统平衡中充当着重要的角色。

动脑筋: 食用菌是大型真菌,在大棚中和蔬菜一起栽培时会使蔬菜发生病害吗?

1. 植物

根据食用菌不需要光照或需要散射光的特点,采用立体栽培模式。如高秆作物玉米等可与食用菌套种;瓜、果棚架下也可套种食用菌;水稻生长后期也可套种食用菌,充分利用空间,提高经济效益。有些食用菌与植物具有共生关系,如菌根真菌、天麻与蜜环菌等。

2. 动物

有些食用菌寄生于动物体上,如冬虫夏草、蛹虫草等,它们是珍贵的中药材;动物也会和食用菌形成竞争关系,为害食用菌,吃料、啃食子实体,发生虫害会影响食用菌产量和品质。

3. 微生物

微生物对食用菌的影响包括有益的和有害的两种。许多微生物(细菌、霉菌、酵母菌和病毒等)是食用菌病害的病源,但也有一些是食用菌生长发育必须依靠的,如食用菌的原料发酵要利用一些有益微生物,使原料发酵升温,料温可达 65～70 ℃,相当于巴氏消毒的温度,可杀死虫卵和杂菌,同时使原料营养物质腐熟转化,利于食用菌菌丝吸收利用。有的食用菌不覆土不出菇,因为土壤中有促进菌丝发育成子实体的有益微生物。

一些微生物和食用菌是竞争关系,如细菌、放线菌、霉菌、酵母菌等,一旦在菌种生产或在栽培中出现这些杂菌,轻者减产或降低食用菌品质,重者会绝产。因此在食用菌制种、栽培及产品加工等过程中都要防除杂菌。

三、生理类型

食用菌是异养型生物,根据自然状态下的营养方式,可将其分为腐生、共生和寄生三种类型。

1. 腐生型

这类食用菌能够分泌各种胞外、胞内酶，分解有机残体，从中吸收养料。根据腐生型食用菌所适宜分解的植物和生活环境的差异，又可分为木腐菌、土生菌和粪草生菌。

木腐菌主要生活在枯木、倒木上，能引起木材腐朽。不同的食用菌对树种的适应性也不同，多数食用菌适应面较广，如木耳能在柞木等多种阔叶树木上生长；少数的适应面较窄，如柱状田头菇，主要生长在茶及枫香等阔叶树上。土生菌是以土壤中的腐烂树叶、杂草、朽根为营养源，分布在林地、草原、牧场、肥沃的田野中。粪生型食用菌多生活在腐熟堆肥、厩肥、腐烂草堆及有机废料上，如草菇多生于烂草堆上，鬼伞多生于粪堆上。目前，生产上栽培的食用菌绝大多数是腐生型菌类。

动脑筋：属于草腐菌的食用菌在生产中可以用木屑作培养料吗？

2. 寄生型

寄生型食用菌生活在活的有机体上，从寄主细胞中吸收营养而生长发育。食用菌中，整个生活史都营寄生生活的十分罕见，多是在生活史的某一阶段营寄生生活，而其他时期则营腐生生活，为兼性寄生。如冬虫夏草，秋季寄生于蝙蝠蛾的幼虫上，致使虫体死亡，然后营腐生生活，靠虫体营养完成生活史；又如蜜环菌，开始生活在树木的死亡部分，一旦有菌丝进入木质部的活细胞后，便开始营寄生生活；金针菇、猴头菇、糙皮侧耳都能在一定条件下侵染活的树木。

3. 共生型

共生型食用菌能与高等植物、昆虫、原生动物或其他菌类相互依存、互利共生。松茸、美味牛肝菌等菌根菌与高等植物共生，菌丝包围在树根的根毛外围，一部分菌丝延伸到森林落叶层中，取代根毛，从土壤中吸收水分和养料供给菌丝体和植物，并能分泌代谢产物刺激植物根系生长，菌根菌则从树木中吸收营养。

【思考与练习】

食用菌生理生态(营养)

一、判断题

1. 食用菌生产中通常用白糖作培养料中的辅助碳源。 (　　)
2. 食用菌生产中铵态氮比硝态氮效果好，有机氮与无机氮要按比例配合使用。 (　　)
3. 培养料中要添加微量元素才能满足食用菌生长需要。 (　　)
4. 食用菌中的水来源于培养料和空气，所以要调节好空气相对湿度和培养料含水量。 (　　)

二、多项选择题

1. 食用菌的营养物质有(　　)。

A. 碳　　B. 氮　　C. 无机盐
D. 生长因子　　E. 水

2. 下列哪些糖源不能被食用菌直接吸收？(　　)

A. 秸秆　　B. 玉米芯　　C. 棉籽壳
D. 白糖　　E. 木屑

3. 下列哪些是食用菌的有机氮源？(　　)

A. 米糠　　B. 麸皮　　C. 牛粪

D. 豆饼　　E. 硝酸铵

4. 下列哪些可用来补充食用菌中的钙元素？(　　)

A. 石膏粉　　B. 草木灰　　C. 过磷酸钙　　D. 熟石灰

5. 食用菌中无机盐的作用有(　　)。

A. 参与细胞组成　　B. 酶的组成部分或激活剂

C. 调节细胞渗透压　　D. 控制细胞水分

三、思考题

1. 在你的家乡，食用菌栽培时采用的植物性下脚料有哪些？

2. 尿素在食用菌生产中起什么作用？

食用菌生理生态(环境)

一、名词解释

1. 恒温结实

2. 变温结实

二、判断题

1. 食用菌栽培中温度是由高到低的。(　　)

2. 食用菌栽培中湿度是由高到低的。(　　)

3. 食用菌栽培中空气是由少到多的。(　　)

4. 食用菌栽培中光照一般是由无光到散射光的。(　　)

5. 培养料适宜含水量一般为60%～65%，在拌料时加足，后期失水再补充。(　　)

6. 木耳属于喜湿性菌类，香菇属于厌湿性菌类。(　　)

7. 酸碱度通过在拌料时加入10% NaOH溶液、稀HCl溶液或石灰等调节，或在间歇期喷熟石灰保持pH。(　　)

8. 食用菌栽培设施中，通气孔不能形成对流。(　　)

9. 食用菌一生中都不需要直射光。(　　)

三、简答题

1. 食用菌栽培过程中温度的调控要注意哪些方面？

2. 食用菌栽培过程中对空气的需求规律是什么？如何控制通风？

四、思考题

目前用于食用菌栽培中控制光照的材料有哪些？(自查资料)

项目二　制作菌种

问题导入：

如何选择食用菌生产场地？如何配制各级菌种的培养基？二级、三级菌种培养料配方是否相同？是否在制作三个级别的菌种及接种时都需要无菌操作？母种质量鉴定项目都包括哪些？菌种保藏的方法有哪些？菌种复壮的方法有哪些？

【项目概述】

菌种的制作过程实质上是菌种生产的过程，包括场地的选择和设施的准备；培养料（培养基）的选择、配制、灭菌；制作一级菌种时种菇的选择与处理；制作二级菌种时如何选一级菌种，制作三级菌种时如何选二级菌种；接种及接种后的培养；培养后的质量鉴定、保藏和复壮。本项目分为六个学习任务，以文字、动画、视频等形式全面阐述了制种的全过程。

学习任务一　菌种生产设施设备

【知识目标】

- 了解选择食用菌生产场所、建筑设施的要求。
- 了解食用菌生产需要的基本设备及其功能。

【能力目标】

- 会根据食用菌生物学特性和生产需要选择合适的场所。
- 会选择、使用、维护基本的设施设备和调控设施环境。

食用菌菌种生产需要具备一定的条件，如适合的场地、相应的设施设备、熟练的生产技术，才能顺利完成菌种制作过程，生产出质量优良的各级菌种。

一、菌种生产设施

菌种的生产需要有合适的场地，配备相应的设施，能够完成配料（配培养基）、灭菌、接种、培养、贮存等生产过程。

（一）场所的选择

根据食用菌菌种生长的特点和与其他生物的关系，菌种生产场地应选择远离污染源，空气、水无污染，水源、电源充足，交通便利，劳动力充沛，距离城市稍远，地势高燥、开阔的地方。

（二）建筑设施要求

具体设施根据生产规模确定，生产一级、二级菌种要求有准备室、接种室、培养室和储存室。建筑为砖石或水泥构成，密闭、隔热和保温，光线充足，能通风换气，有水电及供暖设施。室内地面和墙壁光滑，减少灰尘污染。生产三级菌种，即栽培种，环境可以简陋一些，地下室、半地下室、温室、塑料大棚、废旧的泥土房等均可，要求设施内外卫生条件好，可通风、调温、调光、调湿，有足够大的菌种摆放与人员活动空间。

二、菌种生产设备与用具

（一）配料设备

配料设备包括切片机、粉碎机、搅拌机、装瓶装袋两用机，不同规模的生产选择不同规格的设备。尤其是大型生产场所，设备配备齐全，能够大大减少劳动力的使用量，节约时间，提高劳动效率，减少生产成本。

1. 一级菌种培养基制备室

一级种培养基配制室需要相对清洁、明亮、干燥的房间，而且空间要足够。室内要求有水源和电源。同时应有以下设备及仪器。

（1）电子天平　用于称量原料（马铃薯粉、琼脂、蔗糖）。

（2）工作台、试剂柜及墙柜　放置一些配制培养基的原材料、试剂及小型工具。

(3)其他　量杯或量筒、漏斗、纱布、铝锅、乳胶管、试管架、试管夹、电磁炉、菜刀、菜板、玻璃棒、棉花、搪瓷缸、搪瓷盘等,还需要试管刷、线绳、剪刀、塑料筐等。

2. 二级菌种、三级菌种培养料制备设备及仪器

二级菌种一般采用玻璃瓶或塑料袋分装,三级菌种基本上用塑料袋分装,将以棉籽壳、木屑等为主的培养料装入瓶或袋中。可人工装料,但生产效率低,劳动强度大,培养料松紧也不均匀。有条件的最好使用机械装料。

(二)灭菌设备

食用菌生产上培养基常用的灭菌方法为湿热灭菌,是通过蒸汽杀死微生物的方法。在同一温度下,湿热灭菌比干热灭菌效果好,因为湿热灭菌的穿透力比干热灭菌大,杀伤力强。蛋白质、原生质胶体在湿热条件下容易变性凝固,酶系统容易被破坏,而且蒸汽进入细胞凝结成水,放出潜在热量而提高了环境温度,使杀菌力增强。

1. 常用的湿热灭菌设备

(1)高压蒸汽灭菌器　它是利用湿热灭菌的一种高效灭菌器,使用方便,应用普遍。主要构造和功能为:

①罐体　放瓶(袋)等灭菌物;

②压力表　指示锅内压力及温度;

③排气阀　排除冷凝空气;

④安全阀　在超过规定的压力时自动放气降压。

市售的高压蒸汽灭菌器有手提式、立式和卧式三种形式。其中立式分为普通型和自动型。手提式和立式的容量较小,一般用于一级菌种培养基的灭菌;卧式的容量大,用于二级菌种、三级菌种培养料的灭菌,热源可用电、煤气或直接通蒸汽。

另外还有自制高压灭菌锅,锅身由 8～10 mm 钢板制成,锅盖厚 1.0～1.5 cm,凸起,呈半圆形,锅上装有压力表、温度表和安全阀,锅的容量为可装 800～1 000 瓶(袋),热源可用煤、柴等。此外,家用压力锅也可用来进行一级菌种培养基的灭菌。

高压灭菌时所需的蒸汽压力和灭菌时间依不同的培养基而定,琼脂培养基多采用 0.5 MPa、121 ℃、20～30 min;固体培养基多采用 0.11～0.14 MPa、123～128 ℃、1～1.5 h;袋装培养基因容量大,灭菌时间应延长至 2 h 以上。

(2)常压蒸汽灭菌灶　可根据生产量自制容积适宜的常压蒸汽灭菌灶,它经济实惠、结构简单,可用于二级菌种、三级菌种培养料的灭菌。目前,我国多采用自制的蒸笼或利用钢板、砖、水泥等砌成大型流通蒸汽灭菌灶进行常压蒸汽灭菌。无论哪种形式,也不论采用哪种材料,常压蒸汽灭菌灶均要求有较高的密闭性,这样灭菌效果才能好,又可节省燃料,密闭性高的,温度可达 100 ℃,反之则达不到 100 ℃。

常压灭菌的注意事项如下:

①灭菌瓶(袋)在锅内摆放不宜过密,层与层之间要用层屉或菌袋筐分开,便于蒸汽在锅内均匀流通。

②当加热发生蒸汽时,打开下面的排气孔,排出冷空气。当有直冲蒸汽排出时,即可关闭排气孔,待温度升到 100 ℃时,开始计时,连续保持 8 h 以上,即可杀死耐热性的芽孢。

③点火加热前在锅内和预热锅中加足水,在灭菌过程中要注意锅内的水位,要随时添水,防止烧干锅。

在灭菌的全过程中，开始时升温要快，尽快达到 100 ℃，时间为 2 h 左右为宜，防止升温缓慢，时间过长，引起原料变酸；当温度升到 100 ℃ 时，要保持温度不变，不能时高时低，以免影响灭菌效果。当到达灭菌温度后再加热一会儿，然后让锅内温度缓缓降低，降至 80 ℃时，方可开门取物。

2. 常用的干热灭菌设备

常用的干热灭菌设备为电热恒温干燥箱和鼓风干燥箱，食用菌生产上对一些接种器具和玻璃器皿的灭菌常用干热灭菌，但干热灭菌设备不能用于培养基的灭菌。

(三)接种设备

1. 母种与原种接种室

接种室又叫无菌室，是一间可以严密封闭的小房间。菌种场的无菌室要设在灭菌室与培养室之间，以便在培养基灭菌后移入接种室，接种后即可移入培养室，避免在长距离的搬运过程中浪费时间和人力，并导致污染。实验室内附设的接种室，则应设在房内的一角，以免占据空间，并能保证无菌室内有良好的采光条件。

动脑筋：各级菌种接种室的环境要求是否都一样？这与菌种特点是否有关系？

接种室为高度清洁的无菌区，一般长、宽各 2 m 左右，高约 2.2 m。墙顶装紫外线灯和日光灯。地面光洁有下水道，墙壁用防水涂料或油漆刷白，便于冲洗消毒。接种室外间设有缓冲间，其长度与接种室相同，宽为 1 m。缓冲间墙、顶各装盏紫外线灯和日光灯，且具有放置菌种、消毒药品及接种前换衣帽的装置。接种室和缓冲间的门均为推拉结构且两门错开，以减少空气流动。

接种室使用前用紫外线灯灭菌 15～30 min，关灯后，操作人员更换工作服并进入室内进行操作。

动脑筋：紫外线灭菌有什么特点？

紫外线灯用于空气消毒，既干净又无污染，是一种很好的消毒方法，因而被长期广泛地采用。紫外线灯管以悬吊在顶棚为宜，一般应距操作台 0.8～1.0 m。紫外线灯管应当及时更换，若不及时更换，不但没有杀菌效力，还会有利于细菌生长。紫外线灯管的维护极为重要，一般每 2～4 周，甚至每周都要清洗一次。可用干净软布或酒精浸润过的棉花轻轻擦，禁止用有油或有蜡的布擦，避免用手直接接触灯管表面，以防止灯管发生失透现象。在使用中，操作人员的眼睛和皮肤切不可直接暴露在紫外线灯光下，以防受伤害。接种室要达到无菌要求，仅靠紫外线照射是不够的，需要同时进行无菌通风。接种室的空气处理，既不能单靠通风，也不能单靠紫外线照射，二者必须结合起来才能达到室内空气净化的目的。

2. 栽培种接种室

根据菌种的特点，将原种转成栽培种，可以在室内或室外进行。压力蒸汽灭菌的培养料基本在室内接种，发酵料接种在室内和室外都可以，主要是看菌种对于杂菌抵抗能力的大小。接种室内可以用自制的接种箱，像香菇和银耳在一个接种台上就可以完成接种。接种室必须在培养基进入之前完成消毒灭菌工作。对于室外接种的，要保持周围环境清洁，接种器具和菌种要无菌。

(四)培养设备

1. 培养室

为提高培养室的利用率，室内可设置层架。层架的架数、层数、层距等的设计除考虑培养室的利用率外，还应顾及摆放瓶（袋）及检查的方便性。层架可以是竹木结构的，也可以用角钢制作。架上铺木板或塑料板，以便摆放菌种瓶（袋），层架规格依房间大小而定。中间摆放的层架，宽度为 1.0～1.2 m；倚墙的层架，宽度为 0.7～0.9 m 即可。层架的层数视菇房的高度而定，一般 5～6 层，层间距为 0.4 m，底层距地面 20 cm，顶层距屋顶 60 cm。为便于调温、调湿、换气，培养室应设地窗并安装空调。

2. 电热恒温培养箱

采用自然对流式的结构，冷空气从底部风孔进入，经过热气加热后，从两侧对流空间上升，并从内胆左右两侧小孔进入室内，再由箱顶的封顶盖调节，使内部达到恒温。

3. 生化培养箱

生化培养箱是电热恒温培养箱的另一种形式，所不同的是装有制冷装置和照明设备，能调节至低于室温的培养温度。

（五）培养料的分装容器

1. 试管

用于一级菌种的生产。规格有多种，常用的有 18 mm×180 mm、20 mm×200 mm、25 mm×250 mm 等。要求透明度高，底厚、口平且圆滑，由硬而不脆、耐高温、耐高压的玻璃制成。

2. 菌种瓶

用来生产二级菌种、三级菌种的容器。以玻璃瓶为主，应选用无色或淡绿色的玻璃瓶，透明度好，便于检查瓶内菌丝发育及杂菌污染情况，棕色或深色的玻璃瓶不宜制种用；瓶口过大，接种时火焰难以封口，增加污染概率；容量以 500～750 mL 为宜。生产上常用于制种的玻璃瓶有以下几种。

（1）蘑菇瓶　无色或浅绿色，容量为 750 mL，口径为 3 cm，瓶颈较长，是比较理想的制种容器，可用于培养二级菌种或三级菌种。

（2）化工瓶　又称广口瓶，此类玻璃瓶因用途不同，颜色和规格型号差别很大。选无色或浅绿色、口径在 5 cm 以内、容量为 500～750 mL 的，一般瓶颈较短，可用于培育二级菌种或三级菌种。

（3）罐头瓶　为易得而又价廉的制种容器，口径在 7 cm 以上，容量 500 mL，适用于培育二级菌种、三级菌种。

3. 菌种袋

一般用来生产三级菌种，也可作二级菌种培养料的分装容器。用于食用菌菌种的塑料薄膜有聚丙烯和聚乙烯两种，其中聚乙烯又分为高压聚乙烯和低压聚乙烯。聚丙烯能耐 150 ℃高温，透明度高，但质地较脆，尤其在冬季低温下，易破碎，适用于高压灭菌。高压聚乙烯袋有韧性，抗高温能力差，而且透明度低，适用于常压灭菌。低压聚乙烯袋，能耐 121 ℃高温，目前生产上用于高压及常压灭菌。常用聚丙烯塑料袋要求厚薄均匀，透明度好，耐 130 ℃以上高温，耐 0.196 MPa 以上高压。低压聚乙烯筒膜或袋要求薄厚均匀，抗涨强度好，耐 105～115 ℃高温，装好料后经 100 ℃保持 14～16 h 常压灭菌，菌袋不破裂、不膨胀、不熔化。用塑料袋制种还需要有颈圈（也称套环），以替代瓶颈的作用。套环要求耐 130 ℃以上高温，耐 0.196 MPa 以上高压，柔韧性要好，可以反复使用。

动脑筋：选择菌种袋的大小受哪些因素影响？

(六)封口材料

1. 试管封口材料

(1)棉塞　棉塞是最常用的封口材料，棉塞能过滤空气，防止杂菌的侵入，减少培养基水分的蒸发。作棉塞的材料可用二级棉花，价格低廉，纤维具有一定长度，未脱脂，不易吸水受潮。棉塞使用后，选没有霉菌污染的，拆散后在阳光下暴晒消毒，经轧花机加工后可重新使用。如用回收废棉，应拣去杂质，在太阳下暴晒，分层喷 0.1%新洁尔灭溶液，加盖薄膜密闭 24 h，再摊开晒干，待干透后，经轧花机加工即可使用。棉塞可用卷曲或折叠方法制成，要求大小均匀，松紧适中，以塞入管口后手提棉塞试管不落为适宜。棉塞塞入管口长度为棉塞长度的 2/3，留出部分要求光滑、不松散。

(2)硅氟塑料发泡塞　硅氟塑料发泡塞不吸水，能耐高压，使用方便，酒精灯消毒时不着火，－20 ℃仍保持弹性，透气性好，对菌丝无抑制作用，在连续多次使用的情况下，不变色，弹性无变化。国内还有人用包装箱内的填充物——泡沫塑料板来代替棉塞。将泡沫塑料板加工成试管塞形状，用 5%的来苏儿浸泡后使用。

2. 菌种瓶(袋)封口材料

(1)棉塞　棉塞是菌种瓶(袋)常用封口材料，棉塞的制作要求与试管塞相同。

(2)牛皮纸-棉花-塑料膜　用 10 cm×10 cm 聚乙烯(或聚丙烯)薄膜一张，中间用直径 1 cm 的打孔器冲打通气孔，或用直径 0.4 cm 的打孔器冲打 3 个孔(呈“品”字形分布)，孔相距不要超过 1.5 cm。在通气孔上放一层很薄的棉花过滤空气，上面再加两层牛皮纸或旧报纸，用棉线扎口。

(3)氧化锌胶布-塑料薄膜　瓶内培养料装满与瓶口相平，用一张 10 cm×10 cm 薄膜封口，在薄膜中央用打孔器打接种孔，孔径 2 cm，深 1.5～2 cm，盖上 3 cm×3 cm 氧化锌胶布一块，灭菌后，打开胶布接种。

(4)牛皮纸-皱纹纸-聚丙烯薄膜　将牛皮纸裁成 15 cm×15 cm 的方块，聚丙烯薄膜裁成 15 cm×15 cm 的方块，在中心打 5 个直径约 1.5 cm 的小孔，呈梅花形；皱纹纸裁成 15 cm×15 cm 的方块，用多菌灵 500 倍液喷雾后使用。取四层皱纹纸叠用，以聚丙烯薄膜为底，牛皮纸为面，套封于瓶口后灭菌。

(5)塑料袋折叠　装料后，用干净的纱布擦去黏附在袋口的培养料，将袋口折叠起来，使袋口呈封闭状，用大头针扎在袋口上。灭菌后，拔去大头针，打开袋口接种，再按原来方法封闭袋口。由于折叠的袋口不影响通气，菌丝能正常发育。

3. 菌筒封口材料

(1)食用菌专用橡胶布　专用橡胶布，规格为 3.3 cm×1 000 cm，每筒 4 卷。适用于香菇、银耳等菌筒接种穴封口，表面光洁、胶黏性好，经 100 ℃常压灭菌，保持 15～20 h 而不氧化，冷却后无皱缩、脱离现象。菌筒接种穴封口胶布规格为 3.3 cm×3.3 cm。每 1 000 筒用橡胶布 4～5 筒，视生产工艺不同，于灭菌前或灭菌后打孔粘贴。

(2)透明胶带纸　用市售宽 2.5～3.0 cm 的透明胶带纸可代替橡胶布做封口材料，价格便宜，使用方便，透明度好，可直接观察菌种生长情况。

(七)栽培设施

菇棚(房)是主要的栽培设施，普通使用的有砖墙结构改良式菇棚、半地下式土菇棚、竹木结构塑料棚、简易遮凉小拱棚等，这些设施虽然成本比较低，在生产中发挥了主导作用，但也存在一些问题，如保温、保湿效果不好，杂菌污染严重，特别是粗糙的墙壁、地面及屋顶，病虫不易彻底清除，且由于长年潮湿，竹木架易腐烂，石灰和泥土墙易脱落，棚室的使用寿命短。因此，在现代生产中，可根据需要采用环境可调控、相对智能化的菌种培养设施。

(八)菌种保藏设备

1. 冰箱或 4 ℃冰柜

因为电冰箱容量较小，故采用电冰箱保藏一级菌种，少量的二级菌种也可用它来保藏。电冰箱保藏菌种控制在 0～4 ℃，是目前最常用的菌种保藏设备。需要注意的是保藏菌种的冰箱中切忌放入生鲜食品等杂物，以免污染菌种，造成不可挽回的损失。

2. 菌种库

有条件的单位，可建造冷库，用以暂时存放成品菌种。冷库温度一般控制在 0～6 ℃，这样既可以节省能源，又能较长时间保存菌种。

【思考与练习】

1. 食用菌菌种场的选建有哪些要求？
2. 常用的灭菌设备有哪些？使用时的注意事项是什么？
3. 菌种保藏的常用设备有哪些？

学习任务二　消毒灭菌

【知识目标】

- 了解基本概念，熟知各种灭菌方法的原理。
- 掌握灭菌工具、药剂的使用方法，灭菌药剂的药效及使用时的注意事项。

【能力目标】

- 会规范、安全操作灭菌设备和使用灭菌药剂。
- 会根据生产实际采用相应的灭菌方法。
- 具有规范、安全、环保意识。
- 会使用平台自主学习。

一、概念和分类

（一）消毒

消毒是指用物理或化学的方法杀灭或消除基质中、物体表面及环境中的部分微生物，是一种不彻底的灭菌方法。一般只能杀死营养体，不一定能杀死芽孢或非病原微生物。通常采用化学药剂进行消毒。

（二）灭菌

灭菌是指用物理或化学的方法，杀死物体表面和孔隙内的一切微生物或生物体，即把所有有生命的物质全部杀死。灭菌比消毒更彻底，杀死物体表面和内部的全部病原微生物或非病原微生物，包括细菌芽孢。

（三）防腐

防腐是指用物理或化学的方法暂时防止或抑制微生物生长繁殖，以防止物品腐败霉变。用于防腐的化学药品称为防腐剂。防腐有时间限制，过了药物的有效期，微生物就会产生危害。

（四）除菌

除菌是指用清洗、扫除等方式除去空间或物体表面的微生物。例如，用洗涤液拖地，用酸、碱液洗瓶等。

（五）无菌

无菌是指物体表面、内部或空间中不含任何活菌，强调的是灭菌效果。采取措施，防止微生物进入物体内部和污染物体表面的操作技术称为无菌操作。如母种的接种要求接种的菇或耳无菌、培养基无菌、接种器具无菌、接种环境无菌，各个环节都是在无菌的条件下完成的，保证接种后的母种不被污染，正常生长发育。

在食用菌生产过程中，根据菌种对杂菌的感染程度，在培养料灭菌、接种过程、培养过程中采取相应的消毒灭菌措施。

二、物理消毒灭菌法

物理消毒灭菌是指利用物理因素将微生物杀灭和清除。物理消毒灭菌法是利用热力或光照等物理作用，使微生物的蛋白质及酶变性或凝固，以达到消毒灭菌的目的。食用菌生产上常用的物理消毒灭菌方法有以下几种。

（一）干热消毒灭菌法

干热灭菌是指在干燥环境（如火焰或干热空气）进行灭菌的技术，一般有火焰灭菌法和干热空气灭菌法。干热灭菌是利用高温使微生物细胞内的蛋白质凝固变性而达到灭菌的目的。

1. 火焰灭菌法

火焰灭菌法是指用火焰直接灼烧的灭菌方法。该方法灭菌迅速、可靠、简便，适合于耐火材料（如金属、玻璃等）制成的物品与用具的灭菌。在接种时通常用酒精灯对接种针（环）、接种铲（钩）、试管口、瓶口等灭菌。

动脑筋：带刻度的玻璃器皿可以用酒精灯灼烧灭菌吗？

2. 干热空气灭菌法

干热空气灭菌法是指用高温干热空气灭菌的方法。在160～170 ℃温度下，利用热辐射和灭菌器内热空气的对流以杀灭微生物及其芽孢。该法适用于耐高温的玻璃和金属制品的灭菌。例如，恒温鼓风干燥箱用于不带刻度的耐高温玻璃器皿的灭菌；接种时采用红外线灭菌器对接种工具灭菌。

（二）湿热消毒灭菌法

湿热消毒灭菌法通过空气和水蒸气导热，水蒸气传热快、穿透力强。湿热消毒灭菌常用的方法有煮沸消毒法和高压蒸汽灭菌法，一般高压蒸汽灭菌的压力为0.103～0.147 MPa，温度为121～126 ℃，母种培养基灭菌30～40 min，固体培养料灭菌2～2.5 h。蛋白质凝固点与其含水量的关系见表2-2-1。

表2-2-1 蛋白质凝固点与其含水量的关系

蛋白质含水量/%	凝固温度/℃	蛋白质含水量/%	凝固温度/℃
50	56	6	145
25	74～80	0	160～170
18	80～90		

1. 煮沸消毒灭菌

煮沸消毒灭菌是最简单有效的消毒方法，不需要特殊设备即可进行。煮沸时间一般为10～30 min。金属器械、玻璃制品等可用煮沸消毒法。如果在水中加入2%的碳酸钠或碳酸氢钠，可提高沸点达105 ℃，促进芽孢的杀灭，还可以去污去锈。目前主要用于某些操作工具的消毒处理，如实验服、帽子等的消毒。

动脑筋：为了节省时间，高压灭菌结束后，可以通过打开安全阀和放气阀的方式使压力表指针降到0，然后打开高压锅，这样操作对吗？

2. 高压蒸汽灭菌

高压蒸汽灭菌是在专门的压力蒸汽灭菌器中进行的，是热力灭菌中使用最普遍、效果最可靠的一种方法。其优点是穿透力强，灭菌效果可靠，能杀灭所有微生物。在使用高压蒸汽灭菌器进行灭菌时，蒸汽灭菌器内冷空气的排出是否完全极为重要，因为空气的膨胀压大于水蒸气的膨胀压；所以当水蒸气中含有空气时，压力表所表示的压力是水蒸气压力和部分空气压力的总和，而不是水蒸气的实际压力。它所相当的温度与高压灭菌锅内的温度是不一致的。这是因为在同一压力下的实际温度，含空气的蒸汽低于饱和蒸汽。

高压蒸汽灭菌锅是根据加热产生蒸汽，随着蒸汽压力不断增加，温度随之升高的原理制成的，是食用菌制种的必备灭菌设备。高压蒸汽灭菌锅有手提式高压蒸汽灭菌锅，立式(卧式)高压蒸汽灭菌锅和高压蒸汽灭菌柜。应根据灭菌物的多少和灭菌要求采用相应的高压灭菌设备。

3. 常压蒸汽灭菌

常压蒸汽灭菌是湿热灭菌的方法之一，在不能密闭的容器里产生蒸汽进行灭菌。在不具备高压蒸汽灭菌条件的情况下，常压蒸汽灭菌是一种常用的灭菌方法。这种灭菌方法用蒸锅、蒸笼、灭菌灶等灭菌设施来进行。由于常压蒸汽的温度不超过 100 ℃，大多数微生物的营养体能被杀死，但细菌芽孢却不能在短时间内死亡，因此在灭菌过程中要迅速达到 100 ℃后保持 10～12 h，之后自然冷却才能达到灭菌效果。常压灭菌用于栽培种培养料的灭菌。

干热灭菌与湿热灭菌穿透力的比较见表 2-2-2。

表 2-2-2　干热灭菌与湿热灭菌穿透力的比较

加热方式	传导介质	温度/℃	加热时间/h	透过布层温度/℃			结果
				20 层	40 层	100 层	
干热	空气	130～140	4	86	72	72 以下	灭菌不完全
湿热	饱和蒸汽	105.3	3	101	101	101	灭菌完全

(三)巴氏消毒法

动脑筋：巴氏消毒由于灭菌温度低，培养料中常常会有虫卵，易发生虫害，可以用于食用菌培养料杀虫的常用药剂有哪些？

巴氏消毒法是将培养料进行堆制发酵，使培养料发酵腐熟的同时，杀死培养料中杂菌的营养体、害虫的虫卵及幼虫。培养料堆积发酵，料温 60～70 ℃，分为一次发酵，二次发酵，微生物发酵，用于栽培种培养料的灭菌。有的菌种培养料灭菌可用巴氏消毒，有的不可以。由于灭菌温度低，灭菌效果不如高压和常压蒸汽灭菌效果好，要注意杀菌剂和杀虫剂的使用。在栽培中要注意杂菌和害虫的防除。

(四)紫外线灭菌

紫外线灭菌是利用紫外线杀死微生物的方法。直接使蛋白质、酶等变性失活或使空气中产生臭氧或过氧化氢以杀死微生物。

紫外线灭菌用于空气消毒与物品表面的消毒。因为紫外线的有效灭菌距离为 1.5～2.0 m，在设计时要根据有效距离确定室内灯管的数量和位置。并且紫外线对皮肤、眼睛有伤害，所以在使用时要注意不能开灯操作。紫外线灭菌只起辅助作用，要和其他灭菌方法结合使用。

(五)臭氧消毒灭菌

灭菌灯内装有 1～4 支臭氧发生管，在电场作用下，将空气中的氧气转换成高纯臭氧。臭氧主要依靠其强大的氧化作用杀菌。使用灭菌灯时，应关闭门窗，以确保消毒效果。用于空气消毒时，人员须离开现场，消毒结束后20～30 min方可进入。

(六)过滤除菌

过滤除菌是将液体或空气通过含有微细小孔的滤器，只允许小于孔径的物体通过，大于孔径的物体不能通过。接种室内的超净工作台上有向外吹无菌风的装置，就是利用过滤除菌的原理去除进入工作台的空气中的微生物。

三、化学消毒灭菌法

利用化学药物渗透到细菌的体内，使菌体蛋白凝固变性，干扰细菌酶的活性，抑制细菌代谢和生长或损害细胞膜的结构，改变其渗透性，破坏其生理功能等，从而起到消毒灭菌作用。所用的药物称为化学消毒剂。有的药物杀灭微生物的能力较强，可以达到灭菌，又称为灭菌剂。

(一)常用化学消毒灭菌剂

1. 苯酚

苯酚俗称石炭酸，为无色或白色晶体，具有特殊气味，加热能溶于水，有毒，在空气中变粉红色。苯酚溶液能使细菌细胞的原生质蛋白发生凝固或变性而杀菌。

(1)配制　取5 mL苯酚原液加水95 mL，搅拌均匀即成，配制时注意不要沾到皮肤上。

(2)使用　在每次接种之前，用5%苯酚溶液喷雾，可促使空气中的微粒和杂菌沉降，防止桌面微尘飞扬，并有杀菌作用。

2. 乙醇

乙醇又称酒精，是一种无色、透明、具有特殊香味的液体，密度比水小，能与水以任意比互溶。酒精可渗入细菌体内，在一定浓度下能使蛋白质凝固变性而杀灭细菌。最适宜的杀菌浓度为75%，用于皮肤、接种器具、台面、菇体表面的擦拭消毒，也可用于接种器具的浸泡灭菌。酒精易燃，不可用于空中喷雾，保存时密封，远离火源。使用酒精灯时要注意安全操作。

3. 甲醛

甲醛无色，有刺激气味，易溶于水，有较强的腐蚀性和刺激性，其35%～40%的水溶液俗称福尔马林。甲醛能使蛋白质凝固而具有杀菌作用，是重要的消毒剂。甲醛和高锰酸钾混合熏蒸室内空间灭菌。要求先密闭门窗，量取甲醛溶液盛入容器中，然后倒入称好的高锰酸钾，人员迅速离开，关好门，熏蒸20～30 min即可。注意，所用甲醛和高锰酸钾的量要根据室内空间大小而定，仅适用于密闭空间。熏蒸后应充分通风再进入。接种室、菇房消毒灭菌可用此方法。

4. 石灰

石灰有生石灰和熟石灰之分。一般采用熟石灰，用于刷墙，或于菇房地面过道、菇棚室外的过道撒施。也可配制成5%～10%的水溶液喷洒地面，或用0.5%～2%的水溶液浸泡稻草和麦秸等培养料。因其性质不稳定，容易沉淀，使用时要现用现配。不适用于喷洒物体表面，因为会残留固体。

5. 高锰酸钾

高锰酸钾为深紫色晶体，有金属光泽。高锰酸钾能将细胞内的酶氧化，使酶失活而杀菌。常用0.1%高锰酸钾溶液对器皿表面进行消毒，也可与甲醛混合用于室内熏蒸消毒，或用于盛菌种块的器皿的浸泡消毒。

6. 漂白粉

漂白粉为白色粉末，有极强的氯臭，其溶液为黄绿色半透明液体。漂白粉溶于水后分解成次氯酸，渗入细菌体内，可使蛋白质变性，从而起到杀菌的作用。常用漂白粉溶液洗刷接种室、培养室墙壁、床壁等，也可对接种工具浸泡灭菌。浸泡灭菌时要盖上容器的盖子。

(二)化学消毒灭菌方法

1. 浸泡法

选用杀菌广谱、腐蚀性弱、水溶性的消毒剂，将物品浸没于消毒剂内，在标准的浓度和时间内，达到消毒灭菌的目的。使用时注意灭菌剂的灭菌原理。例如，漂白粉是利用氯气的氧化性，在浸泡时要盖住容器的盖子，防止氯气挥发。乙醇灭菌浓度是75%，浓度过高没有灭菌作用等。

2. 涂抹法

涂抹法是用化学消毒液擦拭物体表面或进行皮肤消毒的方法。选用易溶于水、穿透性强的消毒剂，擦拭物品表面，在标准的浓度和时间里达到消毒灭菌的目的。如使用75%酒精擦拭双手皮肤表面消毒，或种菇表面的擦拭消毒。

3. 熏蒸法

熏蒸法是利用消毒药品所产生的气体进行消毒的方法。如通过对甲醛直接加热产生甲醛气体或甲醛与高锰酸钾作用产生甲醛气体进行接种箱(室)、菇房的熏蒸灭菌。

4. 喷雾法

用喷雾器将化学消毒剂均匀喷洒在空气中和物体表面进行消毒的方法。一般可借助普通喷雾器或气溶胶喷雾器使消毒剂产生微粒气雾弥散在空间，进行空气和物品表面的消毒。如利用5%苯酚溶液进行接种箱(室)的空间喷雾消毒。

【技能训练】

技能训练　超净工作台的使用及维护

图 2-2-1　超净工作台

超净工作台(图 2-2-1)是植物组织培养、食用菌等实验室中用于无菌操作的实验设备，可为实验操作创造一个无菌的空间。

一、原理

超净工作台(简称超净台)的洁净环境是在特定的空间内洁净空气（过滤空气）按设定的方向流动而形成的。以气流方向来分，现有的超净工作台可分为垂直式、由内向外式以及侧向式。从操作质量和对环境的影响来考虑，以垂直式较优越，由供气滤板提供的洁净空气，以一个特定的速度下降通过操作区，在操作区的中间分开，由前端空气吸入孔和后吸气窗吸走，在操作区下部前后部吸入的空气混合在一起，并由鼓风机泵入后方正压区，气体通过排气滤板从顶部排出，气体通过供氧滤板重新进入操作区。为补充排气口排出的空气，同体积的空气通过操作口从房间空气中得到补充。这些空气绝对不会进入操作区，只是形成一个空气屏障。

工作台上有紫外线灯、照明灯。有开放式的，也有只能伸进去胳膊操作的。有双人单面的、双人双面的、单人双面的和单人单面的等各种类型。

二、调试

超净工作台出厂前都经过严格的测试，以保证正常使用。在调试前应为机器选定一个较好的环境。将其置于有空气消毒设施的无菌室内是最好的，如果条件不具备，就应将机器安放于人员走动少、较清洁的房间中。调整各脚的高度，以保证稳妥和操作面的水平。超净工作台的供电应采用一条专门电路，以避免电路过载造成空气流速的改变。与简陋的无菌罩相比，超净台允许操作者自由活动，容易达到操作区的任何地方。紫外线杀菌灯和照明用日光灯是超净工作台的标准配置，鼓风机提供空气流动的动力。

检查空气滤板的密封性可用营养琼脂平板法，新购买的和久置未用的超净工作台除用紫外线杀菌灯等照射外，最好能进行熏蒸处理，然后在机器处于工作状态时在操作区的四角中心位置各放一个打开的营养琼脂平板，2 h后盖上盖，并置37 ℃培养箱中培养24 h，计算出菌落数。平均每个平板菌落数必须少于0.5个。

三、维护

超净工作台是一台较精密的电气设备，对其进行经常性的保养和维护是非常重要的。首先要保持室内的干燥和清洁，潮湿的空气既会使制造材料锈蚀，还会影响电气电路的正常工作，潮湿空气易导致细菌、霉菌的生长。清洁的环境可延长滤板的使用寿命。另外，定期对设备清洁是正常使用的重要环节。清洁应包括使用前后的例行清洁和定期的处理。熏蒸时，应将所有缝隙完全密封，如操作口设有可移动挡板封盖的超净工作台，可用塑料薄膜密封。超净工作台的滤板和紫外线杀菌灯都有标定的使用年限，应按期更换。

四、练习题

1. 超净工作台采用的是哪一种灭菌方式？
2. 超净工作台紫外灯灭菌应持续多长时间？

【思考与练习】

消毒灭菌(物理灭菌)

一、名词解释

1. 高压蒸汽灭菌
2. 巴氏消毒
3. 过滤灭菌

二、判断题

1. 灭菌是杀死物体表面和内部所有微生物，消毒是杀死部分微生物。 (　　)
2. 培养基需进行灭菌，实验室需进行消毒。 (　　)
3. 玻璃器皿可以用烘烤的方法灭菌。 (　　)
4. 接种工具可以用灼烧和烘烤的方法灭菌。 (　　)
5. 母种培养基可以用常压蒸汽灭菌。 (　　)
6. 紫外线灭菌有距离限制，只起辅助作用，不能用于培养料的灭菌。 (　　)
7. 巴氏消毒温度低，灭菌不彻底，限于发酵料的灭菌。 (　　)

8. 熟料栽培食用菌，培养料可以是高压蒸汽灭菌也可常压蒸汽灭菌。（　）

9. 培养料含水量越低，相同温度下，蒸汽灭菌时灭菌效果越好。（　）

10. 湿热灭菌蒸汽穿透力大，灭菌温度低，能杀死物体内外微生物，灭菌完全。（　）

11. 超净工作台鼓风机除菌属于过滤灭菌，使用空间有限。（　）

三、简答题

1. 试比较干热灭菌和湿热灭菌。

2. 简述紫外线灭菌的特点。

四、思考题

说明高压蒸汽灭菌锅的使用方法和注意事项。（自查资料）

消毒灭菌（化学灭菌）

一、判断题

1. 化学灭菌是利用化学药剂杀灭或抑制微生物的方法。（　）

2. 实验室常采用气雾熏蒸的方式消毒灭菌，但是需保证灭菌期间室内密闭，不伤害到人或其他有用的生物。（　）

3. 使用化学药剂消毒或灭菌时要熟知药剂灭菌的原理，依据正确的方法使用，保证安全和灭菌效果。（　）

4. 酒精浓度越高灭菌效果越好。（　）

5. 高锰酸钾可以用于接种时接种工具的消毒灭菌，但是灭菌不彻底。（　）

6. 熟石灰通常用于在室内过道、棚室周边撒施消毒，一般不用溶液喷洒。（　）

7. 75%酒精可用涂抹接种工具、实验台或手，不用于实验室喷雾消毒。（　）

8. 可以用灭菌剂浸泡实验服、帽子、手套进行灭菌。（　）

9. 食用菌生产时，子实体形成之后尽量不要采用化学灭菌的方式进行空间消毒灭菌，以免产生食品安全问题。（　）

二、简答题

化学消毒灭菌时应注意哪些问题？

三、思考题

食用菌生产过程中都采用哪些化学灭菌的方式？

学习任务三　菌种类型与培养基

【知识目标】

- 了解食用菌各级菌种的特点、作用。
- 了解食用菌培养基的类型、特点。
- 掌握各级菌种培养基配制的原则和方法。

【能力目标】

- 能根据菌种的特点、使用目的制作和使用菌种。
- 会配制各级菌种的培养基。
- 会利用现代信息技术解决菌种配制过程中的问题。

一、菌种

微课 4　菌种

(一)菌种概念

菌种就是用来生产食用菌的“种子”。食用菌是用孢子和菌丝体来繁殖的。野生食用菌以孢子繁殖为主,栽培食用菌是人们利用孢子或者子实体培养成菌丝体,进而发育成子实体的。

完整的食用菌菌种制备程序应包括两个方面:一是菌种的选育;二是菌种的繁殖培养。菌种的选育是利用不同的育种方法,在现有栽培种或野生种中分离、纯化、培育新品种。而菌种的培养则是按照各级菌种的生产程序进行制备。

(二)菌种类型

1. 按使用目的分

根据菌种使用目的可分为保藏用菌种、试验用菌种、生产用菌种 3 个类型。

保藏用菌种是指用于中、长期保持菌种的生命活力和原有性状的菌种。

试验用菌种是指供实验室进行科学试验、研究的菌种,试验用菌种不一定具有优良的性状,甚至可能是生产上完全不能使用的菌种。

生产用菌种是指供食用菌大面积栽培使用的菌种,也称商业菌种,生产上使用的菌种一般要求遗传性状稳定,具有高产、优质的生产性能。

2. 按菌种状态分

根据菌种的状态将菌种分为液体菌种(图 2-3-1)、固体菌种、固化菌种 3 种。其中液体菌种的培养是靠摇瓶振荡培养和发酵罐深层培养来完成的。由于液体菌种生产一次性投资大,尤其发酵罐培养的菌种保存、运输较为困难,因此,尚未在食用菌生

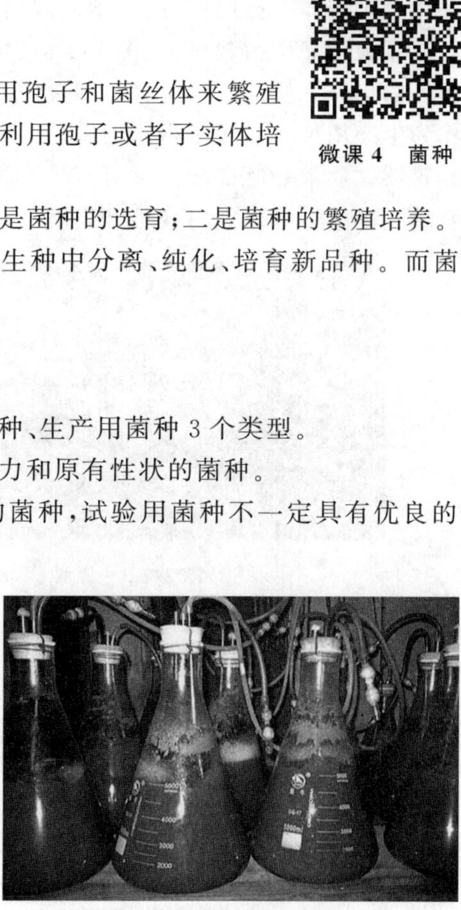

图 2-3-1　液体菌种

产上广泛应用，只在少数工厂化的菇场中应用。固体菌种是使用固体原料如粪草、棉籽壳、玉米芯、木屑、玉米秸、稻草、麦秸、米糠等培育而成的菌种。

3. 按发育过程分

图 2-3-2　母种

根据菌种发育过程把菌种分为一级菌种、二级菌种和三级菌种。

一级菌种又称为母种(图 2-3-2)、试管种，是经孢子分离法或组织分离法得到的纯培养物移接到试管斜面培养基上培养而得到的纯种。采用分离法获得的母种数量有限，一般可将菌丝再次转接到新的斜面培养基上，进行转管繁殖，能得到更多的母种，称为再生母种，既可用于生产，也适用于菌种的保藏。通常一支长满菌丝体的试管母种可分移成 30 多支新试管种。试管种可置于 4 ℃的冰箱中保存。

二级菌种又称为原种(图 2-3-3)，是由母种转接到装有麦粒等固体培养基质的专用菌种瓶中经过培养后形成的纯菌丝体。二级菌种可采用菌种瓶、罐头瓶作为培养容器。一般一支母种可扩大繁殖出 5～8 瓶二级菌种。若二级菌种直接用于生产，则成本太高，因此，二级菌种还必须进一步扩大繁殖成三级菌种，使菌种数量增多，才能用于栽培。由于二级菌种的菌丝体可以分化出子实体，也可直接用于生产栽培。

三级菌种又称为栽培种(图 2-3-4)、生产种，它是由二级菌种进一步扩大繁殖而成的。三级菌种的培养基质与二级菌种相似，更接近于栽培基质。三级菌种数量多、成本低，因此可直接作为生产用种。三级菌种一般采用固体培养基，用聚乙烯塑料袋、聚丙烯塑料袋或玻璃瓶作培养容器。通常一瓶二级菌种可繁殖出 30～50 袋三级菌种。栽培方式有段木栽培、袋栽、阳畦栽培，有生料栽培、熟料栽培和发酵料栽培。

图 2-3-3　原种

图 2-3-4　栽培种

二、培养基

(一)培养基类型

培养基是用人工方法配制而成的供食用菌生长繁殖的营养基质。培养基中含有食用菌所需要的水分、碳源、氮源、矿质元素和生长辅助物质。

1. 按原料划分

根据原料来源不同，可将培养基分为天然培养基、半合成培养基与合成培养基。

(1)天然培养基　主要利用天然有机物质或提取液来制备而成，特点是营养丰富。常用的天然有机物质包括农副产品下脚料(稻草、玉米芯、豆秸、木屑、甘蔗渣、米糠和酒糟等)和动植物组织浸出液(牛肉汁、马铃薯汁、麦芽汁、豆芽汁和玉米浆等),这些物质来源广、成本低、配制简便(如木屑培养基、谷粒培养基、稻草培养基等)。

(2)合成培养基　主要利用已知化学成分和浓度的糖类、含氮化合物、有机酸、无机盐类和生长素等配制而成。根据不同菌种配制不同配方的培养基。

(3)半合成培养基　在天然培养基中添加适量的无机盐和某些营养物质配制而成。这类培养基营养全面而丰富,适用于生产(如 PDA 培养基)。

2. 按性状划分

按培养基的物理性状,可将培养基分成液体培养基、固体培养基和固化培养基。

(1)液体培养基　把食用菌生长发育所需的营养物质按一定比例加水配制而成的营养液。其优点是营养分布均匀,有利于菌丝体充分吸收;理化条件易于控制,便于机械化操作,可进行工厂化生产;菌丝生长迅速,菌丝体产量高。在实验室多用于生理、生化方面的研究,在生产上用于培养液体菌种或生产某些食用菌的菌丝体及其代谢产物。但是生产成本高,培养过程烦琐,生产上没有大规模采用。

(2)固体培养基　由天然固体营养物质直接制成的培养基,称为固体培养基。如木屑培养基、棉籽壳培养基、谷粒培养基等。食用菌的二级菌种、三级菌种常用固体培养基。

(3)固化培养基　在液体培养基中加入一定量的凝固剂即成为固化培养基。常用的凝固剂有琼脂、明胶、硅胶等。在食用菌生产中,一般只用琼脂作凝固剂。

3. 按用途划分

按培养基用途不同,将其分为基础培养基、加富培养基、选择培养基。

(1)基础培养基　含有一般微生物生长繁殖所需的基本营养物质的培养基。

(2)加富培养基　在基础培养基中加入某种营养物质,只利于某种微生物快速生长的培养基,也称增殖培养基。

(3)选择培养基　根据某一种或某一类微生物的特殊营养要求或对一些物理、化学条件的抗性而设计的培养基。它常用于食用菌菌种分离、纯化和实际生产中,如金霉素、链霉素等抗生素对细菌有抑制作用而对食用菌菌丝生长无影响,将它们以一定浓度加入培养基中 制成斜面或平板,这种选择性培养基能排除细菌的污染。

(二)培养基制作原则

1. 营养物质全面、均衡

根据食用菌种类设计不同的配方,保证营养物质全面、充足,能够满足各个时期生长发育的需求。在各营养成分比例中,最重要的是碳源与氮源的比例,即碳氮比。碳源、氮源缺乏均易引致杂菌污染。碳源不足易使菌丝体衰老和自溶,氮源不足易使菌丝体生长过慢。但若碳氮比(C/N)太小,食用菌菌丝会因氮源过多而徒长,不利于出菇。一般情况下,营养生长阶段的 C/N 为 20∶1,生殖生长阶段的 C/N 为 (30～40)∶10。

2. 酸碱度适宜

大多数食用菌喜欢偏酸性环境,少数(如粪草类)食用菌喜欢偏碱性环境,总体来说,适宜菌丝生长的 pH 一般在 3～8,以 5.5～6.5 为宜。大部分食用菌在 pH 大于 7.0 时生长受阻,大于 9.0 时生长停止。

3. 原料经济

在生产时选用经济的培养材料，节约成本。因培养基用量很大，在保证培养基成分能满足食用菌营养要求的前提下，尽量选用价格低廉、资源丰富、配制方便的材料作为培养基的成分，利用低成本的原料更能体现经济价值。如麸皮、米糠、野草、农作物秸秆等农产品下脚料及酿造业等工业的废弃物都可作为培养基的主要原料。

(三)培养基制作

1. 母种培养基的制作

(1)制作流程　称量→制滤液→融化琼脂→定容→调 pH（或自然）→分装→灭菌→摆斜面→冷却→无菌检验(图 2-3-5)。

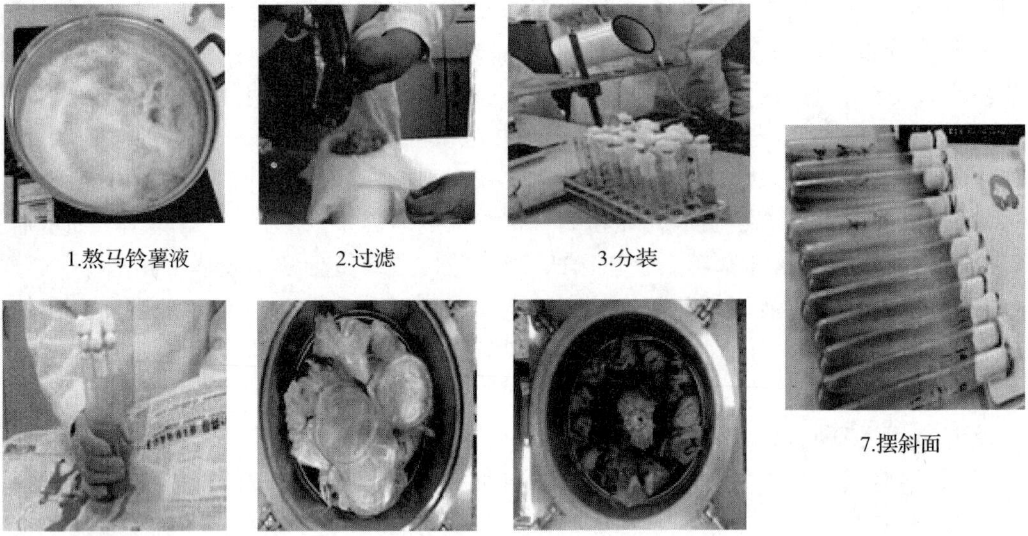

图 2-3-5　马铃薯母种培养基配制过程

(2)配方(1 000 mL 培养基)　马铃薯 200 g、葡萄糖 20 g、琼脂 15～20 g、水定容。

(3)配制过程

①制马铃薯滤液　马铃薯洗净去皮，称量切成豆粒大小，锅内文火搅拌熬煮至手捏即碎，纱布过滤，滤液倒回锅中继续煮沸。

②融化琼脂　滤液中加入蔗糖和琼脂，文火搅拌澄清透明，琼脂完全溶解。

③调 pH　溶液稍冷却用 1 mol/L 盐酸和氢氧化钠调 pH。

动画 3　母种培养基的配制

④试管分装　趁热分装试管，培养基不要留在管口和棉塞上，分装试管的 1/6 或 1/5，灌装时试管始终竖直放置。

⑤扎捆　将分好的试管竖直捆扎，7 个一捆，用报纸包好，标记好上下端。

⑥灭菌　高压蒸汽灭菌，121 ℃下灭菌 20～30 min。

注意事项：a. 装入量为锅容积的 80%；b. 试管捆口向上竖直放；c. 灭菌结束后气压降至零时再打开锅；d. 试管取出时

动脑筋：配制马铃薯培养基时，琼脂添加的量对培养基状态有什么影响？对于母种的接种有哪些影响？

不要倾斜。

⑦摆斜面 根据试管内培养基的多少,用板条、书等物垫在试管口附近做成斜面,以培养基离棉塞有一定距离为宜。一次性固定试管,不能再动,禁止试管来回滚动。盖上干净的毛巾,防止试管内产生过多的冷凝水。

⑧无菌检验 约 30 ℃条件下空白培养 2~3 d,观察是否有菌出现。判断灭菌是否彻底。

2. 其他常用母种培养基的制作

(1)综合马铃薯葡萄糖琼脂培养基(PDA 培养基) 马铃薯 200 g (去皮)、葡萄糖 20 g、磷酸二氢钾 2 g、硫酸镁 0.5 g、琼脂 20 g、水 1 000 mL, pH 自然。

(2)马铃薯葡萄糖蛋白胨培养基 马铃薯 200 g(去皮)、葡萄糖 20 g、蛋白胨 2 g、硫酸镁 0.5 g、磷酸氢二钾 1 g、维生素 B_1 0.5 mg、琼脂 20 g、水 1 000 mL,pH 自然。

3. 原种(栽培种)培养基的制作

(1)制作流程 称量→主料预湿混匀→加辅料拌匀→调水分→装瓶(装袋)→灭菌→冷却。

(2)木屑麦麸培养基 阔叶树木屑 78%、麦麸 20%、糖 1%、石膏 1%,培养基含水量 58%。

(3)制作方法

①称量和配制 按配方将各成分称量好,先将糖溶于清水中,然后和木屑、麦麸、石膏等材料拌和。培养基的含水量以 60%左右为宜,加水量随木屑种类而异,一般每 50 kg 干料加水 60~70 kg,以手紧握培养基指间有水渗出而又不下滴为宜。

②装瓶(装袋)和封口 培养基配好后,装入菌种瓶中,用尖形木棒在培养基中打一直通瓶底的洞,使灭菌更彻底,也有利于菌丝加快生长。瓶内外洗净后,擦干,塞上棉塞,瓶口用牛皮纸包扎紧。装袋时先抓 2~3 把培养料装进袋中,压紧培养料使之呈圆柱形,袋能平稳直立于地面。在袋中插入圆形木棒或直径 2~2.5 cm 的试管,最好插到底,但应避免刺破袋子,然后继续边装料边用手压实,装至袋长的 2/3 (约 500 g 干料),压平表面,拔出木棒或试管。这样预埋管(棒)再装料,拔出后留下的洞穴坚固、在搬运过程中不易堵塞,灭菌时蒸汽容易穿透培养料,灭菌能更彻底,而且接种时原种落入洞底,可加速菌丝生长、缩短栽培种培养时间。

培养料装好后,将袋口及表面弄干净,在袋口上套上硬塑料套环(内径 3.5 cm、高 3.5 cm),让袋口薄膜从环内通过,并向外顺环壁朝下翻转,然后将袋口整平,塞上棉塞,进锅灭菌。为防止棉塞受潮,进锅后每层塑料袋上方都要盖牛皮纸。装袋也可使用装袋机,生产效率将更高。

③灭菌和冷却 上述装好料的瓶或袋使用高压蒸汽灭菌,以 0.15 MPa 的蒸汽压力灭菌 1.5 h,或常压蒸汽灭菌 8~10 h,灭菌后取出冷却。

4. 其他常用原种(栽培种)培养基的制作

(1)麦粒培养基 麦粒 88%、木屑 10%、石膏 2%、含水量 55%±2%。制法:先将麦粒洗净,浸泡一夜吸水膨胀后,置锅中煮沸 30 min,至熟而不烂,捞起滤去多余的水,加入其他配料混拌均匀。调节至适宜的酸碱度,含水量为 55%左右,然后逐一分装入菌种瓶中,边装边压实,装至瓶高 1/2 或 3/5 处压平(应在表面铺一层木屑后压平),洗净瓶壁和瓶口,用布擦干,塞上棉花,并用牛皮纸包扎好瓶口,常规灭菌、冷却。

(2)木屑棉籽壳培养基 ①阔叶树木屑 63%、棉籽壳 15%、麦麸 20%、糖 1%、石膏 1%,含水量 58%±2%;②棉籽壳 54%~69%、阔叶树木屑 20%~30%、麦麸 10%~15%、石膏 1%,含水量 60%±2%。

(3)棉籽壳培养基　①棉籽壳99%、石膏1%,含水量60%±2%;②棉籽壳84%~89%、麦麸10%~15%、石膏1%,含水量60%±2%;③腐熟棉籽壳(干)97%、石膏粉1%、碳酸钙2%,含水量55%±1%、pH 7.5。

(4)粪草培养基　腐熟麦秸或稻草(干)77%、腐熟牛粪粉(干)20%、石膏粉1%、碳酸钙2%,含水量62%±1%、pH 7.5。

(5)谷粒培养基　小麦、谷子、玉米或高粱97%~98%、石膏2%~3%,含水量50%±1%。

【技能训练】

技能训练　母种培养基制作

一、实训目的

了解食用菌母种培养基的配方;熟悉PDA培养基的配制过程;了解高压灭菌器的构造与使用、维护方法。

二、实训材料

高压灭菌锅、电磁炉、蒸锅、汤勺、玻璃棒、切刀、切板、量杯、纱布、漏斗(带胶管)、止水夹、漏斗架、试管、试管架、棉花、胶皮套、记号笔、天平、报纸。

三、方法步骤

(一)配方

PDA培养基:马铃薯200 g(用浸出汁)、蔗糖20 g、琼脂20 g、水1 000 mL,不需要调节pH。

(二)配制过程

1. 熬制

马铃薯先洗净挖芽去皮,秤取200 g,然后将马铃薯切成玉米粒大小的颗粒或薯片。用量杯量取1 000~1 200 mL水于锅内煮马铃薯,水沸后计时20~25 min(能被玻璃棒戳破)即可,用双层纱布过滤于量杯中,洗净锅内滤渣,将滤液倒回锅内继续以文火加热,加15~20 g琼脂,搅拌混匀,待琼脂溶解后加入蔗糖20 g,稍冷却后再补足水分至1 000 mL。

2. 分装

保持文火,将熬好的培养基趁热分装。用勺或杯将培养基加入漏斗中。培养基高度为试管长度的1/6或1/5,注意避免将培养基沾在试管口内外。分装后的试管,在培养基凝固前必须立放。

3. 制棉塞

用叠放式将脱脂棉做成棉球,塞入试管口,管口内棉塞底部要求光滑,侧面要求无褶皱,长度的2/3在管口内,1/3在管口外。棉塞的松紧以手提棉塞轻晃而试管不滑出为度。

4. 捆把

以7支试管为一捆,用报纸包裹试管口,用胶套扎紧。记号笔标记,准备灭菌。

5. 培养基的灭菌

常用步骤:加水→灭菌物入锅→上盖→对称、均匀地扭紧螺栓→加热升温→打开排气阀,持续排气至有大量热蒸汽持续冲出时,关闭排气阀并继续升温,定时30~45 min,定温121 ℃,此时压力达到0.1 MPa。当灭菌结束后,自然降温降压,锅盖半开,让锅内多余蒸汽溢出，锅内余热烘干棉塞，之后开盖，取出试管。

6. 制斜面

根据试管内培养基的多少，用板条书等物垫在试管口附近做斜面，以培养基离棉塞有一定距离为宜。一次固定试管，不能再动，禁止试管来回滚动。盖上干净的毛巾，防止试管内产生过多的冷凝水。

四、注意事项

1. 培养基经灭菌后，必须放在 37 ℃保温箱中培养 24 h，无菌生长方可使用。

2. PDA 培养基一般不需要调节 pH。对于要调节 pH 的培养基，一般用 pH 试纸测定其 pH。如果培养基偏酸或偏碱，可用 1 mol/L NaOH 或 1 mol/L HCL 溶液进行调节。调节时应逐渐加入 NaOH 或 HCl 溶液，防止局部过酸或过碱破坏培养基成分。

学习任务四　菌种制作与培养

【知识目标】

- 了解无菌操作、灭菌等基本概念。
- 掌握母种接种、转管方法和菌种培养技术。
- 掌握原种与栽培种培养料配方、接种过程和菌种培养技术。

【能力目标】

- 会使用不同的方法接种和培养母种。
- 会配制原种与栽培种培养料。
- 会接种和培养原种与栽培种。
- 会利用学习平台拓展相关知识、技能。

一、一级菌种制作

在无菌条件下，将子实体的组织或孢子接在试管培养基中培养出纯的菌丝体的过程称为母种菌种的分离。

（一）接种前准备

接种室熏蒸灭菌，超净工作台或接种箱内摆设好灭好菌的接种工具、灭菌器或酒精灯、废液瓶、盛酒精棉球的广口瓶、记号笔、火柴等。

试管培养基高压蒸汽灭菌后经过无菌检验后移入接种室内及时接种。

（二）菌种分离方法

母种分离方法主要包括组织分离法和孢子分离法。

动画4　蘑菇组织分离

1. 组织分离法

组织分离法是利用子实体内部组织（菌肉、菌柄）、菌核或菌索来分离获得纯种的方法。食用菌的子实体实际上就是双核菌丝的扭结物，它具有很强的再生能力，因此，只要切取一小块组织，把它接种到适宜的培养基上，适温培养，就能得到纯菌丝体。这是一种无性繁殖方法，具有操作简便、有利于保持原有品系的遗传特性、分离成功率高等特点。

（1）子实体组织分离

①伞菌类子实体组织分离（图 2-4-1）　选取幼嫩、健壮、饱满、无病虫的菌蕾作分离材料，分离材料老熟或雨后不予采用。在无菌条件下，子实体表面用 75%酒精擦拭消毒，用解剖刀在菌盖与菌病处纵切开，在菌盖与菌柄交界处用灼烧并冷却后的镊子挑取豆粒大小的一块组织，迅速移接到试管斜面中央，置适温下恒温箱内培养，待菌丝长满斜面即为母种。

②胶质菌类子实体分离法　银耳、黑木耳、毛木耳等胶质菌，耳片薄、质地韧，同时菌丝含量少，组织分离难度大。分离时需多接一些斜面，以便有所选择。

以黑木耳为例，子实体选择时，选取肉厚、健壮、耳片未完全伸展、耳基较大的耳片。将耳片用无菌水冲洗后，用无菌纱布吸干，在耳基顶端纵切一切口，将耳基撕开，用锋利的接种刀尖端挑取一小块组织移接至PDA斜面上，置25～28 ℃条件下培养。也可用利刀将耳片轻轻刮去一层薄皮(每刮一次均需灼烧冷却刀片)，再用接种刀刮挑少许组织移接至斜面上。

(2)菌核组织分离　某些药用菌如茯苓、猪苓，在不良的外界条件下，菌丝体常集结成块状的菌核。菌核中的菌丝具有较强的再生能力，可作为组织分离的材料。菌核应选个体较大、饱满健壮、无病虫的新鲜个体作为分离材料。然后将菌核冲净，用75%酒精擦拭表面，在无菌条件下，用无菌解剖刀把菌核对半切开，在菌核皮附近取蚕豆大的一块组织移接至PDA斜面上，置于25～28 ℃条件下培养。

(3)菌索组织分离　从菌索中分离培养得到纯菌丝体的方法。如蜜环菌、假蜜环菌在人工培养条件下不易形成子实体，也不产生菌核，它们是以特殊结构的菌索来进行繁殖的，因此这类菌可用菌索分离得到纯菌种。选取粗壮、无蛀虫的菌索，洗净，带入到超净工作台上，用75%酒精表面擦拭，用无菌的解剖刀除去菌索的黑色外皮层(即菌鞘)，抽出其中白色菌髓部分，将其剪成小段，移接到培养基中。在23～25 ℃条件下培养，菌丝生长出来后，经几次提纯转管后即可制成母种。

1. 种菇消毒

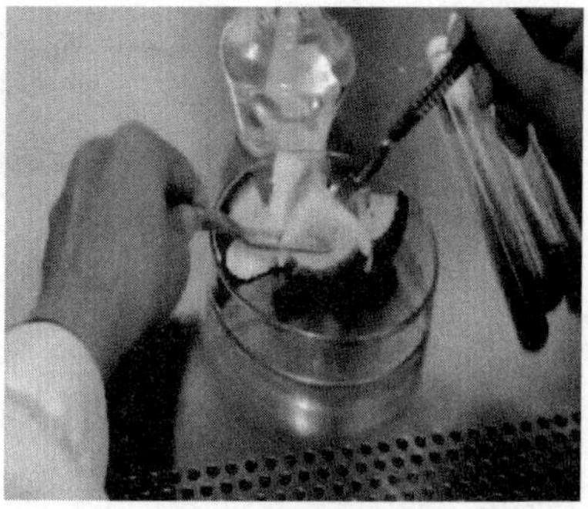

2. 取组织

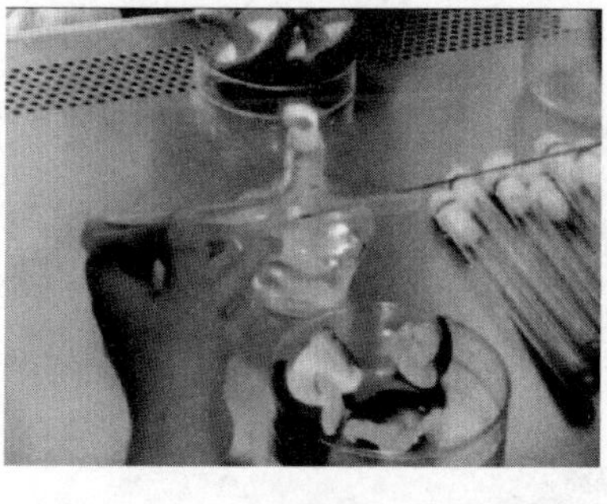

3. 接种

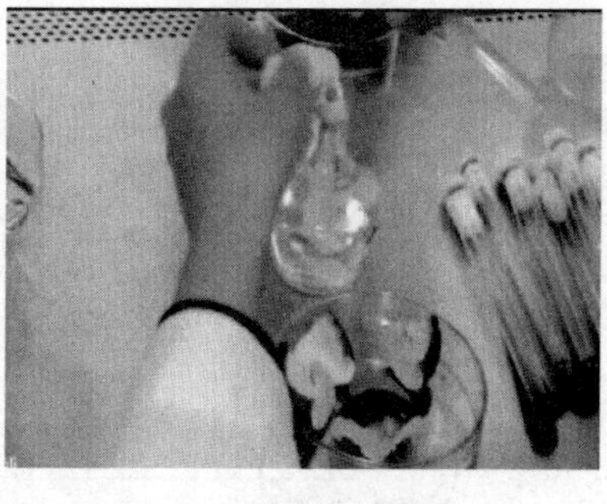

4. 燎棉塞及试管口

图 2-4-1　组织分离法制母种

2. 孢子分离法

孢子分离法是用食用菌成熟的有性孢子(担孢子或子囊孢子)萌发培养成菌丝体而得到菌种的方法，属有性繁殖。

孢子分离又可分为多孢分离和单孢分离。单孢分离难度较大，在生产上多用多孢分离的方法。

(1)种菇的选择和处理　选择纯正，具有本菌株性状，发育健壮，无病虫害，成熟度适当的子实体。种菇选定后，首先除去附着在菇体表面的杂物。双孢蘑菇、草菇可用0.1%氯化汞溶液浸泡消毒2～3 min，然后用无菌水漂洗2～3次，洗除表面药物，最后用无菌纱布吸干水分，香菇、平菇可用75%酒精进行表面擦拭消毒。

(2)多孢分离

①种菇插种法(图2-4-2)　在无菌条件下，首先将消毒过的种菇插入孢子收集器内收集孢子，把收集的孢子直接挑入PDA培养基，或用无菌水稀释成悬浮液，用注射器接种到PDA培养基上。接种后，置于25 ℃恒温箱中培养，待发生白色的菌落时，将生长势强的单个菌落转移到另一试管培养基中继续培养。

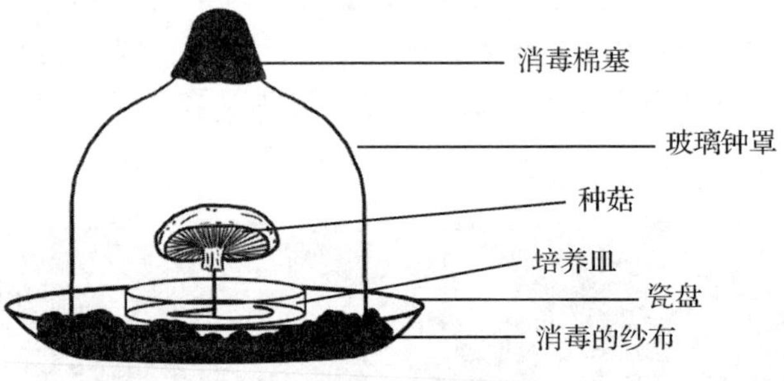

图2-4-2　种菇插种法

②钩悬法(图2-4-3)　此法多用于收集银耳、黑木耳及毛木耳等的孢子。在无菌条件下，将新鲜成熟的耳片，用无菌水冲洗数次，吸干后，取一小块耳片挂在钩上，(如果收集黑木耳时应腹面朝下)，钩的另一端挂在三角瓶口上，三角瓶内装有PDA培养基，耳片距培养基表面2～3 cm，在25 ℃下培养。黑木耳的孢子萌发需要5～6 d，当见到有星芒状菌落出现时，挑取少许移至斜面培养基上扩大培养，即可得到木耳纯菌种。

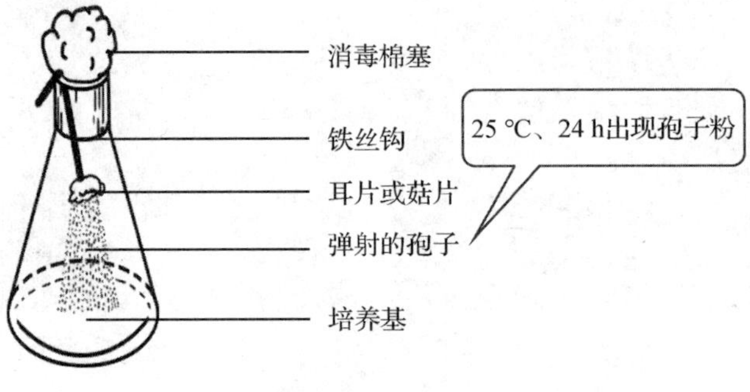

图2-4-3　钩悬法

③菌褶涂抹法　选择成熟的种菇，切取菌柄基部，带入接种箱，用75%酒精进行表面消毒后，用接种环或接种针准确插入两片菌褶之间，抹取菌褶表面的孢子，用划线法涂抹于斜面培养基上进行培养，操作时注意防止杂菌污染。

④孢子印分离法(图 2-4-4)　选取成熟的菇体或胶质菌的子实体，经表面消毒后，切去菌柄，菌褶向下，置于无菌光滑的有色纸上，用通气玻璃罩罩上，在 20～24 ℃条件下培养 24 h，大量孢子落到纸上。从孢子印上取少量孢子移入试管或培养皿培养基上培养。

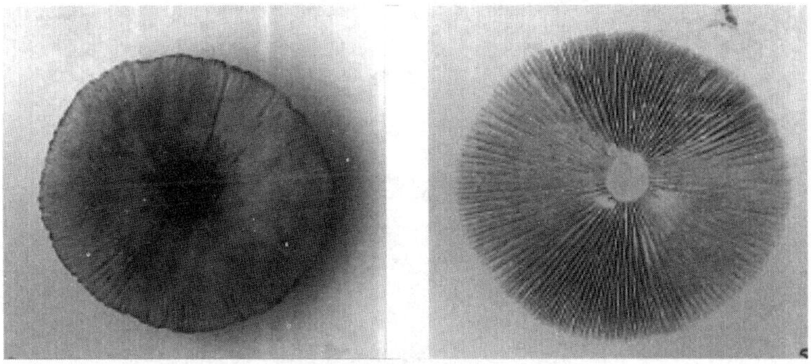

图 2-4-4　孢子印

(3)单孢分离　从分离的多孢子中挑选出单个孢子，分别培养出单个菌株，用于杂交育种。分为平板稀释法、连续稀释法和毛管稀释法。

(三)一级菌种的转管

将初次接种得到的菌丝体，在无菌条件下移接到新的试管培养基上称为转管。转管是为了扩大一级菌种的量。

动画 5　母种的转管与培养

无菌操作过程(转管接种过程)

(1)准备工作　接种室消毒，超净工作台酒精擦拭，接种用具灭菌后摆放在台面上。菌种培养基试管灭好菌移入接种室内。超净工作台上紫外线灯提前 30 min 开启，打开风机。

(2)转管接种(图 2-4-5)

①用 70%～75%的酒精棉球对双手和菌种试管外壁进行擦拭消毒。

②点燃酒精灯。

③将所要转接的菌种和斜面培养基，用左手大拇指和其他四指并排握住，斜面向上，并使试管位于水平位置。

④用右手轻轻转动试管棉塞，这样松动后，有利于接种时快速拔出。

⑤右手拿接种耙，用酒精棉球擦一下，然后在火焰上灼烧灭菌。

⑥用右手小指和无名指及手掌拔掉棉塞。用火焰灼烧试管口，灼烧时应不断转动管口，将试管口上沾染的少量杂菌烧死。

⑦将烧过的接种耙伸入菌种试管内，先接触一下没有长菌种的培养基部分或试管内壁，停留片刻，使之冷却，以免烫死或烫伤菌种，然后取出少许接种块，将接种耙迅速抽出试管，不要碰到管壁。

⑧迅速用接种耙把菌种块通过酒精灯火焰无菌区伸进另一支空白试管，送到斜面培养基的中央。

⑨灼烧试管口，并将棉塞在火焰上迅速过一下，然后塞上，注明菌种名称和接种时间，放在适宜条件下培养。

⑩收拾试验台，做好实验记录。

(3)转管注意事项

①接种时要在酒精灯外焰旁，试管、接种工具、手不能离开台面。

②棉塞要夹在手指缝内，不要放在台面上。

③操作时试管口要斜向下倾斜。

④每次挑取菌种前要酒精灯灼烧接种工具，并且冷却后再挑菌丝体。

⑤接种时注意酒精灯的安全使用。

图 2-4-5 转管

(四)一级菌种的培养

斜面接种后，应立即置于适温下培养。当种块上的菌丝萌发并向培养基上蔓延后，可将培养温度降低 2～3 ℃，菌丝生长速度虽然略微减慢，但生长更加健壮。气生菌丝发达的菌种，如双孢蘑菇的气生型菌种，还要采取逐步降温法进行培养。母种培养时保持温度稳定，温度过高，菌丝衰老快。在恒温箱内培养时，试管不要堆积过挤，避免通风不畅。要及时挑拣污染管。当菌种长满试管后要及时保藏，防止菌种老化。一般放在 1～4 ℃冰箱中低温冷藏。

二、原种、栽培种制作

(一)常用培养基配方

(1)棉籽壳 84%～89%，麦麸 10%～15%，石膏 1%，含水量 60%±2%。

(2)棉籽壳 54%～69%，玉米芯 20%～30%，麦麸 10%～15%，石膏 1% 。

(3)阔叶树木屑 78%，麸皮或米糠 20%，蔗糖 1%，石膏粉 1%。适用于制作香菇、金针菇、黑木耳、平菇、滑菇、灵芝和猴头菇等菌种。

(4)阔叶树木屑 80%，玉米粉 17%，尿素 1%，蔗糖 1%，石膏粉 1%。适用于制作平菇和金顶侧耳菌种。

(5)杂木屑 73%，麸皮 25%，蔗糖 1%，碳酸钙 0.8%，磷酸二氢钾 0.1%，硫酸镁 0.1%。适用于制作灵芝、黑木耳等菌种。

(6)阔叶树木屑 77.5%，麸皮 20%，蔗糖 1%，石膏粉 1%，尿素 0.5%。适用于制作平菇和金针菇等菌种。

(7)阔叶树木屑 98%，葡萄糖 1%，尿素 0.4%，硫酸镁 0.05%，磷酸二氢钾 0.2%，高锰酸钾 0.05%，碳酸钙 0.3%。适用于制作香菇、平菇和黑木耳等菌种。

(8)玉米芯 80%，麸皮或米糠 18%，蔗糖 1%，石膏粉 1%。适用于制作平菇、猴头菇和黑木耳等木腐菌菌种。

(9)玉米芯 80%，玉米粉 8%，复合肥 1%（制原种时用 0.2%磷酸二氢钾），米糠 10%，石膏粉 1%。适用于制作平菇、凤尾菇等菌种。

(10)玉米芯 55%，麸皮（米糠）18%，阔叶树木屑 25%，蔗糖 1%，石膏 1%。适用于制作猴头菇菌种。

(11)小麦 98%，石膏粉 2%。适用于制作双孢蘑菇菌种。

(12)小麦 87%，发酵干牛粪 10%，石灰或石膏粉 3%，另加少许稻草。适用于草腐菌菌种。

(13)小麦 93%，杂木屑 5%，石灰或石膏粉 2%。适用于制作平菇菌种。

动脑筋： 草腐菌如果用木屑作培养料是否可行？

(二)培养基配制过程

1. 木屑培养基

称取原料。将糖溶于适量水中，将其他原料进行混合，然后加入糖水拌匀，再加入适量的水使培养料含水量达 60%～65%，即用手抓一把加水拌匀后的培养料紧握，当指缝间有水但不滴下时，培养料内的含水量为适度。

2. 玉米芯培养基

玉米芯粉碎，然后将玉米芯置于 pH 为 10～11 的石灰水中浸泡一夜，捞出沥干，拌辅料，加水混匀，用手测试培养料含水量，调 pH，装袋、灭菌。

3. 谷粒培养基

小麦过筛，除去杂物，再放入石灰水中浸泡 1 d 左右，捞出后放入锅中用水煮至麦粒无白心为止（吸足水分）。摊开凉凉，麦粒不黏手时加入石膏拌匀，调整 pH，装瓶，灭菌。

(三)培养基灭菌

1. 高压灭菌

木屑培养基和草料培养基在 0.12 MPa、121 ℃下灭菌 1.5 h 或 0.14～0.15 MPa 下灭菌 1 h；谷粒培养基、粪草培养基在 0.14～0.15 MPa 下灭菌 2.5 h，装容量较大时，灭菌时间要适当延长。灭菌后自然降压出锅。

2. 常压灭菌

常压灭菌是采用常压灭菌锅或灭菌灶灭菌。灭菌时间以袋内温度达到 100 ℃开始计时。常压灭菌时要迅速使锅内或灶内水温达到 100 ℃，并保持 10～12 h，然后停火保持 8～10 h，取出。母种培养基、原种培养基、谷粒培养基用高压蒸汽灭菌，栽培种培养基灭菌采用常压灭菌。

(四)原种接种与培养

1. 接种前准备

根据菌种特点、生产的量选择合适的接种场所，如接种车间、接种室、接种箱。接种前 2 d 把菌种瓶（袋）、灭菌后的培养基及接种工具放入接种室，接种室消毒。密闭接种室，按每立方米空间用 10 mL 甲醛溶液与 7 g 高锰酸钾混合进行熏蒸消毒，24 h 后打开门窗，完全散尽甲醛气体后可进入接种。

2. 接种

少量原种可利用超净工作台或接种箱，接种需要无菌操作(图 2-4-6)。具体的操作是用接种铲弃去母种前端 1 cm 左右菌丝，然后将斜面横向切割成 5～8 段，将每段连同培养基一同挑出并接入瓶内接种穴处。1 支母种可扩接 5～8 瓶原种。大量原种接种往往利用塑料接种帐或接种室。

3. 培养

少量原种可放入恒温培养箱中培养，也可用培养室培养。培养室要保持清洁，菌种培养的适宜温度以 20～25 ℃，空气的相对湿度控制在 60%左右为宜。要求无光，通风良好。根据菌种特性及菌丝生长快慢，长满瓶或袋需要不同的时间，如平菇在 1 个月左右。长满袋(瓶)的菌种如果不马上转接，需要放在 1～4 ℃的环境中保存(草菇除外，草菇要在室温下保存)，可保藏 1～3 个月。

图 2-4-6　原种接种

微课 5　菌种接种

4. 原种培养过程中应注意的问题

(1)培养室应清扫干净并严格消毒。

(2)适时检查，开始每天查看一次，检查菌种生长状况和有无杂菌污染。有杂菌要及时清理。未发菌丝超过一周的需要重接。当菌丝将瓶口或料袋(也称菌袋)口长满后可以延长检查的时间。

(3)注意保持温度稳定，培养室调整为菌丝生长最适温度，使菌丝能尽快生长，当菌丝快长满瓶或袋时，要降低培养温度 2～3 ℃，使菌丝健壮、增强生活力。

(4)调节空气、光照和湿度，要保持室内空气新鲜。促进菌丝生长，当发现菌丝生长缓慢时要加强通风或通过刺孔的方式透气。

(5)菌丝长满瓶 7～10 d 要转接，不转接要及时保藏。

(6)做好防虫害和鼠害。

(五)栽培种接种与培养

1. 接种前准备

栽培种接种根据菌种特点和所用培养料等确定是室内接种还是室外接种，是否使用接种箱等。接种环境要严格消毒灭菌。

2. 接种

接种前将选好的二级种瓶用 75%的酒精擦拭外壁，并对瓶盖或瓶塞进行消毒处理以防开盖时杂菌落入瓶内，然后在酒精灯火焰上方拔出原种瓶棉塞或打开瓶盖，同时将接种匙用酒精灯火焰灭菌数次，用接种匙刮去瓶内菌种表面的老菌皮，再将菌种挖松并稍加搅拌，注意菌种应挖成花生米大小，不宜过碎，将菌种接入袋内，迅速扎好袋口。1瓶原种一般可接30～60瓶（袋）栽培种。如原种充足，可适当加大接种量，这样菌丝生长快，防杂菌，能缩短培养时间。接种有很多方式，如图2-4-7所示。

菌袋接种

人工接种

段木接种

接种机接种

图2-4-7　栽培种接种

3. 培养

培养室应清扫干净并严格消毒。培养初期温度保持在菌种菌丝体生长最适温度，随后每隔10 d降1 ℃，至长满袋（瓶），低温可促进菌丝粗壮。培养室可设立培养架，瓶竖放，袋可以横着叠放，或"井"字形，或斜三角形摆放。料温容易升高的用"井"字形或"斜三角形"，当室内温度低时采用叠放的方式。经常检查袋内温度，温度过高时要倒垛降温。

动脑筋：菌种培养时如何增加料袋内的空气？

培养室内空气相对湿度在60%～70%，避光，定时通风，经常保持培养室洁净，防止杂菌生长。栽培种比原种菌丝长满瓶所需时间短，当菌种瓶（袋）中菌丝体长至培养基的1/3时，培养室的温度可降低2～3 ℃，以免随菌丝生长代谢加强，料温上升而引起高温障碍。

栽培种在培养期间，要经常检查，及时淘汰劣质和污染的料袋。发现污染袋要及时拣除，污染轻的将污染部分清除掉，注入多菌灵等杀菌剂，单独放置培养。污染严重的要清除掉。检查时发现污染的不要在培养室内处理，防止杂菌孢子空气传播。菌丝长满袋后1周左右，控制环境条件，分化出菇。

【技能训练】

技能训练一　组织分离法制母种

一、实训目的

理解组织分离法制母种的原理;掌握组织分离接种技术;会使用超净工作台和培养箱。

二、实训原理

组织分离法是利用子实体组织类分离获得纯种菌丝的方法。组织分离是一种无性繁殖法,双亲的染色体没有经过重组,因此组织分离基本上可以保持亲本的生物学特性,优良菌株用组织分离法能使遗传特性稳定下来。

三、实训材料

新鲜菇(耳)体、刀片、镊子或接种针,试管斜面培养基,无菌水,无菌纱布(煮沸灭菌),接种箱或超净工作台,无菌室,酒精灯,75%酒精及酒精棉球等。本实训采用香菇作材料

四、方法步骤

1. 挑选种菇

挑选生长健壮,菌龄适中,无病虫害,具有本品种优良性状的菇体或组织作为种菇。

2. 环境、用具严格消毒

接种室消毒,超净工作台消毒,接种工具灭菌。

3. 菇体消毒

将子实体菌柄基部切除,至超净工作台内,用75%酒精棉球擦拭菌盖与菌柄两次,进行表面消毒。点燃酒精棉球,菇体迅速过火。放入灭菌后的培养皿内。

4. 组织分离

解剖刀经酒精灯火焰灭菌,在菌柄中部纵切一刀,用镊子配合解剖刀在菌盖与菌柄交界处切取黄豆大小的小方块。

5. 接种

在无菌条件下,随后挑取一组织小块,迅速移接到PDA斜面培养基上,并塞好棉塞。

6. 贴标签培养

试管从接种箱取出之前,应逐支在试管正面的上方贴上标签,写明菌种编号、接种日期,随后把试管放入培养箱中,置适宜温度下培养,待组织块长出且无污染即为纯种。

7. 置于适宜温度下培养

培养3～5 d,就可以看到组织上产生白色绒毛状菌丝,长满管后转管扩大即得到母种。

8. 菌丝观察

观察菌丝生长状况、污染情况。

9. 可能出现的问题

(1)菌丝未萌发　①烫伤严重;②培养条件不适宜。

(2)有杂菌污染　①培养基灭菌不彻底;②培养基成分适宜杂菌生长;③环境、用具消毒不严格;④菇体、耳体消毒不严格;⑤接种操作控制不当,要无菌操作。

五、实训考核

完成实训内容并填写考核单(表2-4-1,表2-4-2)。

表 2-4-1 组织分离法制母种小组考核单

实训名称		班级		小组		指导教师		总分
考核项目	课前准备（15 分）	种菇选择（10 分）	接种数量（20 分）	接种速度（10 分）	团队合作（15 分）	安全意识（15 分）	解决问题能力（15 分）	
评分标准（100 分）	1. 小组成员全部参与接种室消毒，培养基、接种用具摆放正确得 11～15 分； 2. 小组成员每一人不参与接种室消毒及培养基、接种用具摆放扣 2 分； 3. 小组成员全不参与接种室消毒及培养基、接种用具摆放得 0 分。	1. 种菇按要求选择正确得 10 分； 2. 种菇选择错误一项扣 1 分； 3. 种菇完全没按要求选择得 0 分。	1. 接种 20 支得 20 分； 2. 少一支扣 1 分，多一支加 1 分，最多加 10 分。	1. 30 min 内接种 20 支得 10 分； 2. 接种数量 20 支，完成时间每延长 2 min 扣 1 分。	1. 小组成员合作顺畅，没有矛盾和问题得 15 分； 2. 小组合作沟通不畅，出现问题 1 次扣 2 分。	1. 全程无安全问题得 15 分； 2. 出现安全问题扣 5～10 分。	1. 及时解决问题，顺利完成实训得 15 分； 2. 出现问题不能及时解决，影响实训进行得 5～10 分。	

表 2-4-2 组织分离法制母种个人考核单

考核项目	评分标准	考核项目	评分标准
种菇消毒（10 分）	10 s 内迅速将种菇全面过火，没有烫伤得 10 分； 时间多 1 s 扣 1 分，烫伤扣 1～5 分；过火不全面扣 1～2 分。	棉塞处理（10 分）	棉塞夹在指间得 5 分，放在其他位置扣 1～5 分； 棉塞火烤后盖盖得 5 分，不烤扣 5 分。
酒精灯使用（5 分）	使用外焰得 2 分，错误扣 2 分； 熄灭方式正确得 2 分，错误扣 2 分； 酒精灯盖摆放位置正确得 1 分，错误扣 1 分。	接种数量（20 分）	每人接 5 管，每管得 4 分，少接一管扣 4 分。
取组织位置和大小（5 分）	位置正确得 2 分，错误扣 2 分； 大小正确得 3 分，错误扣 2 分。	接种速度（20 分）	5 管 5 min 内完成，每多 1 min 扣 0.5 分。
接种工具灭菌（10 分）	剪子、镊子、解剖刀酒精灯灭菌方法正确得 5 分，错误扣 1～5 分； 灭菌后冷却得 3 分，不冷却扣 1～3 分； 摆放位置正确得 2 分，不正确扣 1～2 分。	贴标签（5 分）	标签标识准确得 3 分，错误一处扣 1 分； 贴标签数量够得 2 分，少一管扣 0.5 分。
接种是否碰壁（5 分）	不碰壁得 5 分； 碰壁扣 1～3 分。	工作态度（10 分）	积极、认真、小组合作顺畅得 10 分； 消极应付，与小组成员沟通不畅扣 1～5 分。

学生姓名：　　　　　　得分：　　　　　　教师签字：

技能训练二　食用菌原种的制作

一、实训目的

掌握食用菌原种培养基的配制方法；学会菌种的制作技术与消毒灭菌方法。

二、实训材料

1. 材料

平菇等母种、木屑、麸皮、过磷酸钙(碳酸钙)、氢氧化钙、蔗糖。

2. 用具

菌种瓶或袋、酒精灯、防水纸、记号笔、高压灭菌锅、超净工作台、接种用具。

三、方法步骤

1. 平菇配方

木屑 78%、麸皮 18%、过磷酸钙(碳酸钙)2%、蔗糖 2%。

2. 配制过程

(1)称料　根据原种数量，称取相应的原料。

(2)拌料　将木屑与麸皮先混合，蔗糖、过磷酸钙加水混匀，拌料时边加水边搅拌，不断鉴定含水量。

(3)含水量的鉴定　用手紧握培养料，手指缝隙间有水但不滴下为 60%，滴一滴为 65%，滴两滴为 70%。

(4)装瓶或袋　将拌好的料装入瓶或袋中，边装边压实，不可过松，多少要适量。

(5)擦瓶或袋　将瓶或袋外的培养料擦掉，以免灭菌时堵塞高压锅进出水口。培养过程中易染菌。

(6)灭菌　灭菌方法同母种。时间为 1.5～2 h。

(7)接种 挑取母种培养基和菌丝一小块，至于原种培养基中央，封口或袋。

(8)管理与培养　接种后做好标记，放在培养架上，室内遮光，空气相对湿度保持在 60%～65%，温度 22 ℃左右。约 40 d，菌丝长满袋或瓶。要定期检查，如有污染严重的及时挑出，污染少的可在污染部位注射 75%酒精或 0.1%的多菌灵溶液。待菌丝长满后转接或保藏。

技能训练三 栽培种制作(平菇代料栽培)

一、实训目的

掌握平菇的代料栽培技术。

二、实训材料

1. 材料

平菇二级菌种、木屑、麸皮、过磷酸钙、蔗糖、玉米面、75%酒精。

2. 用具

烧杯、酒精灯、记号笔、高压灭菌锅、超净工作台、镊子等。

三、方法步骤

1. 培养料配方

木屑 82%、麸皮 9%、玉米面 7%、过磷酸钙 1%、蔗糖 1%。

2. 配制过程

(1)称料 先根据要做原种的数量,算出各种原料的用量,然后称量按比例称料。

(2)拌料 混合,加水拌料。混合时,先将木屑、麸皮和玉米面混合在一起,其他可溶性药物用水混匀后拌入料内。拌料时,边加水、边搅拌、边测试含水量。

(3)含水量的测定 拌好料后,用手抓一把培养料,捏在手中紧握,手指缝中有水滴出而不下滴为宜,含水量约为 60%,pH 8.5 左右。

(4)装袋 将拌好的培养料装入袋中,周围紧实中间松,袋口留出接种空间。

(5)擦袋 将袋外沾的培养料擦掉,以免接种后污染杂菌。

(6)灭菌 灭菌方法同母种灭菌方法。

(7)接种 待菌袋室温降至 28 ℃以下时在超净工作台上,酒精灯的火焰下,将平菇二级种接入袋内。摆放于培养架上。

(8)栽培管理

①发菌期 光线暗、空气新,料温 20～25 ℃,空气相对湿度 60%～70%。

②分化期 菌丝满袋再培养 7 d 左右,加强光照,加强通气,加大温差(8～10 ℃),提高空气相对湿度(80%～85%)。

③子实体生长期 现原基时解口或划口,空气相对湿度 85%～90%,适宜温度,随其长大逐渐加强通风,菌盖边缘较薄时采收。不要强水喷、吹硬风、吹喷珊瑚期前的菇。

④间歇期 清料面并搔菌,停水养菌 3～4 d,7～10 d 又现蕾。

四、实训考核

考核内容见表 2-4-3。

表 2-4-3　原种、栽培种制作小组考核单

实训名称				小组		指导教师			得分
考核项目	课前准备（10 分）	原种接种（20 分）	栽培种接种（20 分）	实训报告任务单（10 分）	器具整理（10 分）	团队合作（10 分）	安全意识（10 分）	解决问题能力（10 分）	
评分标准	1. 小组成员全部参与接种室消毒，得 2 分，少一人扣 0.5 分； 2. 小组成员预习实训内容得 2 分，少一人扣 0.5 分； 3. 孢子印准备好得 3 分，没准备扣 5 分； 4. 接种工具，超净工作台灭菌并处于工作状态得 3 分，准备不充分扣 1～2 分。	1. 规范操作得 10 分，错一项扣 1 分； 2. 数量够得 5 分，少一袋扣 0.5 分； 3. 接种时间正常得 5 分，每延长 2 min 扣 1 分。	1. 规范操作得 10 分，错一项扣 1 分； 2. 数量够得 5 分，少一袋扣 0.5 分； 3. 接种时间正常得 5 分，每延长 2 min 扣 1 分。	认真填写，不漏项得 10 分，漏一项扣 1 分。	1. 器具整理规范到位得 5 分；差一项扣 1 分； 2. 卫生清理干净得 5 分，否则扣 1～3 分。	1. 小组成员合作畅通，没有矛盾和问题得 10 分； 2. 小组合作沟通不畅，出现问题 1 次扣 2 分。	1. 全程无安全问题出现得 10 分； 2. 出现安全问题扣 5～10 分。	1. 及时解决问题，顺利完成实训得 10 分； 2. 出现问题不能及时解决，影响实训进行扣 1～5 分。	

【思考与练习】

菌种接种

一、名词解释

1. 组织分离法

2. 接种

3. 无菌操作

4. 转管法

二、填空题

1. 组织分离法制母种包括________、________、________三个步骤。

2. 采收孢子包括________、________、________三种方法。

三、判断题

1. 种菇要选择外观典型、大小适中、无病虫害、八成熟、第 1～2 潮菇的子实体，并有菌种的典型特征。（　　）

2. 种菇可以采用酒精浸泡的方式灭菌。（　　）

3. 组织分离法接种时要全程无菌。（　　）

4. 母种转管时种块不能太大，黄豆粒大小；老菌皮不再转管；传代次数多会退化。（　　）

5. 栽培种接种时必须在接种室内进行，保证无菌。（　　）

6. 原种和母种接种时必须在接种室中的超净工作台或接种箱内进行。（　　）

四、简答题

1. 简述组织分离法制作母种过程。

2. 简述如何给种菇消毒。

3. 简述栽培种接种要求。

菌种培养

一、判断题

1. 母种培养需要黑暗的环境，并且无菌。（　　）

2. 母种菌丝长满管后要放在 2～4 ℃冰箱中冷藏保存，并及时转接防止菌种老化。（　　）

3. 栽培种培养料染菌需要及时挑拣，不严重时注入杀菌剂并且分开培养。（　　）

4. 无论是哪一级菌种培养时都要勤观察、挑拣污染管或袋及时处理，控制好环境条件，才能保证菌种的正常生长。（　　）

二、简答题

1. 简述母种培养可能出现问题及原因。

2. 简述原种培养技术要点。

3. 简述栽培种培养技术要点。

学习任务五　菌种质量鉴定

【知识目标】

- 了解各级优良菌种的特征。
- 掌握菌种质量鉴定的标准和方法。

【能力目标】

- 会判别不同级别菌种的质量优劣。
- 会根据菌种质量鉴定标准选择好的菌种。

食用菌菌种质量好坏直接影响食用菌生产者的经济利益。在栽培时要选择质量好的菌种。对于生产菌种的单位和个人来说，必须向生产者提供质量好的菌种。因为对于菌种生产者来说，制种源的选择、环境的控制、管理措施都会影响到菌种的质量。因此，会鉴定菌种质量的优劣对于生产者和制种者都很重要。

微课6　菌种质量鉴定

一、菌种质量标准

食用菌的种类繁多，优质菌种的标准因品种不同而异，但从总体上来看，每一个优良菌种均具有“纯、正、壮、润、香”的共性。

(1)“纯”是指菌种的纯度要高，不能有杂菌感染，也不可混有其他类似的菌种。

(2)“正”是指菌丝色泽要纯正，多数种类的菌丝应纯白、有光泽，原种、栽培种的菌丝应结成块，无老化变色现象。

(3)“壮”是指菌丝要粗壮，分枝多而密，接到新培养基上吃料快，生长势旺。

(4)“润”是指菌丝体要湿润，不脱离试管壁、不干缩脱水，含水量适宜。

(5)“香”是指具有每个品种特有的清香味，不可有霉、腐气味。

菌种质量的好坏要从外观、生理特性、栽培性状和经济效益等多个方面进行衡量。

二、母种质量鉴定

(一)鉴定方法

1. 外观直接观察

从外观上看，菌丝白、整齐、粗壮、有弹性、萌发快、无杂色、无脱壁、不干瘪、无老皮是好的母种(图 2-5-1)，菌丝干燥、收缩、脱壁、有杂色、有老菌皮、自溶等是不好的母种(图 2-5-2)。

2. 显微镜检测

在载玻片上滴一滴蒸馏水，挑取少许菌丝置于水滴上，盖好盖玻片，放在显微镜下观察。如果菌丝透明，呈分枝状，有横隔，锁状联合明显，具有不同品种固有的特征，可认为菌种纯正。

动脑筋：母种表面出现杂色，是否代表母种已经被杂菌污染？

图 2-5-1　优质母种

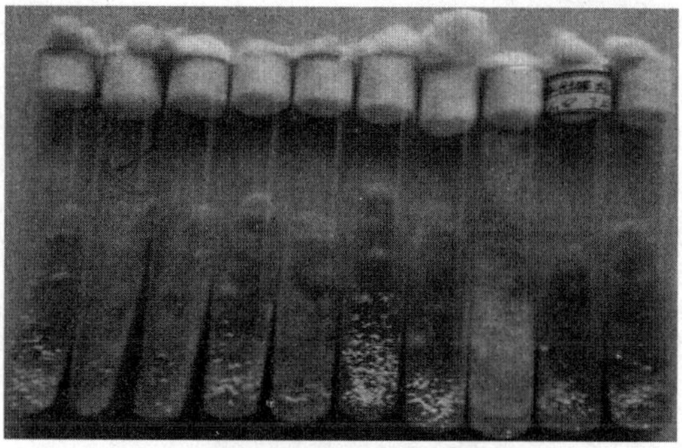

图 2-5-2　劣质母种

3. 菌丝生长速度检测

将供测菌种接入新配制的试管斜面培养基上，置于最适宜的温度、湿度条件下进行培养。如果菌丝生长迅速、整齐浓密、健壮有力，则表明是优良菌种；如果菌丝生长缓慢，或生长过快，柔弱稀疏，速度不一致，衰老快，说明是劣质菌种。

4. 耐干湿鉴定

将母种接种到含水量＜50%和＞70%的原种培养基上，如果能正常生长说明母种耐干和耐湿的能力强。

5. 耐高温鉴定

将母种在适温条件下培养 7 d，转入 30～35 ℃环境中锻炼 24 h，再适温培养，看是否能正常生长，观察母种的耐高温能力。

6. 栽培性状鉴定

将母种转入原种培养基内(与栽培种培养基相近)，观察菌种的生长情况，包括菌丝的生长速度、长势、染杂菌等情况，以及子实体的质量和产量。

(二)常见食用菌母种质量标准

1. 平菇母种质量标准

平菇菌丝生长粗壮整齐，洁白浓密，呈匍匐状，气生菌丝发达、爬壁力强，气生菌丝可布满试管空间，菌丝生长快，经 6～7 d 长满斜面，当菌丝长满斜面时，子实体原基尚未分化，培养基未收缩，无杂菌。

2. 香菇母种质量标准

香菇菌丝纯白色，粗壮，呈绒毛状，平伏生长，边缘呈不规则弯曲，长速中等，经 12～14 d 长满斜面。满管后略有爬壁现象，菌丝老化后培养基转为黄色，早熟种存放时间长会形成原基。

3. 金针菇母种质量标准

(1)黄色菌株　菌丝白色绒毛状，强壮、致密，紧贴培养基表面，生长速度快，一般 7 d 左右长满试管培养基表面，长势均匀，粉孢子极少。在出菇适宜的温度条件下，培养基表面容易出现浅黄白色的子实体，为正常而且优良的菌种。而菌丝生长速度慢，长势稀疏，褐色分泌物多，后期在试管斜面的前端形成大量粉孢子的菌株，一般为不良的菌种。另外，培养基已干枯、收缩的斜面母种，表明存放期过长，菌丝已老化，应转管后使用。

(2)白色菌株　菌丝白色绒毛状，强壮、生长旺盛，气生菌丝爬壁，生长速度快，10 d 左右长满培养基表面。菌丝在琼脂斜面上长势均匀，接种块与生长的菌丝之间未见明显的一圈分界线，粉孢子虽然比黄色母种多，但未结成团状的母种为优良菌种。而菌丝呈棉絮状、蓬松，生长缓慢，长势不均匀，后期粉孢子多且在斜面壁上结成一块块团状物的母种为不良母种。

4. 黑木耳母种质量标准

黑木耳菌丝白色，较细密，整齐，平贴于斜面培养基上，不爬壁，生长速度较慢，15 d 左右长满斜面。有些品种可产生次生孢子，使培养基表面的菌丝体带有粉末状物；有些品种在斜面培养基上能形成小原基。菌丝长满斜面后，如果出现黄斑，培养基逐渐变成褐色、浅黑色，说明菌种已老化。

三、原种和栽培种的质量鉴定

(一)鉴定方法

1. 肉眼直接观察

好的原种、栽培种：菌丝白(符合该菌种的颜色)均匀、粗壮、有菇香味，接种后萌发快、生长速度快、不易感染杂菌、有菇种典型特征(图 2-5-3)。不好的原种、栽培种：有杂色、有黄水、结皮、有原基、干缩脱壁等现象(图 2-5-4、图 2-5-5)。

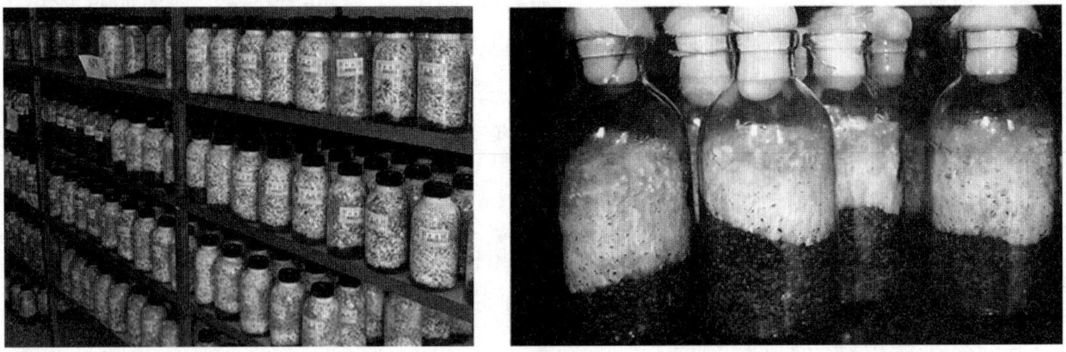

图 2-5-3　好原种

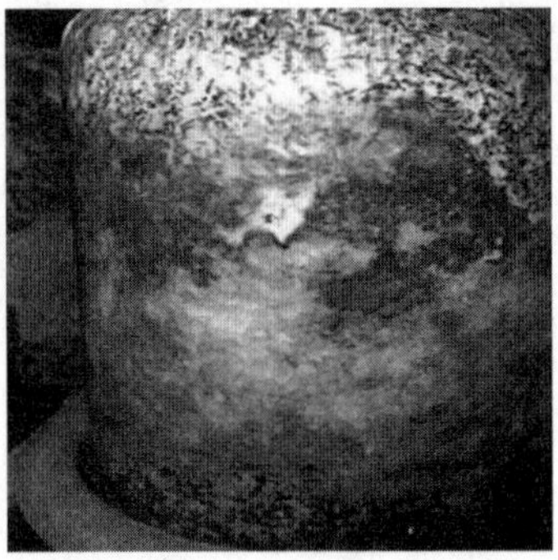

图 2-5-4　污染栽培种

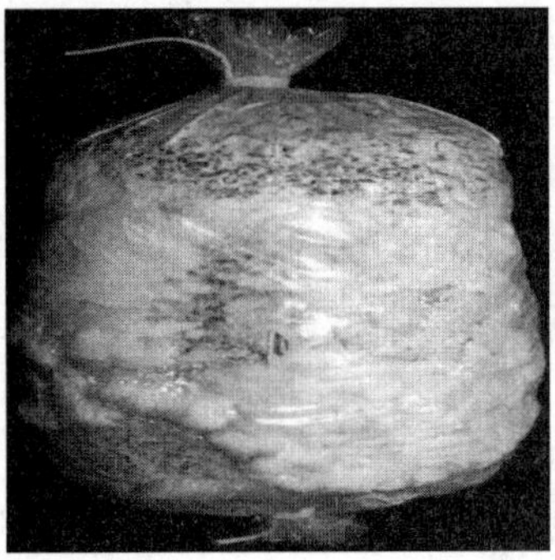

图 2-5-5　长原基栽培种

2. 出菇(耳)试验

出菇试验因季节或其他原因推迟，可采用一种较简单的方法来弥补，即直接将有各菌株并已发好菌的瓶(袋)装菌种，小心地敲碎瓶颈或打开塑料袋口，使培养料外露(如果是双孢菇，则要覆上调好湿度的土粒)，置于最适宜的温度、湿度条件下进行出菇(耳)管理，观察并记载各项指标，最后进行评比。

(二)常见食用菌原种和栽培种好菌种的质量标准

1. 平菇

菌丝密集、洁白，长势均匀、粗壮，呈绒毛状，有爬壁现象，在培养基表面有少量珊瑚状小菌蕾的为优质菌种，菌龄以20～25 d为宜。

2. 香菇

菌丝粗壮浓密，生长均匀，洁白有光泽，香味浓郁，很少产生厚菌被，容易形成较多的子实体，菌龄为35～40 d。

3. 金针菇

菌丝洁白、致密，生长速度快，一般长满瓶需30～35 d，均匀一致，粉孢子少；而劣质菌种表现为菌丝生长稀疏，菌丝不生长或生长慢，出现波浪式生长趋势，有明显的拮抗线(培养基过湿或污染)，瓶内出现开伞子实体等。

4. 黑木耳

菌丝洁白粗壮，长势旺盛，全瓶均匀一致。培养后期(40 d左右)，瓶壁间自上而下可见少量菊花状或梅花状的胶质原基，颜色呈黄褐色至黑褐色。菌龄以35～40 d为好。

5. 猴头菇

菌丝洁白、粗壮，生长速度快而均匀，分解纤维能力强，在培养基上方容易产生子实体，为正常菌种。

6. 灵芝

菌丝密集、白色，以块为中心呈辐射状向四周生长，为优质菌种。菌丝前期生长快，后期生长慢，可能是营养不良或装料过紧透气性差所致；菌种上部生长均匀，下部生长弱或瓶底有积水，说明培养基含水量过高；如果菌丝向菌柱周围生长，培养料中菌丝很少，并呈黑腐状，为劣质菌种，应予淘汰。

【技能训练】

技能训练　菌种质量鉴定

一、实训目的

1. 了解菌种质量鉴定的目的、原理，几种常见食用菌菌种的质量标准。

2. 掌握菌种质量鉴定的方法。

3. 学会各级菌种外观质量鉴定的方法。

二、实训材料

香菇、黑木耳、平菇的一级菌种、二级菌种各若干管(瓶)，实验前去掉标签，贴上号码，以便实验后查对鉴定正确与否。载玻片、镊子、刀片、培养皿、放大镜。

三、实训原理

1. 标准香菇菌种

菌丝白色粗壮，在管(瓶)中呈扇形羽毛状向前展开，生长健旺，长满试管或瓶后，分泌出深黄色或棕褐色的水珠，后期在表层菌面结一层褐色菌皮。最好的菌种应适龄、健壮，上下菌丝分布均匀，管（瓶）壁有很小的水珠点；若菌株离开瓶壁，萎缩，表面菌皮加厚，深褐色，则表明菌种已老化；打开瓶塞有臭味或外观有杂色，表示菌种已感染杂菌。

2. 标准黑木耳菌种

菌丝洁白、健壮，似细羊毛短而整齐，向前延伸齐头并行，菌丝在瓶或管内生长均匀整齐且密集，上下成一体，用接种耙子挖出一块，成块状不松散。适龄菌种瓶或管的壁上有浅黄色的色素，或浅黄色的耳芽。菌种与瓶壁紧贴，瓶壁有少量的白色小水珠的为新鲜菌种；如果瓶壁或底部有浅黄色的为老化菌种；瓶或管内有杂色、有臭味者均为杂菌感染。

3. 标准平菇菌种

菌丝体洁白、粗壮、密集，呈粗羊毛状向下或向四周延生，爬壁性强；二级菌种的菌丝与培养基结成均匀花纹状，整体均匀一致。培养基上面若出现珊瑚状的子实体，或从瓶盖缝隙处长出子实体，说明菌种的年龄较大，若培养基干缩，瓶底部有黄水者为老化菌种，若打开瓶塞，有异味者为已感染过杂菌的菌种。

四、方法步骤

（1）从培养室中依次拿出一级菌种或二级菌种，按上述标准逐一鉴别。

（2）鉴别后，在号码上注明一级菌种或二级菌种的名称，并标出是良种、老化种、杂菌感染种。

（3）将所记号码和种名的管（瓶）以原来所记的号码相对照，以查证对错。

【思考与练习】

菌种质量鉴定

一、判断题

1. 母种试管中出现了除了白色以外的其他颜色，说明菌种退化了，质量变差了。（ ）

2. 母种菌丝干燥、收缩、脱壁、有杂色、有老菌皮、自溶等是不好的母种。（ ）

3. 菌种质量的好坏要从外观、生理特性、栽培性状和经济效益等多个方面进行衡量。（ ）

4. 菌种的耐干湿鉴定是将母种接种到含水量＜50％和＞70％的培养基中，观察其生长的情况，判断菌种对水分的适应能力。（ ）

5. 菌种老化会出现自溶现象，这样的菌种不能使用，需要淘汰。（ ）

6. 菌种对温度和湿度的适应范围越大，抗性就越强，品质和产量就越好。（ ）

二、简答题

1. 从外观上看，什么样的母种是好的菌种？

2. 从外观上看，什么样的栽培种是好的菌种？

学习任务六　菌种保藏与复壮

【知识目标】

- 了解菌种保藏的目的和原理。
- 掌握菌种保藏和复壮的方法。

【能力目标】

- 会根据菌种特点选择适合的菌种保藏和复壮的方法。
- 会利用现代信息技术拓展学习。

食用菌菌种具有稳定的遗传性。在菌种保藏过程中，条件不适宜或传代次数过多等会使食用菌丧失优良特性，生活力、产量、品质降低。因此保持优良菌株原有的特性，使其不死亡、不被污染，能长期在生产上应用，这就是菌种保藏的主要任务。

一、菌种保藏

微课 7　菌种保藏与复壮

(一)菌种保藏的目的和原理

菌种保藏的目的是使菌种在较长期的保藏之后，仍能保持原有的生活力和优良的生产性能，其形态特征、生理性状不发生变异和不被杂菌污染。

菌种保藏的原理是通过低温、干燥、隔绝空气和缺少营养等手段，使菌种减少代谢或处于休眠状态，菌丝体不生长或缓慢生长。好的保藏方法必须保持菌种的原有优良性状不发生变化，同时还要操作简便、易行，使用时容易恢复。

(二)保藏方法

1. 斜面低温保藏法

斜面低温保藏法也称为低温定期移植保藏法，是最简单、最普通的保藏方法，即将需保藏的菌种在适宜的斜面培养基上培养成熟后，放置于 4～8 ℃的冰箱内，3～5 ℃低温干燥处低温保藏，每隔 3～6 个月移接转管一次。因此，若用棉塞封口，可用干净的硫酸纸或牛皮纸包扎棉塞，这样可以减少污染，也可防止培养基干燥(图 2-6-1)。草菇不适用此方法，因为草菇菌丝体在 5 ℃以下会死亡，多采用室内常温保藏。

图 2-6-1　斜面低温保藏

2. 液状石蜡保藏法

此法是把液状石蜡灌注在菌种(菌丝体菌种)斜面上来保藏菌种。使菌种与空气隔绝，抑制细胞代谢，同时防止培养基中水分的蒸发，可延长保藏时间。

取化学纯液状石蜡装于三角瓶中加棉塞并包纸，在 0.1 MPa 压力下灭菌 1 h，再放入

40 ℃恒温箱中,以蒸发其中水分,至液状石蜡完全透明为止。将处理好的液状石蜡移接在空白斜面上 28~30 ℃下培养 2~3 d,证明无杂菌生长方可使用。然后用无菌操作的方法把液状石蜡注入待保藏的斜面试管中。注入量以高出培养基斜面 1~1.5 cm 为宜,塞上橡皮塞,用固体石蜡封口直立于低温干燥处保藏(图 2-6-2)。可有效保藏 5~7 年,每 1~2 年应移接一次。

图 2-6-2　液状石蜡保藏

3. *麦粒菌种保藏法*

首先取无瘪粒、无杂质的小麦粒淘洗干净,浸泡 12~15 h,加水煮沸 15 min,继续热浸 15 min,使麦粒胀而不破,沥干水分摊开晾晒,使麦粒的含水量在 25%左右。将碳酸钙、石膏拌入熟麦粒中(麦粒、碳酸钙、石膏比例为 10 kg∶133 g∶33 g),拌和均匀后装入试管中,每管为 2~3 g,即装入量为试管高的 1/3,塞上棉塞,进行高压蒸汽灭菌(在 1.5 个标准大气压下灭菌 30 min)后,接入菌种,长满后用石蜡涂封棉塞,放在低温处保藏。可保藏菌丝 1~2 年,约 2 年再转接 1 次。

4. *麸皮保藏法*

首先取新鲜麸皮,过 60 目筛除去粗粒。将麸皮和自来水按 0.8∶1 的比例混合拌匀,装入小试管,每管装试管高度的 1/3~2/5,塞上棉塞,用纸包扎,121 ℃高压灭菌 30~40 min,经无菌检查合格后备用,将生长在斜面培养基上的健壮菌种移接至试管中,移接时注意尽量搅匀试管中的麸皮,使其呈疏松状态,在适温下培养至菌丝长满为止,将试管放在干燥器中,在低温或适温下保藏。

动画 6　木屑保藏法

5. *木屑保藏法*

配方:阔叶树木屑 78%,麸皮 20%,蔗糖 1%,石膏 1%,料水比为 1∶0.8。配好培养基,装入试管容量的 3/4,高压蒸汽灭菌 1 h,取出后降温,在无菌条件下接入菌丝,于 24~28 ℃培养,当菌丝长到管深的 1/2 时,用接种钩挑去老的种块,用石蜡熔封管口,包上塑料薄膜,放在暗光的冰箱中或常温下保存,1~2 年转接 1 次。

二、菌种提纯和复壮

(一)提纯复壮的概念

提纯就是用人工的方法,将优良的食用菌个体从发生了变化而表现性状不一致的群体中挑选出来,进行繁殖,并在不断的繁殖过程中,优中选优,使食用菌群体的各种性状达到优良、整齐一致。复壮是使食用菌恢复和加强适应生活条件的能力。

(二)提纯复壮的方法

1. 组织分离法

将原有的优良菌株,栽培出菇,挑选出性状稳定、没有劣势变异且具有该品种典型特征的7～8分熟的子实体进行组织分离。也可用孢子分离法或基内菌丝分离法。

2. 更换培养基

在菌种的培养、继代过程中,菌丝长期生长在同一种培养基上,由于培养基中的营养成分和微量元素等必需营养物质是有限的,不能满足其生长需要,造成菌丝因缺乏某种营养而丧失活力,导致菌种退化。因此,要注意定期调换培养基,变换培养基成分和原料比例。这样既可以增强菌种的生活力,促进良种复壮,又可提高菌种的成活率,增加产量。

3. 液体稀释培养法

在无菌条件下,将母种试管中的菌丝体刮下,然后放入盛有无菌水的三角瓶中进行稀释。取充分稀释的菌液接入平板培养基上,每个平板接入2～3滴菌丝液,使菌丝液分散在平板上,在适宜温度下培养使菌丝萌发,从中挑选健壮的菌丝接入斜面试管。

4. 创造适宜的环境

由于菌种保藏是在一个不利于菌丝生长的环境下进行的,如果要恢复菌种的生活力,就需要创造最适合菌种的温度、光照、水分、通风和营养条件,才能使菌种以最好的状态生长。

5. 有性杂交

有性繁殖所产生的孢子是食用菌生活史的起点,具有丰富的遗传特性。因此,用有性杂交的方法获得菌株,再以无性繁殖的方法保持它的优良性状,可使菌种的变异和遗传朝着有利的方向发展。有性杂交主要包括单孢分离、初生菌丝交配等环节。

【技能训练】

技能训练　菌种的保藏

一、实训目的

1. 了解食用菌菌种保藏的目的、原理。
2. 掌握食用菌菌种保藏的各种方法。
3. 学会一级菌种的低温斜面保藏和液体石蜡保藏的具体方法步骤。

二、实训材料

食用菌的斜面菌种(含几种菌种)、液状石蜡、三角瓶、吸管、高压灭菌锅、酒精灯、剪刀、温度计、棉花、小铝锅等。

三、方法步骤

1. 液状石蜡保藏法

(1)将液状石蜡倒入三角瓶中,装入量为三角瓶容积的1/3,封口后高压蒸汽灭菌30 min。

(2)灭菌的液状石蜡置于60℃的烘箱中1～2 d,烘去水分(因灭菌而渗入瓶中的水分)。

(3)将烘去水分的液状石蜡冷却后,在无菌条件下,倾注于长满菌丝的斜面试管内,注入量应没过斜面顶端1 cm。

(4)塞上棉塞,并把露出管口的棉塞剪掉,再在管口浸入融化的石蜡,避免空气从管口透入。

2. 斜面低温保藏法

(1)将菌种接种于适宜的培养基中,最适条件下培养。

(2)斜面菌种在培养过程中要勤检查,当菌丝健壮地长满斜面时,及时挑选无污染的斜面菌种,棉塞部分用硫酸纸包扎好。

(3)将包扎好的菌种置于 4 ℃的冰箱中进行保存,并间隔一定时间进行移植培养,一般 3～6 个月转管一次。

【思考与练习】

菌种保藏与复壮

一、单选题

1. 斜面低温保藏菌种的温度是(　　)℃。

A. 4～6　　B. 1～6　　C. 2～6　　D. 0～5

2. 液状石蜡保藏法是靠(　　)来保藏菌种的。

A. 缺氧　　B. 低温　　C. 缺营养　　D. 缺水

3. 采用液状石蜡保存的菌种宜放到(　　)保藏。

A. 10 ℃以上　　B. 3～6 ℃　　C. 25 ℃以上　　D. 20 ℃以上

4. 斜面低温保藏菌种时,要想延长菌种的保藏时间,可将培养基中琼脂的量调整为(　　)。

A. 1.5%　　B. 1.8%　　C. 2.0%　　D. 2.5%

二、多选题

1. 菌种衰退的形态表现包括(　　)。

A. 形态改变　　B. 生长慢　　C. 抗逆性差

D. 产量下降　　E. 品质下降

2. 菌种保藏的目的是(　　)。

A. 不死亡　　B. 不生长

C. 不污染　　D. 不降低或不丧失优良性状

3. 自然基质保藏法的特点是(　　)。

A. 防衰老　　B. 保藏时间长　　C. 转接后生长旺　　D. 易污染

4. 保藏菌种的条件包括(　　)。

A. 低温　　B. 缺营养　　C. 干燥　　D. 无氧

5. 菌种保藏的方法包括(　　)。

A. 斜面低温法　　B. 矿油保藏法

C. 自然基质保藏法　　D. 常温保藏法

6. 菌种复壮的方法包括(　　)。

A. 繁殖交替法　　B. 改变培养条件

C. 转管使用尖端菌丝　　D. 根据状态采取不同措施

三、判断题

1. 菌种保藏的原理是创造不利于菌种生长的一切条件,使其处于休眠状态。　　(　　)

2. 保藏的母种在使用前一定要活化。　　(　　)

3. 利用尖端菌丝复壮母种的主要原理是菌丝靠近顶端的部位最具生命力。（　　）
4. 用液状石蜡保存菌种时，液状石蜡要经过灭菌及灭菌后的除蒸汽步骤。（　　）
5. 在实际生产过程中，勿将菌种放于冷冻条件下保藏。（　　）
6. 菌种保藏的条件与菌种培养的条件是相反的。（　　）
7. 菌种从外观形态上观察，只要存在不确定的情况，可以弃之不用。（　　）
8. 斜面低温保藏法适合于所有菌类的菌种保藏。（　　）

四、简答题

1. 菌种保藏的目的是什么？
2. 保藏菌种需要哪些条件？
3. 菌种退化的原因有哪些？
4. 常用的菌种保藏的方法有哪些？
5. 菌种复壮的方法有哪些？
6. 原种、栽培种保藏应注意哪些问题？

项目三　生产食用菌

问题导入：

生活中常见的食用（药用）菌有哪些？液体培养的食用菌有哪些？食用菌易发生哪些病害及如何防治？

【项目概述】

本项目从食用菌概述、生物学特性、生产技术三个方面介绍了平菇、香菇、草菇、双孢菇、金针菇等食用（药用）菌的生产技术，并归纳了食用菌生产中常见的问题。此外，本项目介绍了食用菌病虫害防治的相关知识。

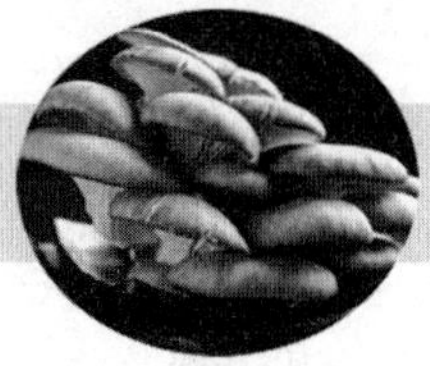

学习任务一　平菇生产

【知识目标】
- 了解平菇的分类、价值与生产现状。
- 掌握平菇的形态、生长发育特性。
- 掌握平菇生长所需的营养与环境条件。
- 掌握平菇熟料和发酵料生产栽培技术。

【能力目标】
- 会根据平菇营养特点配制培养料。
- 会接种、培养二级、三级平菇菌种。
- 会识别平菇菌丝体与子实体质量的好坏。
- 会解决生产中的实际问题。

平菇在分类学上属于担子菌纲伞菌目侧耳科侧耳属。我国已发现的食用平菇有30多种，栽培的主要有糙皮侧耳、紫孢侧耳、金顶侧耳等。近年来又驯化成功了红侧耳，以及从美国、澳大利亚引进了佛罗里达侧耳和凤尾菇等。

一、平菇概述

（一）平菇的价值

1. 营养价值

平菇肉厚质嫩、味道鲜美、营养丰富，蛋白质含量占干物质的10.5%，含有18种氨基酸、多种维生素和矿质元素等。平菇不含淀粉，脂肪含量极少（只占干物质的1%～6%），是糖尿病和肥胖症患者的理想食品。

2. 药用价值

平菇具有抑制癌细胞、舒筋活血，治疗手脚麻木、腰腿酸痛，促进消化、降血压、降胆固醇，防治胃炎、肝炎、胆结石、糖尿病等心脑血管疾病等多种功效。

图3-1-1是平菇药用的几个产品。

（二）平菇品种

1. 按生长适温分

以子实体分化和发育期对温度的要求，把平菇属划分为低温、中温和高温三种类型。

（1）低温型　子实体分化最高温度不超过22 ℃，最适温度为13～18 ℃。

（2）中温型　子实体分化温度最高不超过28 ℃，最适温度为20～24 ℃。

（3）高温型　子实体分化温度不能超过30 ℃，最适温度为24～28 ℃。

2. 按颜色分

（1）黑色品种　黑色品种多是低温型和高温型，属于糙皮侧耳和美味侧耳。

图 3-1-1　平菇药用

(2)灰色品种　这类色泽的品种多是中、低温型，最适宜的出菇温度略高于深色种，多属于美味侧耳。色泽也随温度的升高而变浅，随光线的增强而加深。

(3)白色品种　白色品种多为中、高温型，属于佛罗里达侧耳。

(4)红色品种　红侧耳、桃红侧耳，既可食用，又可作盆景(图 3-1-2)。

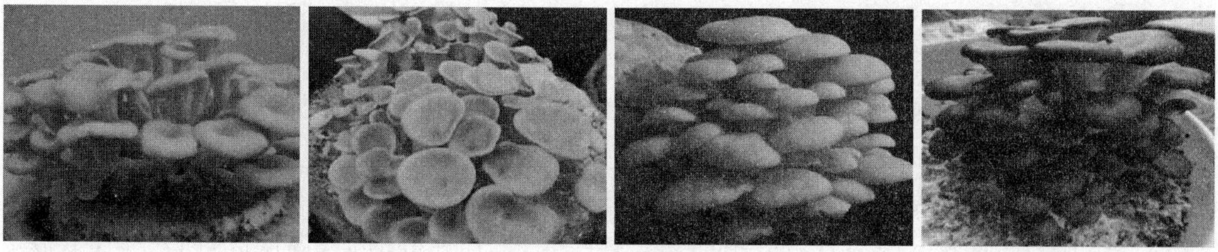

图 3-1-2　平菇品种

(三)生产现状与栽培特点

1. 生产现状

平菇生产 1900 年起源于德国，在我国始于 20 世纪 40 年代，1972 年用棉籽壳栽培成功后迅猛发展；世界总产量位居双孢蘑菇之后，排第 2 位，我国总产量位居所有食用菌首位。由过去的凤尾菇、紫孢侧耳、佛罗里达侧耳、金顶侧耳等少数品种，到现在已达上百种。

2. 栽培特点

栽培最广、消费量最大；原料广泛、抗逆性强；容易成功、出菇快；成本低、产量最高。

二、生物学特性

微课 8　平菇的生物学特性

(一)生态习性

平菇适应性很强，在我国分布极为广泛，其野生品种多在深秋至早春甚至初夏生于阔叶树木的枯木或朽桩上，或簇生于活树的枯死部位。

(二)形态特征

平菇由菌丝体(营养器官)和子实体(生殖器官)两部分组成。

1. 菌丝体

菌丝体呈白色，绒毛状，多分枝，有横隔，是平菇的营养器官，分初生菌丝（单核）和次生菌丝（双核）两类。初生菌丝较纤细，次生菌丝有锁状联合。在 PDA 培养基上，次生菌丝初为匍匐生长，后气生菌丝旺盛，爬壁力强。次生菌丝生长速度快，正常温度下 7 d 左右可长满试管斜面，有时会产生黄色色素。

2. 子实体

子实体是平菇的繁殖器官也是食用部分。形态因品种而不同，结构由菌柄、菌盖两部分组成。平菇的菌柄为白色肉质、中实、圆形、长短不一，下部生长于基质上，常单生、丛生、叠生，呈覆瓦状，其上部与菌盖相连，起输送营养、支撑菌盖生长发育的功能。菌盖扇形，侧生或偏生于菌柄上，直径一般 4～6 cm。颜色有白色、灰色、棕色、红色和黑色，其深浅则与发育程度、光照强弱及气温高低相关。

（三）平菇的生长发育期

平菇的生长发育分为两大阶段：菌丝体生长阶段和子实体形成阶段。

1. 菌丝体生长阶段

菌丝体生长阶段又叫营养阶段，包括萌发期、定植扩展期、延伸伸长期、菌丝体成熟期四个阶段。

（1）萌发期　接种后，在适宜的温度下，经 2～3 d，接种块发白，当长出白色绒毛时，即为萌发期。温度 25～30 ℃促进萌发。温度过低萌发慢，易染杂菌；温度过高，达 40 ℃以上时，菌种不萌发，易烧菌。

（2）定植扩展期　菌丝萌发后，以接种点为中心，向四周辐射状生长，这个过程一般需 5～7 d，向料深处生长慢，在基质表面生长快。

（3）延伸伸长期　当菌丝定植后，在适宜条件下，菌丝逐渐生长，直到培养料内部全部长满菌丝。保持 22～24 d 发菌为宜，温度低，菌丝体生长慢，但粗壮有力；温度高，菌丝体生长快。温度过高时，菌丝体生长快，稀疏而细弱无力。

（4）菌丝体成熟期　当菌丝体延伸到全部培养料后，菌丝体继续生长，密度增大，颜色变白，当菌丝占满培养料孔隙后，菌丝体生长完成。以后菌丝开始扭结，呈现出针尖大的白点，菌丝进入生理转化的成熟期，应调节环境，促进子实体分化。

2. 子实体形成阶段

子实体形成阶段分为原基期、桑葚期、珊瑚期、成型期、幼菇期、成熟期（图 3-1-3）。

（1）原基期　主要特征是菌丝形成白色的菌丝团。当菌丝体完成其营养生长后，培养基表面的菌丝开始扭结形成白色、粒状菌丝团，此时菌丝达到成熟期，标志进入子实体阶段。

（2）桑葚期　主要特征是菌丝团出现很多凸起物，色泽鲜美，有些品种发亮，形如桑葚，故称桑葚期。

（3）珊瑚期　主要特征是子实体明显分化出菌柄和菌盖。子实体分化出下边白色圆柱状的为菌柄，上面呈深色的圆形球状的为初生菌盖。形似珊瑚，故称珊瑚期。

（4）成型期　主要特征是菌盖生长快，偏生于菌柄上，形似半圆扇子，颜色由深开始变浅。菌柄生长慢，菌盖生长速度快，对环境条件要求严格。此期为生理转化期，死菇现象比较多，应加强温度、湿度、通气管理。

（5）幼菇期　主要特征是菌盖下凹处有白色绒毛出现，少量孢子散落。组织较密，肉质细嫩，重量最大，是采收最佳时期。

（6）成熟期　主要特征是菌盖展开，光泽减少，大量散发孢子，组织疏松，肉质粗硬，重量减轻，孢子呈烟雾状放射。

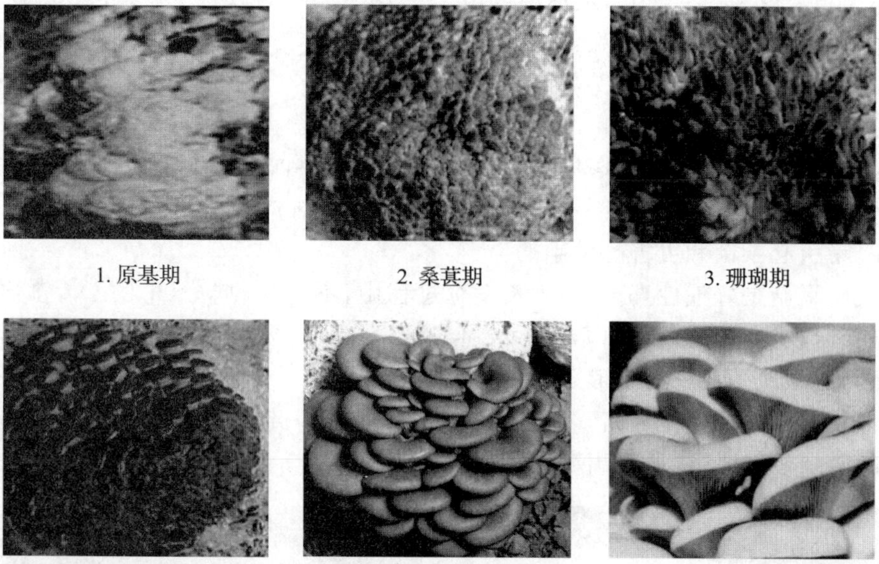

1. 原基期　2. 桑葚期　3. 珊瑚期

4. 成型期　5. 幼菇期　6. 成熟期

图 3-1-3　平菇发育时期

（四）生活条件

1. 营养

平菇属木腐菌类，菌丝可分解木质素、纤维素和半纤维素，木本和草本植物的残体都可利用。人工生产时，常以棉籽壳、玉米芯、水稻秸秆、木屑作原料（图 3-1-4）。

秸秆　玉米芯

棉籽壳　木屑

图 3-1-4　平菇培养料

2. 环境

(1)温度 按照平菇子实体出菇时对温度的要求,可划分为耐高温品种、耐低温品种、中温及广温品种。孢子萌发、菌丝生长、子实体形成各个阶段对温度的要求不同,规律是由高到低。

菌丝体生长温度为5～35 ℃,最适温度为24～26 ℃,10 ℃以下生长缓慢,40 ℃以上死亡。按照子实体生长要求分为四个类型:低温型适温为10～15 ℃;中温型适温为15～20 ℃;广温型适温为10～28 ℃;高温型适温为20～28 ℃ 。平菇属于变温结实菌类,子实体分化时需要8～10 ℃的温差。

(2)湿度 平菇是喜湿性菌类,菌丝生长期要求培养料含水量为60%～65%;分化期为80%～85%;子实体生长期为85%～90%。水分含量少,对产量的影响较大;水分过多,培养料通气性差,易引起杂菌和虫害的发生。

(3)空气 平菇是好气性真菌,在生长发育过程中,不断吸收空气中的O_2,排出CO_2。发菌期对空气要求较少,分化期和出菇期要求通气量增多。子实体生长时,通气不足,子实体只长柄,不长菌盖,形成菊花瓣状畸形菇。

(4)光照 发菌阶段完全黑暗。子实体发育阶段需要一定的散射光,尤其在菌丝分化成子实体原基时,需要散射光,以刺激出菇(图3-1-5)。

图3-1-5 平菇子实体分化发育——光照

(5)酸碱度 平菇菌丝生长喜欢偏酸性环境,菌丝在pH为5～9时能生长繁殖,最适pH为5.5～6.5。由于培养料的pH会逐渐下降,在用生料生产平菇时,pH要调到8～9;采用发酵料生产时,pH要调到8.5～9.5,发酵后pH为6.5～7。生料发菌过程中,培养料pH的变化受室温、气温及料内温度的影响较大。所以,夏季高温时,培养料要偏碱性些,而低温时以中性为佳。

三、平菇生产技术

(一)平菇熟料栽培

1. 栽培季节

要求播种后约40 d正遇适宜出菇温度。北方在2月底至3月底、8月底至10月中旬;南方在2月上旬至3月上旬及9月中旬以后。根据市场和生产的具体情况来做相应的调整。

2. 栽培场所

选择近水源、利排水,清洁、远离污染源,保温保湿,通风好的地上菇房、地下菇房、半地下菇房。栽培袋进入前要严格消毒。

3. 菌种

应选择抗逆性强的品种，所使用的菌种要求菌丝生长旺盛，分解纤维素和木质素的能力强。可以购买或生产一级菌种并扩繁成二级菌种。需要的量根据生产需要而定。

4. 配料

(1)培养料　平菇生料栽培对原料要求较为严格，多采用新鲜、无霉、无虫的棉籽壳、玉米芯等，配方中含氮物质加入量应适当减少，以减少杂菌污染。常用以下配方：

①玉米芯 74%，麸皮或米糠 24%，石灰 2%；

②木屑 83%，麸皮或米糠 15%，蔗糖 1%，石膏粉 1%；

③木屑 78%，麸皮或米糠 20%，蔗糖 1%，石膏粉 1%。

(2)容器　选用(22～25)cm ×(45～55)cm×0.02 cm 规格的塑料袋。

5. 装袋、拌料、灭菌

称料、拌料按生产规模和选定的配方要求称取培养料。拌料时将含水量控制在 60%～65%，强调宁干不湿。将培养料拌好后，注意防虫杀菌。pH 控制在 7.0～8.5。

装好的料袋不宜久放，应在 4 h 内进行灭菌，否则在高温下，微生物繁殖迅速，很快会使培养料发生酸败。大规模生产时多采用常压蒸汽灭菌法。

6. 接种

灭菌后的料袋趁热放入接种室冷却。当料袋温度下降到 30 ℃以下时，就可接种。灭菌后的料袋不宜放置太久，否则感染杂菌的概率就会增加。

接种可在接种箱内进行，或接种室内特制的操作台上，要求尽量在无菌的环境下进行。接种前将二级菌种瓶或袋用高锰酸钾溶液涂抹消毒。酒精灯下操作，接种工具消毒灭菌。可两人配合，菌袋一头接种或两头接种。熟料接种的量是培养料干重的 5%～8%。接种时速度要快，防止杂菌污染。

7. 管理

(1)发菌期管理　把接过种的料袋搬运到菇棚(房)内，进行堆垛发菌。堆垛的层数依气温高低而定，夏、秋季气温高时，堆放 2～4 层，料袋堆放成“井”字形，交叉摆放，便于散热，垛与垛之间留出 60～70 cm 宽的通道，便于操作和通风换气，还要留出一定的空地，以便翻堆倒垛。在温度为 25 ℃左右、空气相对湿度为 60%左右、无光和通风良好的条件下，一般中高温型平菇需 25 d 左右，低温型需 30～35 d，菌丝即可长满料袋。

(2)出菇期管理　当部分菌袋出现子实体原基时，表明菌丝已经成熟，这时可转入出菇期管理。

①原基形成期　菌丝长满袋后 7～10 d，给予散射光，加强通风，空气相对湿度为 80%～85%。同时加大昼夜温差，促使原基形成。平菇从原基长成子实体需 7～10 d。

②桑葚期　当原基有米粒大时，即进入桑葚期，此时应保持足够的空气相对湿度，应往墙上、地面喷雾状水，菌盖形成前不能直接往料面上喷水。

③珊瑚期　半球形菌蕾继续伸长，菌柄形成，菌柄长短除与品种有关外，还与管理有关，应做好通风、增光和保湿工作。

④成型期　这一时期主要是菌盖生长。要求湿度适宜，空气相对湿度在 85%～90%为宜。

⑤成熟期　当菌盖达八成熟时，菌肉厚，蛋白质含量高，采收最适宜。不要等到有大量孢子散发再采收。采摘时，应打开门窗，喷水使孢子随水落地，避免工作人员过敏。

(3)间歇期管理　平菇出菇潮次分明，每潮菇采收后，要将料面清理干净，然后整理菇场，停水养菌，以利于平菇菌丝恢复生长。经 7～10 d，再开始喷水，仍按第一潮出菇的管理办法进行。

(4)高产期管理　袋栽平菇，一般出两潮菇后，采取覆土出菇，有利于增产。覆土的方法是：在菇棚内开沟整畦，挖宽 1 m、深 20～30 cm、长度不限的沟畦，畦与畦间留 60 cm 的通道。将出过两潮菇的料袋两头料面清理干净，脱去塑料袋，截成两段，竖直排放在沟畦内，然后用肥沃的菜园土填充料袋间的缝隙，并于料袋表面覆土 1 cm 厚。覆土后，在沟畦内灌大水一次，以浸透料袋。在适温条件下，7 d 左右菌床上就有菌蕾出现，按出菇要求进行管理，可继续采菇 4～5 潮。

动脑筋：不同的培养料配方，对于平菇的产量有什么影响？

(二)平菇发酵料生产

1. 栽培季节

发酵料栽培的灭菌温度为 60～70℃，灭菌不彻底，还有部分有害微生物。因此，栽培期要避开高温季节以控制杂菌的生长繁殖。宜在秋末到早春进行栽培，以秋末栽培为好。一般秋季南方在 11 月、北方在 9 月中旬后，春季在 2 月初开始栽培。

2. 培养料配方

(1)棉籽壳 97%、石膏 1%、石灰 1%、过磷酸钙 1%。

(2)木屑 77%、麦麸或米糠 20%、糖 1%、石膏粉 1%、石灰 1%。

注意：植物下脚料要新鲜、无腐烂；木屑选择旧木屑；长秸秆需要粉碎成颗粒状；用前暴晒杀菌，加入多菌灵。

3. 发酵料制作

(1)原料预湿　提前 1～2 d 将主料摊薄，撒石灰粉，清水喷湿或浸泡 1～ 2 d，滤去水分。

(2)拌料　辅料溶于水，拌入主料中，用清水调节含水量。

(3)建堆　建成宽 1.5～2 m，高约 1 m 的长形堆，四周盖上塑料膜，顶部盖草被。

(4)翻堆　料温升至 65 ℃左右，维持 1 d，翻堆并重新建堆，重复 2～3 次，全程 5～7 d。

翻堆时注意堆温不要超过 70 ℃，可通过打孔透气降温；最后一次翻堆加入杀菌剂、调节 pH 和水分。

发酵好的料呈咖啡色，松软有弹性；有香味，有少量白毛；不流黏液、产生的气体不刺眼；pH 7.0～7.5。

4. 装袋播种

发酵好的料移入消毒的菇房内，待料冷却到室温，边装袋边接种。采用生产专用聚乙烯袋，规格为(18～22)cm×(40～50)cm。两头开口或一头开口接种。从一端开始放入菌种，装入培养料，再接入第二层菌种，依次接 2 层料 3 层菌种或 3 层料 4 层菌种。袋要外紧内松，光滑、饱满、充实。袋的两头要有菌种，尤其是开口一端的，以减轻杂菌的侵入。用种量同熟料栽培。

动脑筋：发酵料、熟料、生料三种生产方式，哪一种更适合林下栽培？

5. 栽培管理

同熟料栽培。

四、平菇生产中常见的问题

1. 不出菇

平菇生产过程中，发菌成熟的菌袋(菇床)迟迟不出菇，或采过 1～2 潮菇的菌袋(菇床)不再正常出菇的现象较为常见，原因有以下几种：

(1)温度不适

①菌丝培养成熟时料温偏高，则原基不易发生，这种现象在秋栽的低温型品种中最为常见。

②菌袋所处环境温度高于或低于所栽品种的出菇温度范围，会产生不出菇或转潮后不再正常出菇的现象。前者春、夏、秋季均会发生，后者多出现在冬季。

③菌丝生长期间环境温度低，菌丝生理成熟度不够而迟迟不能出菇。

(2)水分不足　发菌期由于通风次数过多、覆盖不严或土壤吸湿等，培养料含水量下降，或菌袋表面失水偏干；此外，产菇期菇体大量消耗培养料的水分后，水分补充过少，也会造成不出菇或转潮后不能正常出菇的现象。

(3)菌丝徒长　培养料含水量过高，菌袋表面水分饱和，干湿变化小，会造成菌丝徒长，在菇床表面形成厚厚的菌皮。培养料中氮素含量过高，菌丝也会徒长，不出菇。

(4)病虫害影响　当杂菌污染菌袋后，与平菇菌丝竞争水分、空气和养料，菌丝的正常生理代谢和物质转换受到破坏，菌丝体很难发育成熟，进而造成不出菇。这种现象在整个产菇期内均可发生。

(5)通风不良　菇房通风不良，供氧差，袋内二氧化碳含量过高，光线太弱，均不利于出菇，这种现象在地下菇场较为常见。

2. 死菇

(1)培养料含水量不足　菌丝体生长阶段，水分来自培养料。出菇阶段水分来自培养料和空气。但大部分来自培养料，培养料水分不足，菌丝吸水困难，向子实体输送水分和养分不足，子实体生长受阻，会使幼小菌蕾失水死亡。

(2)用种不当　菌种老化或用种量过大，在菌丝尚未达到生理成熟时分化出菌蕾，长成幼菇时得不到养分供应而萎缩死亡。生产中尽量选用菌丝长满菌袋后 10 d 左右再调节环境让子实体分化。

(3)装袋不紧　装袋过松使透气增强，菌丝体在袋内提前分化出原基，由于不是出菇部位，会缺氧而死亡。因此，平菇装袋时要求培养料外紧内松、光滑、饱满、充实，不可出现褶皱或者疙瘩，否则发菌不良，出菇时也会在褶皱处出现菌蕾，消耗养分，感染杂菌。

(4)菌蕾过密　菌蕾过密营养供应不足，有一些菇会死亡，并且长势不整齐，影响商品性。因此，在生产时，子实体原基出现且在袋内数量足够多时，应迅速促进子实体生长。或者以人工方法在每个菌袋内保留固定数量的子实体。

(5)低温、高湿、缺氧　温度低时，喷水过勤，通风又差，导致菌蕾、幼菇长时间处于低温、高湿、高二氧化碳含量的环境下，影响菇体的正常蒸腾作用，致使菌蕾、幼菇水肿死亡。其显著特点是先出现部分菇体畸形，进而发黄死亡。

(6)农药危害　配料时农药使用过量或使用了平菇反应敏感的农药。或者在子实体生长期使用了农药,造成了农药的残留。因此,出菇期不允许使用农药,转潮期间可采用多菌灵500倍液进行杀菌。一般用药后16 h进行通风、降湿干燥处理,提高菌袋的透气性,延缓转潮菇的发生速度。

3. 畸形菇

(1)花菜状畸形　在菌柄的顶部长出多个较小的菌柄,并可继续分叉,无菌盖或者极小。此症状是二氧化碳含量过高和光线太弱造成的。防治方法是在子实体原基形成后加强通风,增加光照。

(2)粗柄状畸形　平菇菌柄粗长呈水肿状,菌盖畸形,很小或没有,这是平菇子实体分化期遇高温、光照偏强和二氧化碳含量过高,物质代谢受干扰,引起菌柄疯长所致,应通风降温、改善光照条件。

(3)高脚菇　菌盖小,分化较差,菌柄较长。发生的原因是在原基形成、分化期,菇房缺氧、光照不足,同时温度偏高,影响了菌盖的正常分化和发育。防治方法是加强通风、调节光照和温度。

(4)瘤盖菇　菌盖边缘有许多颗粒状凸起,色浅,菌盖僵硬,生长迟缓。严重时菌盖分化较差,形状不规则。原因是菇体发育温度过低,持续时间较长,致使内外层细胞生长失调。防治方法是调节菇房温度,使其在平菇生长最低温度以上,并有一定温差,促进菇体生长、发育、分化。

(5)萎缩菇　菇体初期正常,在膨大期即泛黄或呈干缩状,进而停止生长,最后变软腐烂。干缩状是因为空气湿度较低,通风过强,风直接吹在菇体上,使平菇失水而死亡;或者培养基营养失调,形成大量原基后,有部分迅速生长,其余由于营养供应不足而停止生长。

(6)水肿菇　平菇现蕾后菌柄变粗变长,菌盖小而软,逐渐发亮或发黄,最后水肿腐烂。发生原因是湿度过大或有较多的水直接喷在幼小菇体上,使菇组织吸水,影响呼吸及代谢。出菇期应加强通风,增加对菇体的温差刺激;菌蕾期尽量避免直接向菇体喷水,采取向地面和墙壁喷水的方式,以保持菇房空气湿度。

(7)光杆菇　平菇菌柄细长,菌盖极小或无菌盖,发生原因是出菇期间低温。平菇菌盖形成要求的温度较高,当菌柄在较低温度下伸长到一定高度时,气温仍在0 ℃左右,并维持较长时间不回升,菌柄表面有冰冻现象,虽不死亡,但菌盖不能分化。在子实体生长发育阶段,如果遇0 ℃左右气温,要采取增温保暖措施,提高菇房温度。

【思考与练习】

一、单选题

1. 袋栽常用的播种方式是(　　)。

　A. 层播　　B. 穴播　　C. 混播　　D. 撒播

2. 平菇需要温差的生长期是(　　)。

　A. 发菌期　　B. 子实体生长期　　C. 分化期　　D. 孢子弹射期

3. 料面分化出白色瘤状物的生长期是(　　)。

　A. 桑葚期　　B. 原基期　　C. 珊瑚期　　D. 成型期

4. 袋栽平菇分化期的管理时机是在(　　)。

A. 菌丝刚长满袋　　B. 菌丝长满袋后约 7 d

C. 菌丝快长满袋　　D. 菌丝长满袋后 30 d

5. 平菇收获的最佳时期是在(　　)。

A. 菌盖边沿较薄时　　B. 菌盖边沿翻卷时

C. 菌盖小而厚时　　D. 弹射孢子后

二、判断题

1. 菇房采用对流风的通风换气效果好。(　　)

2. 珊瑚期以前的菌蕾不能喷水。(　　)

3. 平菇发菌期的温度在适当的范围内可以再降低一些,尤其是生料和发酵料栽培,因为温度降低抑制细菌繁殖,对后期出菇有较重要的影响。(　　)

4. 平菇在分化期需要温差刺激。(　　)

5. 到达成熟期的平菇应及时采收。(　　)

6. 生产上平菇多采用熟料栽培法。(　　)

7. 菌袋装得松软有利于发菌。(　　)

8. 为保持湿度,菇房喷水管理后应随即关闭门窗。(　　)

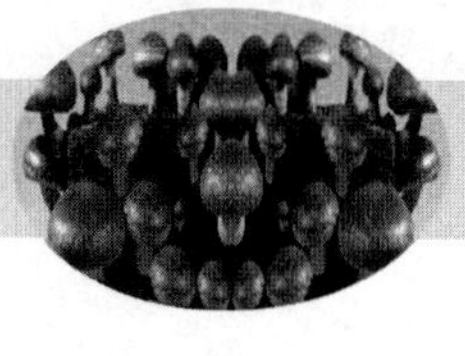

学习任务二　香菇生产

【知识目标】

- 了解香菇的种类、价值与生产现状。
- 掌握香菇的形态特征与生长发育特性。
- 掌握香菇生长所需的营养与生活条件。
- 掌握板菇与花菇代料生产技术。
- 掌握生产中易出现的问题及解决措施。

【能力目标】

- 会根据香菇的营养特点配制培养料。
- 会代料生产板菇与花菇。
- 会解决生产中易出现的问题。

一、香菇概述

香菇属担子菌纲伞菌目口蘑科香菇属，是一种大型食用菌。

(一)香菇的价值

1. 营养价值

香菇含18种氨基酸，有7种人体必需氨基酸，脂肪仅有4%，灰分含量达3.4%，含有特殊香味物质，维生素D含量约是大豆的21倍，是高级碱性食品。干香菇食用部分占72%，每100 g食用部分中含水13 g、脂肪1.8 g、碳水化合物54 g、粗纤维7.8 g、灰分4.9 g、钙124 mg、磷415 mg、铁25.3 mg、维生素B_1 0.07 mg、维生素B_2 1.13 mg、烟酸18.9 mg。

2. 药用价值

香菇可以提高免疫力，抑制癌细胞，降低胆固醇。预防病毒性麻疹、流感、肝炎、佝偻病、骨质疏松、动脉硬化、高血压及冠心病等多种疾病。

(二)栽培历史与现状

香菇原产于亚洲，在世界菇类产量中居第二位，仅次于双孢蘑菇。浙江省龙泉市、景宁县、庆元县交界地带是世界人工生产香菇的发源地，其香菇人工生产技术史称砍花法，据传最早发明这项技术的是南宋龙泉县龙溪乡龙岩村(今浙江庆元)人吴三公。中国是世界上认识和生产香菇最早、产量最高、优质花菇最多、生产形式多样、生产成本较低的国家，已有100多年的香菇生产历史。香菇在我国分布很广，盛产于福建、广东、广西、贵州、湖北、江西、台湾、浙江、安徽、四川等地。以往都是就地倒木栽培、分散管理，让香菇孢子自然飘落接种，产量低。近年来，人们采用纯种栽培，成功率高，技术易掌握，效果显著。由于采用纯种接种，对树种要求也不那么严格。在段木栽培的基础上，又创造了代料栽培法，即利用木屑、甘蔗渣、玉米芯、高粱秆等制成菌棒的栽培方法，使没有木材资源的地区也能进行香菇栽培，为发展香菇产业开辟了新途径。

二、生物学特性

微课9 香菇的生物学特性

香菇属于木腐菌，在冬、春季生于阔叶树倒木上，群生、散生或单生。

(一)形态特征

1. 菌丝体

菌丝洁白、舒展、均匀，生长边缘整齐，不易产生菌被。在高温条件下，培养基表面易出现分泌物，这些分泌物的颜色常由无色透明逐渐变为黄色至褐色，其色泽的深浅与品质有关。香菇菌种在光照和低温刺激下，常在表面或贴壁处有菌丝聚集的头状物出现，这是早熟品种和易出菇的标志。

2. 子实体

香菇子实体单生、丛生或群生，子实体菌盖直径5～12 cm，有时可达20 cm，幼时半球形，后呈扁平至稍扁平，表面浅褐色、深褐色至深肉桂色，中部往往有深色鳞片，而边缘常有污白色毛状或絮状鳞片。菌肉白色，稍厚或厚，细密，具香味。幼时边缘内卷，有白色或黄白色的绒毛，随着生长而消失。菌盖下面有菌幕，后破裂，形成不完整的菌环。老熟后盖缘反卷，开裂。菌褶白色，密，弯生，不等长。菌柄常偏生，白色，弯曲，长3～8 cm，粗0.5～1.5 cm，菌环以下有纤毛状鳞片，纤维质，内部实心。菌环易消失，白色。孢子印白色。孢子光滑，无色，椭圆形至卵圆形，(4.5～7)cm ×(3～4)cm，双核菌丝有锁状联合。

3. 生活史

香菇的孢子萌发生成菌丝，菌丝生长发育分化成子实体，子实体再产生担孢子，形成香菇的生活周期。在自然条件下，一个世代需8～12个月，甚至更长。人工代料栽培，可缩短为3～4个月。香菇担孢子萌发后，形成初生菌丝，再通过融合而成双核菌丝，最后才由双核菌丝扭结成子实体。其中还产生单核及双核的厚垣孢子。由单核厚垣孢子萌发的菌丝仍是单核的初生菌丝，由双核厚垣孢子萌发后仍长成双核菌丝。

(二)生活条件

1. 营养

香菇在生长过程中需要从周围环境中同化营养物质。香菇属木腐菌，分解木质素和纤维素的能力强。香菇发育所需的营养物质可分为碳源、氮源、无机盐、矿质元素、维生素类及生长素等物质。

(1)碳源　香菇菌丝能利用广泛的碳源，包括木屑、棉籽壳、甘蔗渣、玉米芯，以及水稻、小麦、野草等作物秸秆。

(2)氮源　香菇菌丝能利用有机氮和铵态氮，不能利用硝态氮和亚硝态氮。在香菇菌丝营养生长阶段，碳源和氮源的比例以(25～40)∶1为好，高含量的氮会抑制香菇原基分化；在生殖生长阶段，要求较多的碳，当蔗糖的含量达到8%时子实体发育好。在生殖生长阶段，最适合的碳氮比是73∶1，当菇成熟生长时以碳源含量高的培养基为好。

(3)矿质元素　除了镁、硫、磷、钾之外，铁、锌、锰同时存在能促进香菇菌丝的生长，并有相辅相成的效果。钙和硼能抑制香菇菌丝生长。微量元素不需要特殊补充，可通过培养料中的水分提供。

(4)维生素类　香菇菌丝的生长必须吸收维生素B，其他维生素则不需要。香菇菌丝分泌多种酶类分解木质素、纤维素、淀粉等大分子，从菇木的韧皮部和木质部吸收碳源、氮源和矿质元素。

2. 温度

香菇是低温和变温结实型菌类，香菇原基在8～21 ℃分化，在10～12 ℃分化最好；子实体在5～24 ℃范围内发育，8～16 ℃为最适。同一品种，在适宜温度范围内，较低温度(10～12 ℃)下子实体发育慢、菌柄短、菌肉厚实、质量好；在高温(20 ℃以上)下子实体发育快、菌柄长、菌肉薄、质量差；在恒温条件下，香菇不形成子实体。

3. 水分

香菇所需的水分包括两方面：一是培养料含水量，二是空气相对湿度。香菇代料栽培，菌丝培养阶段培养料含水量为55%～60%，空气相对湿度为60%～70%；出菇阶段培养料含水量为58%～68%，空气相对湿度85%～90%。

4. 空气

香菇是好气性菌类。香菇生长过程中，如果通气不良、二氧化碳积累过多，菌丝生长和子实体发育都会受到明显的抑制，同时会加速菌丝的老化，子实体易发生畸形，有利于杂菌的滋生。新鲜的空气是保证香菇正常生长发育的必要条件。

5. 光照

菌丝体生长期不需要光。子实体生长阶段需要散射光，光线太弱，出菇少、菌盖小、柄细长，直射光对子实体不利。

6. 酸碱度

香菇菌丝生长发育要求培养料的pH为3～7，以6为最适宜，超过7.5则生长极慢或停止生长。子实体的分化、发育的最适pH为4.5～5.5。高温灭菌会使栽培料的pH下降，菌丝生长中所产生的有机酸也会使栽培料的酸碱度下降。在生产中常将栽培料的pH调至6.5左右。

三、香菇代料生产技术(熟料栽培)

(一)栽培季节

根据生产上所用菌种的不同类型及当地气候条件确定接种时间，通常是以当地气温能适合菌丝生长的最适温度为依据，接种时间的温度在25～27 ℃，25 ℃为最宜。

(二)栽培前准备

1. 场地选择

(1)发菌室　发菌室要求干净、保温、便于通风，室内地面光滑，便于摆放菌袋，栽培量大时可在室内设置床架。发菌室可以是搭建的简单棚子、地下室、塑料大棚等。满足菌丝生长要求即可。使用前进行杀菌、杀虫和防虫、防鼠处理。

(2)出菇场所　出菇场所应选阳光充足、温差大、近水源、地势平坦、环境卫生、交通方便、冬暖夏凉、通风良好的地方。可以是温室、旧房子等固定设施栽培，也可平地临时建棚。

菇房内地面要平整，进行开沟作畦，整理排放香菇菌棒的畦面，即菇床，床面一般宽1.5～2.5 m、高15～20 cm，长度根据菇场而定。床间留40 cm的作业道，并开浸水沟，沟面宽60 cm、深70～80 cm，沟边用板夯实，畦面做成龟背形，再铺一层细沙。在菇床上设摆菌棒的架子，便于脱袋后的菌棒在菇床上摆放。在菌棒未摆放之前，应在床面和四周撒石灰粉和喷

5%的来苏儿消毒。

2. 培养料准备

培养料配方如下：

(1)木屑 100 kg,麸皮或米糠 20 kg,白糖 1.5 kg,石膏 2 kg,过磷酸钙 1 kg,硫酸镁 0.1 kg,pH 5.5～6。

(2)木屑 100 kg,麸皮 20 kg,玉米粉 2 kg,白糖 1.5 kg,石膏 2.5 kg,尿素 0.3 kg,过磷酸钙 0.6 kg,pH 5.5～6。

(3)木屑 70 kg,麦麸 25 kg,石膏 3 kg,KH_2PO_4 0.2 kg,过磷酸钙 0.4 kg,pH 5.5～6。

(4)棉籽壳 100 kg,麦麸 20 kg,石膏 3 kg,石灰 0.6 kg,pH 5.5～6。

3. 培养容器选择

目前生产香菇以采用聚丙烯塑料袋、低压聚乙烯塑料袋为主要容器。

(1)聚丙烯塑料袋　其常用规格:筒径平扁双层宽度为 12 cm、15 cm、17 cm、25 cm,厚度为 0.04 cm、0.05 cm,主要在气温 15 ℃以上时使用,用于原种和栽培种的小袋生产。

(2)低压聚乙烯塑料袋　其常用规格:筒径平扁双层宽度为 15 cm、17 cm、25 cm,厚度为 0.04 cm、0.05 cm、0.06 cm,装袋灭菌 0.12 MPa 保持 4 h 不熔化变形。

4. 配培养料

按配方要求选择新鲜、无霉变的各种原料,称好后在干净的水泥地上拌料。将不溶性的料干混均匀,将可溶性的料在容器中配成母液,边泼浇边混拌,混拌均匀后使含水量达到 55%～60%、pH 达 5.5～6.5 时即可装袋。

5. 装袋、灭菌

培养料配制好后,要当天进行装袋。机械装袋或人工装袋,要求松紧均匀适度。为了避免培养料变酸或感染杂菌,从拌料装袋到灭菌,要求在当天进行。常压灭菌是在 100 ℃条件下维持 12～16 h。待料温降到 30 ℃以下时接种。

6. 接种

接种采用封闭式或半开放式接种,在接种室或接种帐内进行,接种场所在使用前应严格消毒。接种人员戴上经 75%酒精消毒的乳胶手套,或在缓冲室换上专用的工作服,再进入接种室,同时各种用具都要消毒。接种时,把菌种表层的老菌膜去除,并挖除上层老菌丝 2～3 cm。采用两头接种的,解开料袋封口绳,将菌种块接入袋口,然后再重新封好口。若采用打穴接种,应在无菌条件下,用 75%的酒精棉球擦拭料袋外壁,再用打洞器在袋面按等距离打 2～3 个接种穴,在另一面错开打 2 个接种穴(口径 1.5 cm,深 2 cm),快速接入菌种,使菌种略高于袋表面。然后用 16 cm×55 cm×0.02 cm 的乙烯袋迅速将菌袋套上、封口,或在穴口上贴胶布封口。每瓶 750 g 的菌种可接 20～25 个栽培袋。

动脑筋：香菇的栽培种接种时不需要接种箱,是否说明香菇菌丝体与杂菌竞争的能力强？

(三)生产管理

1. 发菌期管理

(1)菌丝培养　接种后,将料袋及时搬入处理好的发菌室,以“井”字形摆放,以 10 层左右高度为宜。培养室内温度维持在 25～27 ℃。接种 3～4 d,当接种处的周围出现白色绒毛状菌丝时,说明香菇菌丝已定植并开始生长,应把室温降至 25 ℃左右。

袋温比室温经常高出 2～3 ℃，若袋温超过 35 ℃时，易导致菌丝死亡菌袋变软，培养料发臭。必须及时打开门窗透气，并增大菌袋间距离，以降低温度，室内要求干燥，空气相对湿度应控制在 70%以下，防止杂菌生长，每天定时通风，换入新鲜空气，以满足菌丝生长发育的需要。

菌袋经室内培育 7 d 后，要进行一次倒堆，以后 7～10 d 倒堆一次，使上下左右互换位置。结合倒堆进行检查，如发现接种口贴的胶布封口不严或脱落，要及时贴好，如发现接种口周围有杂菌污染，应注入 0.1%的多菌灵溶液，以杀死杂菌，如果感染严重，取出挖掉受感染的部分，其余的料拌入下一次培养基中，再进行装袋、灭菌、接种。

培养 20 d 以后，菌圈直径达 8～11 cm 时，把贴封在接种口上的胶布拱起一豆粒大的通气孔，以利于菌丝向料的深层生长。培养料内温度增加后，菌丝活动加快，自身产生热量增加。袋温不断上升，水分蒸发量大，此时，要将室内气温调至 22～24 ℃，并加强室内通风。为了防止高温，发菌 40～50 d，可提早把菌袋移到室外菇场，但要注意遮阴防雨。

(2)脱袋排场　经 60～70 d 的发菌培养，菌丝达到生理成熟，便可脱袋。菌丝生理成熟的标志：①菌丝长透培养料，培养料与塑料袋交界处呈现空隙；②袋壁四周菌丝体膨胀，产生皱褶；③隆起的肿瘤状占整个袋面 2/3，手握菌袋，有弹性松软感，而不是很硬；④在接种穴四周，出现棕褐色，这时可将菌袋搬到野外菇场进行脱袋排场。

脱袋必须掌握好时期，脱袋过早，菌丝没有达到生理成熟，转色困难，不利于子实体发生；若脱袋过晚，过于成熟，造成菌膜增厚，影响原基发育和正常出菇。脱袋时要选择晴天或阴天的上午进行，气温以 22 ℃以下为宜。

为防止菌棒污染，菇场应事先进行杀虫、杀菌处理。脱袋时，把菌袋运到菇场内，用刀片沿着料袋将薄膜纵向割破及时排放菌棒。排放时，要边开袋取菌棒，边排菌棒于菇床上并覆盖薄膜，以保湿保温。菌棒排在菇床的竹木横架上与地面呈 70°，每行排 8～10 棒，棒间距 3～5 cm，小心操作，防止菌棒折断。

(3)转色管理　香菇菌丝满袋后，有部分菌袋形成瘤状凸起，表明菌丝将要进入转色期。转色的目的是在菌棒表面形成一层褐色菌皮，起到类似树皮的作用，能保护内部菌丝、防止断筒，提高对不良环境和病虫害的抵抗力。

香菇菌棒排场后，由于光线的增强、氧气的充足、温湿差的增大，4～7 d 内菌棒表面逐渐长出白色绒毛状菌丝并接着倒伏形成菌膜，同时开始转色。

①环境调控

a. 温度调控　完全发满菌的菌袋，即可进行转色管理。自然温度最高在 12 ℃以下时，按“井”字形排列，码高 6～8 层，每垛 4～6 排，上覆塑料膜但底边敞开，以利于通风，晚间加覆盖物保温，可按间隔 1 d 掀开覆盖物 1 d 的办法，加强对菌袋的刺激，迫使其表面的气生菌丝倒伏，加速转色；最高气温在 13～20 ℃时，如按“井”字形排列，则可码高 6 层，每垛 3～4 排；气温在 21～25 ℃时，则应采取三角形排列法，码高 4～6 层，每垛 2～4 排；气温在 26 ℃以上时，地面浇透水后，菌袋应斜立式、单层排列，上面架起一层覆盖物适当遮阴。菌袋发满菌丝后，当室内气温低时，增加刺孔数量，使料温升高到 18～23 ℃。

b. 湿度调控　自然气温在 20 ℃以下时，基本不必管理，可任其自然生长；但当温度较高时，则应进行湿度调控，以防气温过高或菌袋失水过多，可向地面洒水或者往覆盖物上喷水。湿度管理的标准是以转色后的菌袋失水比例为判定依据的：转色完成后，一般菌袋的失水比例为 20%左右(其中也包括发菌期间的失水)，或者说转色后的菌袋重量只有接种时的 80%左右为宜。转色期内若有棕色水珠产生，要及时刺孔排出。

c. 通风管理　通风一是可以排出二氧化碳，使菌丝吸收新鲜氧气，增强其活力；二是不断通风可调控垛内温度使之均匀，并防止烧菌的发生；三是适当通风可迫使菌袋表面的白色菌丝集体倒伏，向转色方向发展；四是通风可以调控垛内水分及湿度，尤其在连续 20 ℃以上高温时，通风更有必要性。一般通风的措施为通过调整覆盖物来保持垛内的通风量；当转色 1 周左右时，进行 1～2 次倒垛和菌袋换位排放，这时最好采取大通风措施，配合较强的光照刺激，效果很好。

d. 光照管理　对于转色过程而言，光照的作用同样重要，没有相应的光照进入，菌袋的转色无法正常进行。而光照的管理又很简单，揭开覆盖物进行倒垛，菌袋换位；大风天气时将菌袋直接裸露，任其风吹日晒；即使日常的观察也有光照进入。

②转色的检验　完成正常转色的菌袋色泽为棕褐色，具有较强的弹性，但原料的颗粒仍较清晰，只是色泽有变化，手拍有类似空心木的响声，基质基本脱离塑料袋，割开塑料膜，菌柱表面手感粗糙、硬实、干燥、硬度明显增加，即为转色合格。棕褐色与白色相间或基本是白色、塑料袋与培养料仍紧紧接触的菌袋为未转色或转色不成功，应根据情况予以继续转色处理，尽量不使其进入出菇阶段。

③转色不正常的原因及防治措施

a. 表现　转色不正常或一直不转色，菌袋表层为黄褐色或灰白色，夹杂白点。

b. 原因　脱袋过早，菌丝未达到生理成熟，未按照脱袋的标准综合掌握；菇棚或转色场所保湿条件差，偏干，再生菌丝长不出来；脱袋后连续数天高温，未及时喷水或遇到 12℃以下低温。

c. 影响　多数出菇少，质量差，后期易染杂菌，易散团。

d. 防治措施　喷水保湿，连续 2～3 d，结合通风，1 次/d；罩严薄膜，并向空中和地面洒水、喷雾，提高空间相对湿度，达到 85%；可将菌袋卧倒地面，利用地温、地湿，促使一面转色后，再翻另一面；如果是因低温造成的转色不正常可引光增温，利用中午高温时通风，也可人工加温；如果是因高温造成的，在保证温度的前提下，加大通风或喷冷水降温；气温低时采用不脱袋方法转色。

(4)催蕾　香菇菌棒转色后，给予一定的干湿差、温差和光照的刺激，迫使菌丝从营养生长转入生殖生长。将温度调控到 15～17 ℃时，菌丝开始相互交织扭结，形成原基。

①制造温差　白天基本上不掀动薄膜，减少通风，使菌棒保持湿润；夜间低温时打开薄膜，让低温刺激菌丝，使菌棒温湿度有较大的变化，这样原基就能顺利地形成菌蕾。如果菌棒过分干燥，可喷水增加湿度，以促进出菇。

②拉大温差　人为创造 10 ℃以上的昼夜温差以促进菌丝互相交织，扭结成盘状组织，进而分化膨大形成原基和菌蕾。具体做法是：白天把菇床上的薄膜罩密，使床温升高 2～3 ℃；夜间 12 时以后气温下降时，揭开薄膜，让冷空气进入，连续 3～4 d 使菌棒表面出现不规则的白色裂纹，不久菌蕾便长出。

③通风管理　每天早晚各通风一次，每次 30 min，通风后覆盖薄膜。若气温超过 25 ℃，两头可以不密封。

2. 出菇管理

菌棒经转色催蕾后，便进入子实体发育阶段，人为创造最适宜出菇的环境，使菌蕾不断发生，子实体健康生长。由于香菇的种性不同，对温度的要求也有差异，低温型的为7～18 ℃或8～20 ℃，中温型的为8～22 ℃，以15 ℃最佳，从菌蕾到形成子实体，一般需3～4 d，低温时需6～7 d。由于菌棒栽培是一次接种，秋、冬、春三季长菇，各季节的气温不同，在管理上也有区别。

(1)秋菇管理　秋季空气干燥、气温逐渐下降，故管理以保湿保温为主。菇畦内要求有50 lx以上的光照强度，白天紧盖薄膜增温，早上5:00～6:00掀开薄膜换气，并喷冷水降温形成温差和干湿差，这些措施有利于提高菌棒菌丝的活力和子实体的质量，当第一批菇长至七八成熟时应及时采收。

采收后增加通风并降低湿度，养菌5～7 d使菌棒干燥，7 d后采菇部位发白说明菌丝内又积累了一定的养分，再在干湿交替的环境中培养3～5 d，白天提高温度、湿度，盖严薄膜，早上揭开薄膜，创造较大的干湿差和温度差，促使第二批菌蕾形成。由原基到菌蕾发生空气相对湿度应调整在90%～95%。当菌蕾长到2 cm大小时，可调整空气相对湿度在85%～90%；如果需要花菇就将空气相对湿度调整到70%～74%；若菌棒无塑料膜保护，空气相对湿度低于70%，则水分散发太快，影响产量。

(2)冬菇管理　经过秋季出菇后，菌棒养分和水分消耗很大，入冬后温度下降也很快，主要是做好保温喷水工作。一般不要揭膜通风，使畦内温度提高到12～15 ℃，并且保持空气相对湿度在80%～95%，促使形成冬菇。由于冬菇生长在低温条件下，为了保温，每天换气应在中午进行，换气后盖严薄膜保湿，畦床干燥时可喷轻水。菇体成熟后要及时采收，采收后可轻喷水1次，再盖好薄膜休养菌丝20 d左右，当菌丝恢复后可再催蕾出菇。

(3)春菇管理

①补水　经过秋冬季2～3批采收，菌棒含水量随着出菇数量增加、管理期拉长、营养消耗而逐渐减少，至开春时，菌棒含水量仅为30%～35%，菌丝呈半休眠状态，故此时必须进行补水，才能满足原基形成时对水分的需求。当春季气温稳定在10 ℃以上就可以进行补水。

②出菇　春季气压较低，为满足香菇发育对氧气的需求，可将畦靠架上竹片弯拱提高0.3 m，阴雨天甚至可将膜罩全部打开，以加强通风。惊蛰后，雷雨频繁，要防止菇体淋水过度，给烘烤带来困难。盖膜时，注意两旁或两头通风，不可盖严，天晴后马上打开。晚熟品种大量香菇在开春后发生，3～4月更是进入出菇高峰期。香菇每采收一批结束后，让菌丝恢复7～10 d，再按照上述方法补水、催蕾、出菇，周而复始。晚春气温变化波动较大，要以防高温、高湿，进行降温工作为主。可加厚顶棚遮阴，拆稀四周遮阴挂帘。低海拔菇场在4月底或5月初(视各地气温而定)结束春香菇的管理，清场后改栽毛木耳等其他食用菌，使菇棚周年得到利用。高海拔山区生产香菇常延续到6月，但后期因菌棒收缩严重而产量很低。

四、花菇生产

花菇是商品香菇中的最佳者，其特点是香菌盖面裂成菊花状白色斑纹，外形美观，菇肉肥厚，柄细而短，香味浓郁，营养丰富，商品价值高。由于花菇生产技术要求相对严格，产量少，国内外市场供不应求，以日本、新加坡等国家和地区为最。冬季气温低，空气相对湿度小，是培育花菇的好季节，应抓住时机，创造条件，多产花菇，以提高经济效益。

(一)花菇形成的原因

花菇的白色裂纹，并非是某一独特的品种性状，也不具有遗传性，而是其子实体在生长发育期间为适应不良环境而在外观上发生的异常现象。在自然界中，花菇形成的大体过程是：子实体生长发育到一定程度，突然遇到低温、干燥、刮风等不适宜其正常生长发育的恶劣环境，菌盖表层细胞因失水、低温而生长变缓或停止，因菌肉和菌褶等组织有菌盖表皮的保护，湿度高于表皮，仍能不断地得到培养基质输送的营养和水分，细胞仍继续增殖、发育、膨大，进而胀破子实体表面皮层，形成龟裂纹或菊花状花纹。目前，在人工代料生产上也利用这一现象，采取类似管理措施，已成功地培育出高产优质的花菇。

动脑筋：花菇与板菇在营养品质上有区别吗？

(二)花菇形成的环境条件

1. 低湿

湿度是决定花菇形成的主要因素。在外界环境干燥(空气相对湿度小于70%)和培养基含水量偏少的情况下，菌肉细胞与菌盖表层细胞的生长不能同步，表层被胀裂而露出洁白菌肉。随着时间的推移，裂痕逐渐加深，即形成花菇。

2. 低温

低温是花菇形成的重要因素。气温低(5～15℃)，香菇生长缓慢、菇肉厚，给花菇的形成奠定了基础。若气温高，香菇生长快、菇肉薄，即使其他条件具备也不会形成花菇，而会很快干死。花菇肉质肥厚、营养沉积多，主要原因就是低温。低温下，从菌蕾到长成花菇需20～30 d。

3. 温差

花菇形成需要较大的温差。生长气温最高在18～22 ℃，最低为5 ℃，在此范围内，可人工进行调控，加大昼夜温差，促使大量菌蕾产生。由于气温低、湿度小，加上较大的温差刺激，菌盖表层细胞逐渐干缩，菇肉细胞继续增多，最后菌盖表面龟裂，形成花纹。大温差条件越持久，裂纹越深，花纹越明显。

4. 光照

光照对花菇形成有一定影响。花菇一般生长在光线较充足的环境，因为光线直接影响着花菇花纹颜色的深浅：光线充足，花纹雪白，质量上乘；光线不足，花纹则为乳白色、黄白色、茶褐色等。

5. 品种

品种虽然不是影响花菇形成的直接因素，但不同的品种形成的花菇在外形上有较大的区别。一般大型品种其形成的花菇朵型仍然较大，且菌盖上的裂纹少而深；菌盖小的品种形成花菇后，朵型仍然较小，菌盖表面花纹多而浅。中低温型的品种在温、湿、光等条件具备的情况下，出花菇率高；而偏高温型的品种，在相同条件下，出花菇率大大降低。

(三)花菇大袋生产

花菇大袋生产即采用25 cm×55 cm的塑料袋，以1 t原料、一间接种发菌室、一座菇棚可制作500袋，常压灭菌，接入枝条菌种培养，菌袋转色后，移入不遮阴的菇棚中生产出菇。生产工艺与香菇生产相近，但花菇产量可达到60%以上，而且管理容易、质量好。

1. 生产季节

山东地区生产袋在7月上旬至8月上旬接种，9月上旬至9月中旬菌丝长满袋并转色后，11月上旬开始出菇直至第二年的5月结束。11月第一批菇生长较好，温度在15℃左右，优质花菇量大；春节前在菇棚内适当加温，可收第二批菇；春节后在菇棚内可分别再收一次花菇、一次厚菇、一次薄菇，即完成生产周期。

2. 菌袋制作

先将低压聚乙烯塑料袋(双层，宽 25 cm，厚 0.04 cm)截成 55 cm 长，一端用线绳扎紧，再用火熔封，保证不漏气。将培养料装入袋内，装袋时用手工分层装入，不要过紧或过松，以手托袋，中间没有松软感，料袋两端不下垂，手抓时不出现凹陷为度。装填后用线绳扎口，先直扎一次，弯折后再扎一次并扎紧，每袋干料重 2 kg，要求装料在 3～4 h 内完成，以免培养料酸败，pH 下降。

3. 灭菌、接种、培养

同香菇熟料栽培。

4. 转色管理

一般培养 60 d 左右菌袋表面有瘤状物凸起，是转色的征兆。此期黄色积水增多，如果有积水应及时排出，以防积水浸泡菌皮使其增厚，影响子实体的发生。生产袋转色在培养室内进行，为使转色一致应注意以下几个问题：

(1)调控温度，以 15～23 ℃为宜，温度高于 25 ℃或低于 15 ℃时转色较慢。

(2)室内通风换气要及时，并且不要把温差拉得太大，通风要勤，时间要短。

(3)转色期的时间适当延长，控制在 15 d 内完成转色，在适温条件下转色后再培养 20 d 以上可提高优质花菇的产量。

5. 菇棚建造及排袋

菇棚应选择向阳、地势高、干燥的地段，一般 1 t 料建一个小棚，便于管理。菇棚长 6 m、宽 2.8 m、顶高 2.6 m，两端用砖砌成，上顶呈弧形，两端山墙各留一个高 1.8 m、宽 0.8 m 的门。门两侧各设 1 排生产架，分 6 层，层距 33 cm，生产架之间设宽 0.8 m 的工作道，工作道地面的一侧设地下火道，墙外安装炉灶，用于提高温度和调节湿度。菇棚顶和生产架周围用塑料薄膜覆盖，直抵地面并用土封严，薄膜上披草帘，以保温遮阴。生产架的菌床每层排列 4 根竹竿(或是木条)，每层菌床摆放两排菌袋，袋距 5 cm，每层菌床摆 42 袋，每棚共摆放 500 个菌袋。

6. 催蕾

香菇是低温结实的菌类，菌丝体由营养生长转向生殖生长时，在低温的条件下菌丝生长减慢，使养分积贮和聚集以备出菇。当转色后，遇到低温、干湿差、光线刺激和震动，即可形成原基。原基形成后，使之处在适宜光照、新鲜空气和较高的空气相对湿度(95%左右)环境下，这批原基就可顺利分化为菌蕾。

7. 出菇管理

大袋生产花菇时，为了保持袋内水分不散发，并有利于花菇发育，选用了割袋这一烦琐而细致的工艺。与一般培育香菇不同，当菌袋上的菌蕾长到 1.5 cm 左右时，用刀片把菌蕾处的 3/4 的袋面割破，让菌蕾从割口中伸长出袋外，当菌蕾长到 2 cm 以上时进行花菇的管理。

(1)去劣留优　每一个袋内的营养是一定的，幼菇长得密时，要适当将畸形菇和小菇摘除，每袋留 10 个菇形好、距离均匀、大小分布基本一致的菇，这样有利于产出高质量的花菇。

(2)环境调控　花菇要求空气相对湿度由高到低，光照由暗到强，通风由小到大，温度要始终保持在 8～20 ℃。在低温环境中，要求菇棚周围及菇棚地面干燥，阴天下雨时盖严薄膜，防止潮湿的空气侵入菇棚，形成的花菇花纹越深、越宽，颜色越白越好。

8. 采收

花菇成熟度在七八成时，即菌盖像铜锣边一样稍内卷时要及时采收，以免遇高温开伞、变色影响质量。采菇后要休养10 d左右，使菌丝恢复生长、积累养分。具体方法是：菌袋在菇架上不动，遮阴，使光线很暗，适当提高棚温，达到25 ℃左右，增加空气相对湿度，达到85%左右，保持空气清新，以利于养菌，防止杂菌污染。

五、香菇生产中常见的问题

（一）畸形菇

畸形菇指其与正常发育的子实体形态不同，产生的原因有以下几个方面。

1. 环境不适

环境中高浓度的二氧化碳及光线过弱，都将导致畸形菇的形成。

2. 生理障碍

原基形成部位过深，养分过多消耗在菌柄的生长上；原基分化过多过密；营养生长向生殖生长转化阶段促控措施不当，使原基分化和幼菇发育受阻；菌丝尚未充分成熟，外界条件的改变导致提前分化等都可能引起畸形菇的产生。

3. 机械损伤

出菇时割袋不及时造成挤压、菌皮的大面积损伤等可导致畸形菇的出现。

（二）烂棒

烂棒是袋栽香菇生产过程中菌丝逐渐老化、衰败、消退以至菌棒最后完全自溶解体的一种现象。其发生原因可归结为四个方面。

1. 环境不适

培养温度长期过高，菇棚通风不良，越夏菌棒长期处于湿度过高、温差过大、阳光过强的环境中，易造成烂棒。

2. 病虫危害

螨类、线虫、蟑螂等害虫取食菌丝，刺伤菌皮，引起杂菌污染、病害流行，也是导致烂棒的重要原因。

3. 管理不当

刺孔通气时，放气孔过深过靠边，易使杂菌侵入棒内；放气后菌袋排放过挤引起烧菌，菌棒表面淤积过多的黄水未及时处理；采菇时留有残根，割袋出菇时未及时剔除病、死菌蕾引起杂菌污染等，都会加重烂棒的发生。

4. 菌种抗性较弱

烂棒多发生于4～8月温度较高时，抗逆性较差的低温型品种烂棒现象往往较重。

从上述情况可知，只有从改善环境条件、妥善防治病虫害、提高栽培管理水平和选用抗逆性较强的优良品种等方面采取综合措施，才能有效防止烂棒的发生。

（三）不出菇

袋栽香菇不出菇是生产中经常遇到的问题。在实践中发现，如果在季节和品种选择上没有重大失误，不出菇菌袋通常只占总数的一小部分。其外观特征表现在三个方面：一是菌袋重量较出菇菌袋重；二是表皮转色早，颜色较深；三是菌丝细弱，颜色发暗。不出菇的主要原因可归纳为以下四点。

1. 栽培季节不当

利用自然气温出菇时，无论春栽或秋栽，若接种时间过早或过迟，都可能使第一、第二潮菇出菇时遇上过度的高温或低温，难以出菇。因此，必须根据当地气候条件，妥善安排接种时间，力求使菌丝达到生理成熟的菌棒尽量处于出菇适温范围内。

2. 菌种选用不当

不了解菌种出菇温度等基本特性而盲目引种，生产时，在季节安排、管理措施上又没有采取相应措施，所引菌种与当地气候、栽培方式不相适应而不能出菇。

3. 菌袋质量不佳

木屑过细、培养料空隙过小或培养料水分过多都会导致氧气不足，使菌丝分解木质素等养料的能力减弱；木屑过粗，培养料过于松散，菌丝生长出现间隙，也会影响菌丝养分的积累。当外界条件适宜出菇时，细弱的菌丝会因营养不良而难以出菇。

4. 管理不当

发菌期间，晚熟品种尤其是水分过多的菌棒，若刺孔次数或孔数过少，会造成供氧不足，影响发菌质量，转色期若调控措施不当，致使菌皮过厚也会影响出菇。

【思考与练习】

一、单选题

1. 香菇菌丝体长满袋，有少许褐色和瘤状物出现时应进行（　　）。

A. 催花管理　　B. 转色管理　　C. 分化管理　　D. 出菇管理

2. 香菇菌膜理想的颜色是（　　）。

A. 棕褐色　　B. 深褐色　　C. 黄褐色　　D. 浅棕色

3. 香菇培养料适宜含水量是（　　）。

A. 70%　　B. 65%　　C. 55%　　D. 50%

4. 花菇催花的时机是菌蕾直径达到（　　）。

A. 1 cm　　B. 2.5 cm　　C. 3.5 cm　　D. 4.5 cm

5. 花菇定蕾的时机是菌蕾直径达到（　　）。

A. 1 cm　　B. 2 cm　　C. 3 cm　　D. 4 cm

二、判断题

1. 为了防止香菇后期断筒，在选择木屑的时候尽量选择细的木屑。（　　）

2. 香菇在接种穴周围有少许棕褐色，瘤状物占菌袋的 2/3 时表明菌丝生理成熟，可以进入转色期管理。（　　）

3. 第一、第二潮菇发生时，宁可使菇床相对湿度稍微偏低些，以防红色链孢霉、绿色木霉发生。通常以薄膜罩内壁无水珠滴下为准，否则应增加通风，降低湿度。（　　）

4. 香菇菌丝发好就可进入出菇期的管理。（　　）

5. 香菇是变温结实菌类，菌蕾的形成要有较大的温差。（　　）

6. 香菇接种后，随着菌龄增加，第一潮菇的畸形率大幅度的降低。一般发菌期长达 140～190 d（视使用菌株的温型而定）。（　　）

7. 培养料内温度冷却到 25 ℃以下方可接种。（　　）

8. 香菇菌袋补水，水源洁净，速度快，做到外干内湿，促进菌蕾萌发。（　　）

9. 加大温湿差及光照条件，有利于成熟期的香菇形成花菇。（ ）

10. 香菇是好氧菌，其发菌期间需要大量的氧气，为此可以刺孔增氧。（ ）

11. 搔菌对子实体分化有伤害作用。（ ）

12. 香菇在出过 1～2 潮菇后，菌棒水分锐减，需补水，补水时气温稳定在 10 ℃以上就可以。（ ）

学习任务三　草菇生产

【知识目标】

- 了解草菇的分类、价值与生产现状。
- 掌握草菇的形态特征、生长发育特性。
- 掌握草菇生长所需的营养与生活环境。
- 掌握草菇生产栽培技术。
- 掌握草菇生产中出现的问题。

【能力目标】

- 熟知培养料配方，会根据草菇的营养特点配制培养料。
- 会接种和培养二级、三级草菇菌种。
- 会调控栽培设施环境。
- 会解决生产中出现的问题。

一、草菇概述

草菇又名兰花菇、中国蘑菇，属真菌门担子菌纲伞菌目光柄菇科小苞脚菇属。

(一)草菇的价值

1. 营养价值

草菇味道鲜美，营养价值高。鲜草菇的蛋白质含量为 3.37%，脂肪含量为 2.24%，矿物质(氧化物)含量为 0.91%，还原糖含量为 1.66%，转化糖含量为 0.95%。在矿物质中，氧化钙占 0.75%，五氧化二磷占 30.62%，氧化钾占 44.20% ，其他矿物质占 24.43%。草菇中含有人体必需的 8 种氨基酸。

草菇中含有丰富的维生素 C(抗坏血酸)，每 100 g 鲜草菇中含有维生素 C 206.27 mg，比富含维生素的水果、蔬菜高很多。草菇含有 9.81%～18.4%的纤维素。

2. 药用价值

草菇能消食去热，有降低胆固醇和抗癌的功效。由于维生素含量高，能增加机体对传染病的抵抗力，加速创伤的愈合。草菇中的纤维素有利于减慢人体对碳水化合物的吸收，因此适合糖尿病患者食用。

(二)栽培历史与现状

我国是世界上生产草菇最多的国家，产量居世界首位。据考证，草菇生产最早出现在我国，后由华侨将草菇生产技术传至日本、韩国、马来西亚、菲律宾、泰国、新加坡、印度、印度尼西亚等地，后来又传到非洲的尼日利亚和马达加斯加，近年来一些欧美国家也有生产。

生产草菇最早是以稻草为原料，近几年已开始用棉籽壳、麦秸、废棉等作培养料。过去，草菇生产多在广东、广西、福建、湖南、江西、台湾，近年来已发展到山东、河北、山西、北京、天津、河南、陕西、新疆，草菇已是北方地区食用菌生产的主要品种之一。

草菇是目前人工栽培的食用菌中需求温度最高的种类，而且栽培方法简单，生产周期短，仅为两周左右，投资少，见效快。除鲜菇销售外，还可加工成盐渍菇、干菇、冷冻菇和罐头等，远销东南亚和欧美。由于我国草菇栽培时间最早、生产量最大、出口量最多，因此，草菇在国际上又被称为“中国蘑菇”。

二、生物学特性

微课10　草菇的生物学特性

(一)形态特征

草菇是一种腐生真菌，由菌丝体和子实体两部分构成。

1. 菌丝体

草菇菌丝体呈白色或黄白色，半透明，具有丝状分枝。根据其发育程度和形态特征可分为初生菌丝和次生菌丝两种。

(1)初生菌丝　初生菌丝是由担孢子萌发形成的，菌丝有隔膜，呈分枝状。每个细胞内含有一个核。有些初生菌丝能形成厚垣孢子。

(2)次生菌丝　初生菌丝互相融合，完成同宗配合而形成次生菌丝。次生菌丝的每个细胞内含有两个核。次生菌丝粗壮，生长快，往往形成很多厚垣孢子。

2. 子实体

成熟的草菇子实体由菌盖、菌褶、菌柄、菌托四部分构成。

(1)菌盖　菌盖呈钟形，成熟时平展开，直径为6～20 cm，表面平滑，灰褐色或鼠灰色，中间凸起处色较深，向四周渐变为浅灰色，有的菌盖表面出现放射状的深灰色条纹。

(2)菌褶　菌褶位于菌盖的底面，呈肉红色，辐射状排列，与菌柄离生。菌褶处产生担孢子。

(3)菌柄　菌柄着生于菌盖下面的中央，与菌托相连接，具有支撑菌盖、运输营养物质和水分的作用，菌柄白色、内实、含较多的纤维素。菌柄的长度为3～8 cm，直径为0.5～1.5 cm，上细下粗，没有菌环。

(4)菌托　菌托位于菌柄的下端，是子实体的最下部分。菌托是子实体发生初期的保护物，称为包被，是柔软的薄膜，包裹着菌盖和菌柄。后期由于菌柄伸长，包被破裂而残留于菌柄基部。菌托的基部具有吸收营养物质的根状菌索。

(二)生活条件

1. 营养

草菇是腐生真菌，营养物质由碳源、氮源、矿质元素和维生素四类构成。

(1)碳源　主要有糖类，如葡萄糖、蔗糖、淀粉、纤维素和半纤维素等。在草菇生产中，常用富含纤维素的稻草、麦秸、棉籽壳、废棉作为碳素营养源。草菇菌丝生长过程中产生的各种酶能将纤维素、半纤维素分解成单糖，然后吸收利用。因此，凡含有纤维素的材料，均可作为草菇的培养料。

(2)氮源　主要是有机含氮化合物，如蛋白质和氨基酸，还有无机含氮化合物硫酸铵。培养料中氮源不足会影响草菇菌丝生长，如用稻草、麦秸生产草菇，在培养料中适当添加一些含氮素较多的麸皮，可促进菌丝生长，缩短出菇期，提高产菇量。在培养料中添加氮源时，以添加5%的麸皮效果较好，用畜禽粪时要经过腐熟发酵处理。添加尿素补充氮源时，一定要注意使用的量，一般用量不超过0.2%，用量过高，因产生氨气多，会抑制菌丝生长，往往引起鬼伞等杂菌大量发生。

(3)矿质元素　钾、镁、硫、磷、钙等矿质元素是草菇生长发育所必需的，但在一般含纤维素原料中已有足够的含量，无须补充。草菇生长还需要铁、铜、锌等微量元素，这些物质在普通水中的含量就能满足需要，不需要另外添加。

(4)维生素　一般用麸皮、米糠补充培养料中的维生素。

2. 环境

(1)温度　草菇喜高温。孢子萌发的最适温度为35～40 ℃，低于25 ℃或高于45 ℃孢子不萌发。菌丝生长的温度范围为20～40 ℃，最适温度为35 ℃，在15 ℃下生长极微弱，10 ℃下停止生长，5 ℃以下时，菌丝很快死亡。所以，草菇菌种不应放在冰箱中保存。子实体发生的最适温度为28～35 ℃，在适温范围内，菌蕾在偏高的温度下发育快，很易开伞，菇体小而质次；在偏低的温度下，长势好，不易开伞，菇体大而质优。夏季气温高，最好在树荫下生产，温度调节到25～28 ℃。温差大时，易造成菌蕾萎缩腐烂。生产草菇应注意培养料内的温度，把料温调节在32～38 ℃为好，低于28 ℃或高于45 ℃，草菇子实体都不能形成。

(2)水分　水分是影响草菇生长发育的重要条件之一。水分不足使菌丝和菌蕾干枯死亡；水分过多，培养料通气不良，抑制呼吸过程，影响代谢活动正常进行，使菌丝和菌蕾大量死亡，导致病虫害滋生和蔓延。培养料的含水量为70%～75%，空气相对湿度为85%～90%，适于菌丝和子实体的生长。

(3)空气　草菇是好气性真菌，氧气不足或二氧化碳积累太多，菌蕾呼吸受到抑制，导致生长停止或死亡。当空气中二氧化碳含量超过1%时，对草菇生长发育就能产生抑制作用。所以草菇生产过程中，培养料含水量不宜太高，草被不宜太厚，塑料薄膜覆盖不要过严，注意定期进行通风，及时排出污浊气体，保持空气新鲜。出菇阶段更应注意通风，以满足菌丝生长发育和子实体形成所需要的新鲜空气。

(4)光照　草菇生长发育需要有一定的散射光，适量的光照可促进子实体的形成。每天照射12 h以上有利于菌丝生长和子实体发育。露天生产必须覆盖草被，搭荫棚或挂草帘，防止太阳光直射。

(5)酸碱度　草菇喜偏碱性环境，培养料的pH以8～9为宜，偏酸性的培养料对草菇菌丝体和菌蕾生长均不利。在配料时用熟石灰调节pH，或用1%石灰水浸泡原料。

三、草菇生产技术

(一)生产季节

草菇喜高温、高湿环境，人工栽培时，在没有控温设施的条件下，通常日均气温稳定在23 ℃以上时是栽培草菇的适宜季节。

(二)生产场地

草菇室外栽培环境难以控制，因此需要大棚等设施，不需要特别好的设施，只要能达到保温、保湿和调节通风光照的要求即可。

菇房使用前清理干净，通风换气2 d，然后用消毒剂。对旧菇房消毒更要彻底，必要时，需喷洒杀虫剂。

栽培床架可用木材、竹竿、钢材制成活动菇床，也可用钢筋水泥制成固定菇床。菇床四周最好不要靠墙，床架之间要留70～80 cm的作业道。床面宽1 m，长2～3 m，层间距60 cm，菇床层数为3～4层，最下面一层可贴地面设立，便于操作和管理。

（三）生产原料与配方

草菇培养料主要有棉籽壳、废棉、麦秸和稻草等，以废棉最好，棉籽壳次之，麦秸和稻草稍差。生产过平菇、金针菇、银耳的棉籽壳废料，以及陈旧棉籽壳和污染料，经过适当处理也可用来种草菇。

1. 生产原料

草菇的生产原料很多，一般以棉籽壳、稻草为好，棉籽壳栽培草菇产量最高，稻草栽培的草菇品质好。其他代料如麦秸、玉米秸、花生茎等都可以栽培草菇，但产量低。栽培时，要选用新鲜、无霉、无变质、未雨淋的原料。如选择稻草时，要选择金黄色、无霉变的干稻草。牛粪、马粪、鸡粪、米糠、麸皮、饼肥、石灰、肥土等辅料用量为稻草干重的5%～10%。

2. 配方

(1)用草堆法栽培草菇的配方

①干稻草100 kg，腐熟的干牛粪或家禽粪5～8 kg，石灰1 kg，草木灰或火烧土适量。

②干稻草100 kg，米糠或麸皮3～5 kg，过磷酸钙50 kg，石灰1 kg，肥土或火烧土适量。

(2)用堆制发酵料栽培草菇的配方

①干稻草100 kg，麸皮5 kg，干牛粪5～8 kg，草木灰2 kg，石灰3～5 kg。

②麦秸40 kg，玉米芯30 kg，棉花秆粉30 kg，麸皮5 kg，饼肥2 kg，磷肥2 kg，石灰5 kg。

③稻草（切断）15 kg，玉米秸粉15 kg，麦秆粉15 kg，玉米面1.5 kg，豆饼1.5 kg，磷肥1.5 kg，石灰2.5 kg。

（四）菌种选择

根据本地区的气候条件、原料来源、栽培条件，选择适应性和抗病性强、高产、优质的草菇品种，采用常规制种方法，按照确定的栽培时间制作好菌种。草菇菌丝在PDA培养基上6 d可长满管，棉籽壳中15 d长满袋。

菌种的质量标准：绒毛状菌丝洁白，透明，细长健壮。封口菌丝周围出现红褐色厚垣孢子，产生大量红褐色的厚垣孢子堆，为小粒种；若厚垣孢子较少，则为大粒种。如以稻草为主料，菌种菌龄控制在15～18 d，以棉籽壳为主料，菌种菌龄控制在20～22 d。

（五）栽培方法

室内栽培可以利用闲置的蔬菜大棚或旧菇房，也可以选择在地势稍高、排水方便、土地肥沃、远离畜圈和垃圾堆的地方，专门搭建塑料大棚、草棚、遮阳菇房或日光温室。用于栽培草菇的棚室，要求保温、保湿、通风和光照调节较好。室内栽培草菇有利于保温保湿，减少害虫、杂菌的危害，产量较为稳定。

1. 室内床架式栽培技术

草菇床栽是目前最常用的栽培方式，现以废棉渣为主料为例介绍草菇的栽培方法。

(1)配料与发酵　按选定的配方称取各种原材料，加入0.1%多菌灵溶液，充分拌匀，加入适量水，再翻拌均匀，堆成高1 m、宽1.5 m、长度不限的堆，堆上覆盖塑料薄膜，四周用砖石压住，以保温保湿。料较少时，应堆成圆形，以利于升高温度。堆积2～3 d料温可升至60 ℃以上，此时翻堆1次，再继续堆积3～4 d即可使用。如果堆内过干，调节含水量至70%左右，pH为9～10。

(2)二次发酵　将经过堆制的培养料拌松、拌匀，搬进菇房，铺在床架上，一般废棉渣 或棉籽壳培养料铺料厚7～10 cm，切碎的稻草培养料铺料12～15 cm，长稻草铺料20 cm。夏天气温高时，培养料适当铺薄一些，冬季气温低时培养料适当铺厚一些。铺料后，关闭门窗，向菇房内通入蒸汽或点燃煤炉加温，使室内温度达65 ℃左右，维持4～6 h，然后自然降至45 ℃左右时，打开门窗，将发酵好的培养料进行翻料，排出料内有害气体，使料厚薄均匀，松紧一致，待料温降至35～37 ℃时播种。

(3)铺料播种　播种时，可采用穴播和撒播相结合的方法，穴直径2～2.5 cm，穴距为10 cm×10 cm，料面上撒播的菌种要分布均匀。播种后用手或木板轻压料面，使菌种和培养料结合紧密，然后在料面上盖塑料薄膜，以利于保温、保湿。

2. 畦式栽培技术

(1)整地做畦　畦面宽1 m，深15～20 cm，长5～6 m，畦间作业道50 cm，畦底做成龟背形，或畦的中间做成宽、高各10 cm左右的小垄，以便多出菇。畦床做好后，先在畦底及畦床四周撒一薄层石灰粉灭菌杀虫。室外做畦，畦面整理好以后，因床面泥土较干，应在进料前1～2 d在畦面上灌水或淋水使土壤湿透，待土壤稍干后在畦面上撒一层石灰粉，喷杀虫剂以消灭土壤中的害虫和杂菌。还要用竹或钢丝搭拱形塑料棚，用于防雨水，同时起到保温、保湿的作用。

(2)配料与发酵　按选定的配方称取适量各种原材料，加入0.1%多菌灵，充分拌匀，加入适量水，再翻拌均匀，堆成高1 m、宽1.5 m的堆，堆上覆盖塑料薄膜，以起到保温、保湿的作用。堆积2～3 d，翻堆1次，再继续堆积3～4 d即可使用。铺料前，用石灰和水将料的含水量调节为70%左右，pH为9～10。

(3)铺料播种　将发酵好的培养料摊开降温，温度降至35～37 ℃时即可铺料。先在畦底撒一层菌种，上面铺一层发酵料，如此下去，一层菌种一层料，总共铺3层料、播4层菌种，料厚为13～15 cm，若为稻草或麦草原料，料厚为20～25 cm，并且要踩紧培养料，因为草料较疏松，如不踩紧，菌丝生长不好，影响草菇产量。最上面的一层菌种，用量要大，约占整个用种量的1/3。也可以在最后一层料面打直径为2～2.5 cm的穴，穴距10 cm×10 cm，穴播与层播结合进行播种，使料面有较强的菌丝优势，以防止杂菌污染，并尽量做到均匀一致，菌种播完后用木板轻拍，使菌种和培养料结合紧密，以利于定植。

(4)覆土　覆土材料要求土质疏松，腐殖质含量丰富，沙壤质，含水量适中，即手握成团、触之即散的程度，土粒直径以0.5～2 cm为宜。覆土材料加入2%的生石灰调pH至8左右，再加入0.1%的多菌灵溶液，经堆闷消毒、杀虫后使用。覆土厚度1 cm左右，覆土后喷水至土壤湿润，达到湿而不黏、干而不板的程度，盖上塑料薄膜保温、保湿。室外栽培时，则用竹片、木棒或钢丝等搭成小拱棚，棚架高40～50 cm，拱棚上覆盖塑料薄膜，膜上再盖上草帘或遮阳网，以便更好地控制温度、湿度、空气和光线。

(六)栽培管理

1. 发菌管理

接种后一般3 d内不揭膜，以保温、保湿、少通风为原则。但要每天检查温度，料温保持在33～38 ℃，当料内温度超过40 ℃时，要及时揭膜通风换气、散热降温，防止高温抑制菌丝生长，料温低于30 ℃时，要设法提高棚内和料内温度。接种后4 d左右，揭去薄膜，高温季节也可以3 d即揭膜。播种后4～5 d喷出菇水，使料面的气生菌丝贴生于料面，喷水后适当通风换气，避免喷关门水。

2. 出菇管理

喷出菇水后，保持棚室内温度 28～30 ℃，空气相对湿度保持在 85%～95%，增加散射光照，诱导草菇原基形成。一般情况下，播种第 7 d 左右可明显看到白色小粒状草菇子实体原基，增大湿度以向空间、地面喷水为主，尽量不要将水喷洒到料面的原基上，因为原基对水特别敏感，喷量稍大，原基沾上水珠即容易死菇。加大通风量，降低棚室内 CO_2 浓度，以免出现畸形菇。为了保持菇房内的湿度，最好通风前向空间及四周喷水，然后再打开门窗进行通风。

3. 采收管理

如果管理适当，草菇正常生长发育，蛋形期第 2 天即可以采收。稻草栽培草菇的生产周期一般比废棉渣栽培长 3 d 左右。采收时采大留小，小心采摘，注意不要损伤周围幼小菌蕾。采摘期一般为 3 d。头潮菇采完后，应及时整理床面，清除菇脚和死菇，喷洒 1% 的石灰水，以调节培养料的酸碱度和湿度，适当通风后覆盖塑料薄膜，经 3～4 d，可出第 2 潮菇，通常可收 2～3 潮菇。

四、草菇生产中常见的问题

（一）菌丝萎缩

草菇播种后，一般 12 h 内可见菌种萌发吃料，播种后 24 h 仍不见菌种萌发，或栽培过程中出现菌丝萎缩或自溶，其主要原因如下。

1. 使用劣质菌种

菌龄过长或过短，菌种转管次数过多而退化或老化，菌丝生活力弱，抗逆性差，或菌种长时间在温度过低、过高的环境中存放，都会出现播种后不萌发，菌种块菌丝萎缩的现象。应选用适龄、优质菌种，并确保培养过程中的适宜温度。

2. 培养料温度控制不当

当气温较高、培养料偏厚、菇房保温性能较好时，播种后培养料内温度较长时间超过 42 ℃，会导致菌丝萎缩、死亡，造成烧菌；当温度偏低或昼夜温差过大时，也会引起菌丝生长缓慢、萎缩。一般菌丝生长期料温不能长时间低于 30 ℃，低于 28 ℃时虽然菌丝会生长，但产量不高，甚至不出菇。要通风换气降温，也可空间喷雾、地面倒水。温度低时要及时保温。

3. 含水量不当

栽培草菇时，因培养料偏干而引起菌丝生长不正常的现象较少发生。但含水量过高，超过 75%，或薄膜覆盖过严，培养料不透气，加上菇房通风条件不好，菌丝会因缺氧而萎缩或自溶。培养料按“宁干勿湿”的原则处理，喷出菇水时再适当增加喷水量。

4. 药害

播种后，有的菇农在防治病虫害过程中，因使用药物不当、浓度过高、使用量过大等，或喷水的容器装过农药且未洗干净，或在料中添加了过量的尿素而产生重氮料，都会导致药害，造成菌丝萎缩、死亡。在使用药物时，一定要“对症下药”，仔细阅读使用说明；喷水的容器必须与喷农药的容器分开使用。

（二）死菇

1. 培养料湿度过大

因通风不良，引起料内氧气不足，幼菇难于正常生长而萎蔫死亡。因此，培养料的含水量不要超过 75%。喷水后要增加通风；在气温低、湿度大时，喷出菇水的量要少或不喷。

2. 缺少水分

在建堆时料内水分不足，发菌过程不注意保湿，采菇后没及时补水，菇棚保湿性差等均可导致菌蕾萎蔫。喷出菇水是控制出菇期间培养料含水量的重要措施。在气温高、空气相对湿度低的情况下，要喷出菇水，以防止培养料偏干。幼菇形成时，在注意通风换气的同时，要确保空气相对湿度在90%左右，此时若培养料偏干，极易引起幼菇死亡，只能通过空间喷细雾或地面淋水来增加湿度，当幼菇长至指头大时，可直接向床面喷雾。

3. 通风不良

在栽培过程中，为了保温、保湿，覆盖薄膜时间过长，导致料中CO_2过多而缺氧，致使菌蕾萎蔫死亡。故在播种4 d内，要定时通风，随着菌丝量的增加，适当加大通风量，出现针头菇时更要加大通风量。

4. 喷水水温不适

如喷22℃以下的井水或被阳光照射而达40 ℃以上的地面水，第2天菌蕾就会全部萎蔫。因此，喷水时，特别是气温低时，水温以30 ℃左右为宜；菇很小时不能直接喷水。

5. 料温偏低或温差过大

草菇对温度敏感，一般料温低于28 ℃时，草菇生长会受到影响。气温骤降或持续高温，昼夜温差过大，特别是料温短时间内变化超过8 ℃时，会导致大量幼菇死亡，严重时大菇也会死亡。

6. 培养料偏酸

草菇喜欢偏碱性环境，pH小于6时，虽可以结蕾，但难以长大。此外，偏酸性环境更适合绿霉、青霉等杂菌的生长，其争夺营养而引起幼菇死亡。配制培养基时，适当调高培养基的pH，采完头潮菇后，可喷pH为9～10的石灰水。喷出菇水时，若培养料已偏酸，也可喷pH为9左右的石灰水。

【思考与练习】

一、单项选择

1. 夏季利用高碱性生料栽培草菇的目的是（　　）。
   A. 防杂菌和害虫　B. 容易操作　C. 提高产量　D. 提高品质
2. 草菇栽培畦中，播种后覆膜的主要目的是（　　）。
   A. 保湿　B. 防虫　C. 增温　D. 防杂草
3. 草菇子实体发育最适宜的气温是（　　）。
   A. 25 ℃左右　B. 30 ℃左右　C. 20 ℃左右　D. 40 ℃左右
4. 夏季生料栽培草菇播种时培养料的pH最好在（　　）。
   A. 7左右　B. 8左右　C. 9.5～10　D. 12左右
5. 产生脐状菇的原因是（　　）。
   A. 湿度小　B. 温度高　C. 通风差　D. 光照强
6. 自然条件下栽培草菇的最好季节是（　　）。
   A. 春天　B. 夏天　C. 秋天　D. 冬天
7. 发酵料干、碎、白粉末多的原因是（　　）。
   A. 发酵温度低　B. 发酵时间过长　C. 水分偏大　D. pH偏高

8. 草菇发菌期的料温一般不低于(   )。
   A. 20 ℃   B. 25 ℃   C. 30 ℃   D. 35 ℃
9. 菇体黄豆大,内有菌盖、菌褶分化的生长期是(   )。
   A. 小纽期   B. 纽期   C. 卵形期   D. 伸长期
10. 草菇对复杂碳源的分解情况是(   )。
   A 对纤维素分解能力强   B. 对半纤维素分解能力强
   C. 对木质素分解能力强   D. 缺少分解纤维素的酶
11. 草菇菌种保藏的适宜温度是(   )。
   A. 4~6 ℃   B. 10~15 ℃   C. 30 ℃   D. 40 ℃
12. 草菇菌丝后期易产生(   )。
   A. 担孢子   B. 白色粉孢子
   C. 红褐色厚垣孢子   D. 子囊孢子
13. 草菇高碱性生料栽培中常遇到的杂菌是(   )。
   A. 鬼伞和绿霉   B. 链孢霉   C. 黑曲霉   D. 白地霉

二、判断题

1. 草菇菌丝体生长的适宜温度是 25 ℃左右。(   )
2. 草菇的培养料中可加入木屑。(   )
3. 草菇是变温结实型菌类。(   )
4. 到达成熟期的草菇应及时采收。(   )
5. 草菇菌丝体出现红褐色,就应弃之不用。(   )

三、简答题

1. 草菇菌丝体、子实体各有哪些主要特征?
2. 简述草菇子实体的发育过程。
3. 简述草菇室内床架栽培技术要点。

学习任务四　双孢蘑菇生产

【知识目标】

- 了解双孢蘑菇的分类、价值与生产现状。
- 掌握双孢蘑菇的形态、生长发育特性。
- 掌握双孢蘑菇生长所需的营养与环境条件。
- 掌握双孢蘑菇代料生产栽培技术。

【能力目标】

- 熟知培养料配方，会配制发酵料。
- 会接种及调控培养期间环境调控。
- 会识别病虫害并能采取相应的预防措施。

一、双孢蘑菇概述

双孢蘑菇，也称蘑菇、洋蘑菇、双孢菇，属担子菌纲伞菌目蘑菇科蘑菇属。

（一）双孢蘑菇的价值

双孢蘑菇不仅味道鲜美，色白质嫩，而且营养极其丰富。双孢蘑菇中的蛋白质含量不仅远远高于蔬菜，与牛奶及某些肉类相当，而且双孢蘑菇中的蛋白质容易被人体吸收。另外，双孢蘑菇具有抑制癌细胞与病毒、降低血压、治疗消化不良、增加产妇乳汁的功效，经常食用能起到预防消化道疾病的作用，并可使脂肪沉淀，有益于减肥，对人体保健十分有益。

（二）栽培历史与现状

双孢蘑菇属草腐菌，中低温型菇类，是世界第一大类食用菌。目前，全世界多个国家和地区生产双孢蘑菇，其中荷兰、美国等国家已经实现了工厂化生产。

双孢蘑菇也是我国食用菌生产中面积较大、出口创汇较多的品种。我国北方地区稻草、麦草等农作物秸秆和畜禽粪便等资源丰富，气候属季风影响的暖温带半湿润大陆性气候，四季分明，夏短冬长，比较适合双孢蘑菇的生长，目前在山东、河南、福建、河北、浙江、上海等省、市生产较多，在山东、福建、河南等省实现了双孢蘑菇的工厂化生产。

二、生物学特性

微课 11　双孢蘑菇的生物学特性

（一）形态特征

双孢蘑菇包括菌丝体和子实体两部分。

1. 菌丝体

菌丝体是双孢蘑菇生长的营养体，为白色绒毛状。双孢蘑菇菌丝体适时覆土调水后，经培养表面陆续形成白色菌蕾，即子实体。

2. 子实体

子实体是双孢蘑菇的繁殖部分，由菌盖、菌柄、菌环三部分组成。菌盖初期为球形，后发育为半球形，老熟时展开呈伞形，采收时不能开伞，否则影响商品价值。优质的双孢蘑菇菌盖圆整，肉肥厚而脆嫩、结实、色白、光洁，耐运输。

（二）生活条件

1. 营养

双孢蘑菇是草腐菌，生长发育需要的碳素营养可通过分解纤维素、半纤维素和木质素获得，所需要的氮素营养可通过腐熟的粪便获得。因此，各种农作物秸秆和粪肥，可作为栽培双孢蘑菇的培养料。

（1）碳源 双孢蘑菇可以利用的碳源有葡萄糖、蔗糖、麦芽糖、淀粉、维生素、半纤维素及木质素等。对于难以直接吸收利用的淀粉、纤维素、半纤维素及木质素等大分子营养物质，必须通过其他微生物分解为简单的碳水化合物后才能吸收利用。

（2）氮源 双孢蘑菇可以利用的氮源有尿素、铵盐、蛋白胨、氨基酸等。

（3）矿质元素 双孢蘑菇生长还需要一定的磷、钾、钙等大量元素及铁等微量元素。因此在配制培养基时还要按照一定的比例添加过磷酸钙、石膏、石灰等以满足双孢蘑菇生长发育的需要。

2. 环境

（1）温度 菌丝体生长的温度范围为 6～32 ℃，最适为 22～24 ℃。25 ℃以上，菌丝虽然生长很快，但纤细无力，且易早衰。32 ℃以上，菌丝发黄，倒伏，以至停止生长、死亡。10℃以下，菌丝生长缓慢。子实体形成的温度是 6～22 ℃；最适为 14～16 ℃；低于 12 ℃，子实体生长缓慢；16 ℃以上，子实体生长快，但柄细长，皮薄，易开伞，质量差，产量低。

（2）湿度 菌丝体生长阶段要求培养料含水量为 60%～65%，空气相对湿度在 80%左右。培养料含水量低于 50%时，菌丝生长缓慢，绒毛菌丝多而纤细。子实体生长阶段要求培养料含水量为 60%～65%，覆土含水量保持在 18%～20%，空气相对湿度为 85%～90%。若空气相对湿度超过 95%，菌盖易发生各种细菌性病斑；若低于 70%，菌盖表面变硬，易空心、白心；低于 50%，停止出菇，菌蕾会枯萎死亡。

（3）光照 双孢蘑菇的菌丝体和子实体均不需要光线，在散射光的条件下能正常生长，但不能受强光照射。子实体在黑暗的条件下长得洁白、肥大。若光线太强，子实体表面硬化，畸形菇多，商品价值低。

（4）空气 双孢蘑菇属好气性菌类，菌丝体阶段和子实体阶段都需要充足的新鲜空气。出菇期间，二氧化碳浓度应控制在 0.1%以下，否则子实体菌盖小，菌柄细长，易开伞。

（5）酸碱度 双孢蘑菇喜偏碱性，菌丝生长的 pH 为 5～8，最适 pH 为 7.5，进棚前培养料的 pH 为 7～8，土粒的 pH 为 8～8.5。每采完一潮菇后，覆土表面适当喷洒石灰水，以保持较高的 pH，抑制杂菌生长。

（6）土壤 双孢蘑菇与其他多数食用菌不同，其子实体的形成不但需要适宜的温度、湿度、通风等环境条件，而且需要土壤中某些化学和生物因子的刺激，因此，出菇前需要覆土。

三、双孢蘑菇发酵料生产技术

(一)栽培季节

双孢蘑菇子实体发育适温为14～16 ℃,属偏低温、恒温结实型菌类。在自然条件下,可以安排在秋季和早春两季栽培,因子实体发育期较长,为了获得较高的经济效益,一般安排在秋季开始栽培。栽培季节与双孢蘑菇的产量和质量的关系极为密切,播种过早,因温度高易失败或死菇;播种太迟,会出菇晚,产量低。播种时间因各地气候条件的差异而有所不同,以当地昼夜平均气温稳定在20～24 ℃,约35 d后下降到15～20 ℃为依据,南方在10月至11月上旬,北方在8月下旬至9月中旬。因南北气候有一定差异,具体时间需根据当地气候特点,培养料的质量,菌株特性,铺料厚度及用种量等综合考虑。

(二)栽培前准备

1. 栽培场地

南方气候具有气温高、湿度大等特点,双孢蘑菇生产周期较短,生产场所一般可选择用大拱棚、层架式菇房生产;北方气候具有气温低、干燥等特点,生产场所一般可选择用塑料大棚、层架式菇房、土制菇房等生产。另外,闲置的窑洞、房屋、养鸡棚、林地、地沟棚、养蚕棚等场所也可用于双孢蘑菇的生产。

2. 菌种准备

根据播种时间推算出适宜的制种时间,双孢蘑菇母种一般15 d左右长满斜面;原种40～50 d长满;栽培种30～40 d长满。为使菌丝健壮及在基质内长透,母种以长满斜面后再延长3～5 d使用为好;原种、栽培种以长满培养基后再延长7～10 d使用为宜。播种期向前推算5个月是制母种的大致时间。一般每平方米面积需750 mL的粪草菌种2～3瓶,或麦粒菌种1瓶左右,或棉籽壳菌种2瓶左右。播种量过少很容易引起杂菌污染。

3. 培养料准备

(1)培养料配方

①干牛粪1 800 g,稻草1 500 g,麦草500 g,菜籽饼100 g,尿素20 g,石膏粉70 g,过磷酸钙40 g,石灰50 g。

②干牛粪1 300 g,稻草2 000 g,饼肥80 g,尿素30 g,碳酸氢铵30 g,碳酸钙40 g,石膏粉50 g, 过磷酸钙30 g,石灰100 g。

③麦秸2 200 g,干牛粪2 000 g(或干鸡粪800 g),石膏100 g,石灰70 g,过磷酸钙40 g,石灰40 g,硫酸铵20 g,尿素20 g。

④干牛(猪)粪1 500 g,麦草1 400 g,稻草800 g,菜籽饼150 g,尿素30 g,碳酸氢铵30 g,石膏80 g,石灰40 g。

⑤稻草或麦草3 000 g,菜籽饼200 g,石膏粉25 g,石灰50 g,过磷酸钙50 g,尿素20 g,硫酸铵50 g。

(2)培养料发酵　双孢蘑菇是草腐生菌,分解纤维素、木质素的能力很差,培养料需经堆制发酵,在各种有益微生物作用下,将复杂的大分子物质分解转化为简单的可溶性物质,才易被双孢蘑菇吸收。堆制发酵的高温,能杀死有害微生物及虫卵,发酵后的培养料消除了粪臭和氨味、疏松柔软,透气性、吸水性、保温性得到了改善。同时,参与发酵的微生物死亡后的菌体及其代谢物对双孢蘑菇生长有活化和促进作用。因此,培养料堆制发酵是双孢蘑菇栽培中至关重要的技术环节。

堆制发酵可分为一次发酵法和二次发酵法。

①一次发酵法 在室外一次完成培养料的发酵叫一次发酵。一次发酵法所需设备简单，对菇房密闭度要求不高，成本低，发酵技术易掌握。但室外发酵受自然条件影响大，发酵质量差，发酵时间长，劳动强度大。一次发酵的建堆发酵需要经过预湿、建堆和多次翻堆才能完成。

a. 预湿 提前 2～3 d 将草料用石灰水、尿水或水浸泡预湿，干粪、饼肥等要打碎混匀，用清水或尿水拌湿，覆膜堆闷以杀灭虫卵。

b. 建堆 堆料场应选地势较高，水源较近的地方，最好是水泥地面。先在地面铺一层宽 2 m，厚 30 cm 的稻草，浇水，踏实，然后在草上铺 5～6 cm 的畜粪，整平。依此类推，分层加草，加粪，并且每铺一层粪草，都要适当浇水。堆高一般在 1.5 m，约 15 层。堆长可根据实际情况而定，堆过小，难以保持堆温；堆过大，透气性差，不利于发酵。堆四边陡直，堆顶呈龟背形，周围罩草被，保温保湿。如遇大雨，应加塑料薄膜。

c. 翻堆 翻堆可以促进培养料的均匀发酵，改善通气状况，并补充营养成分，调整水分。一般要经过 5 次翻堆。5 次翻堆的时间间隔为 6 d、6 d、6 d、5 d、4 d。第一次翻堆要在堆温升至 70 ℃并维持 1～2 d，即建堆 6～7 d 时进行。堆料发酵时，不同部位的培养料的发酵程度也不同，这就要求每次翻堆时，要将下面的粪草翻到上面，四周的翻到中间，并且要充分抖松，使发酵均匀。前 2 次要适当补充水分。石膏等辅料的加入注意顺序。在第一次翻堆时，石膏全加入，过磷酸钙加总量的 50%，手握培养料能挤出 5～6 滴水。第二次翻堆时加入剩余过磷酸钙，含水量以手握能挤出 4～5 滴水为宜，打料孔。第三次翻堆时加入石灰调 pH 到 9.0 左右，含水量以手握能挤出 2～3 滴水为宜，打料孔。第四次翻堆时应基本腐熟，pH 7.5 左右，含水量以手握有水沁出或能挤出一滴水为宜。料温 55 ℃左右维持 2～3 d。直到第五次时，要求有水分但手握不滴下为宜。在最后一次翻堆时，应喷施 0.4%敌敌畏溶液，以杀死堆内害虫。还应喷施 0.1%甲醛溶液，清除游离氨气。

d. 优质发酵料的鉴定标准 草、粪色泽由金黄色或黄绿色变成棕褐色，不呈黑色，无氨、臭、酸、霉味，同时略带有酵母甜味。软而有弹性，草易拉断，pH 6.8～7.0，含水量达 60%左右，碳氮比一般为 20∶1。

②二次发酵法 通过菇房外的前发酵和菇床上的后发酵两个阶段完成培养料的发酵腐熟。其建堆、翻堆方法与一次发酵法一致，只是将整个发酵过程分为两个阶段，第一个阶段与一次发酵法基本相同，是在室外进行的。第二个发酵阶段是在菇房内进行的，也称后发酵或巴氏消毒法。后发酵由人工控制温度，使培养料完成升温、控温和降温的变化过程。二次发酵可提高产量和质量，一般可增产 20%～40%，由于高温放线菌等有益微生物的活动，可形成多种可供双孢蘑菇菌丝直接吸收利用的维生素和氨基酸；后发酵将培养料在 60 ℃下处理 2 h，可以把料中的虫卵、幼虫等害虫杀死，使病虫来源大大减少，可不用或少用农药防治，减轻了农药污染。

a. 前发酵 在室外进行，预湿、建堆、翻堆与一次发酵法相同。化学氮肥在建堆时可全部加入；共翻三次堆，间隔天数约是 4 d、3 d、3 d，第三次翻堆维持 2 d 转入后发酵。需 12 d 左右。

发酵好的料的标准：浅咖啡色，草料不易拉断，但不刺手，略有氨味，pH 7.0～8.5，手握约能挤出 4 滴水(若后发酵采用湿热加温法，应降低含水量)。

b. 后发酵　在室内的菇床上进行。将经前发酵好的培养料趁热搬到菇房床架上，关闭门窗，堆料应集中在菇房中间的床架上，呈培垄式。升温至 58～60 ℃，维持 6～12 h，即巴氏消毒，以进一步杀死料中的虫、卵和杂菌。之后通风降温，在 12 h 内逐步将料温降至 48～52 ℃，维持 4～6 d，促使一些有益微生物生长，将培养料转化为易被双孢蘑菇菌丝吸收和利用的物质，同时还能使刺激竞争性杂菌生长而抑制双孢蘑菇菌丝生长的氨气挥发，因为氨气在 50 ℃以上或 40 ℃以下挥发速度明显减慢。控温发酵还可减缓易被细菌和真菌利用的碳水化合物的降解，而不至于降低培养料的活性。这是后发酵的主要阶段。控温结束后，停止加热，使菇房温和料温逐渐降低，当料温降到 30 ℃以下时，后发酵结束。

无论是一次发酵法还是二次发酵法，发酵好的培养料的性状应该是一致的。在生产过程中，应根据具体情况控制发酵时间和进程。

二次发酵结束后，将集中堆放的适度腐熟的培养料平均分至栽培架上，填料的厚度为 16～20 cm。铺完料后，菇房内外打扫干净，关闭门窗，用甲醛或硫黄粉熏蒸消毒 24 h，操作方法与空菇房消毒相同。

熏蒸消毒后，要进行一次翻料，即将铺在菇床上的培养料上下翻动一次，把料抖松，并打开门窗，进行大通风一次。通风及抖松料的目的是将料在发酵过程中产生的二氧化碳、乙醛、乙烯等各种有害气体彻底排出，使料内进入较多的新鲜空气，有利于接种后菌丝在料中迅速生长，同时翻匀后可使料层厚薄一致，保持 15～18 cm，这样料面平整，床面喷水时受水量也均匀，避免床面凹陷处积水。待测定料温无回升并稳定在 28 ℃以下时(需 3 d 左右)便可播种。

(三)播种

1. 检查培养料

检查培养料中的氨气和螨类。检查氨气可用 pH 为 5.5～9 的精密试纸，放在随机挖的料坑中，周围不得碰到培养料。若 pH 超过 8 表明有氨气存在，可喷洒 2%甲醛去除氨气；若 pH 大于 9，可洒过磷酸钙细粉，用量为 0.25～0.4 kg/m^2，再重新翻料整平料面，消除氨气。检查螨类可用薄膜铺放在一处料面上，经过 1 h 左右，检查薄膜上是否附有螨虫。如果有螨虫，可喷洒 1 000 倍的除虫菊酯或 3 000～5 000 倍的氯氰菊酯并密封 24 h。

2. 挑选菌种

选无杂菌，无虫害，菌丝浓密、旺盛，菌龄在 60 d 左右的优良菌种。凡是菌丝断裂，料不变色、吐黄水或结菌块的都应不用。下种前一天，拔开菌种瓶棉塞，沾上敌敌畏液后再塞好进行杀虫，以免螨类为害。

3. 确定适宜的播种方法和用量

可采用穴播法、撒播法和混播法。穴播法，穴距 7～10 cm，播入核桃大小的菌种一块；撒播法，将菌种在料面上撒上薄薄的一层，播后轻轻压实；混播法，将 2/3 的菌种播在料层的上中部，另 1/3 的菌种播在料面并轻轻压实。

播种量，麦粒种(750 mL 菌种瓶)，一瓶可播 1～1.2 m^2；棉籽壳种，一瓶(袋)可播 0.6～0.7 m^2；粪草种，一瓶(袋)可播 0.3 m^2。

(四)发菌期管理

双孢蘑菇栽培的发菌期一般分为两个阶段。从播种后到覆土前，为培养料发菌期，需要 15～20 d；从覆土到出菇前，为覆土层发菌期，所需时间在 20 d 左右。所以播后 35～40 d 为双孢蘑菇的发菌期。

1. 播种后到覆土前管理

主要是调控好菇房的温度、湿度和通风条件，以利于菌丝萌发定植。同时要防止杂菌的发生和发展。要求菇房温度控制在 22～25 ℃，最高不得超过 28 ℃，空气相对湿度保持在 70%～75%。播种后关闭门窗，少量通风，潮湿天气可打开门窗通风。3 d 以后，当菌丝已经萌发，菇房通风应逐渐加大，以利于菌丝迅速定植。如气温在 28 ℃以上，可在中午关闭门窗，只开北面窗，同时注意夜间通风，雨天多开门窗通风。播种 5～7 d，菌丝基本封闭料面，为了促进菌丝向料内生长，抑制杂菌发生，需加强通风，降低空气湿度。如发现杂菌及病虫害，应及时处理。

2. 覆土及覆土后管理

双孢蘑菇栽培需要覆土，覆土能够保持和调节培养料内的水分，改变培养料中的二氧化碳浓度，覆土层中含有许多有益的微生物如臭味假单胞菌等，它们的代谢产物含有多种激素，能促进双孢蘑菇子实体的形成，并对子实体起支撑作用。

(1)覆土选择　覆土的性质影响出菇的迟早与产量的高低。国外多用泥炭作覆土材料，泥炭是一种组织柔软疏松、吸水力极强的有机质。当床面喷水时，泥炭吸收大量水分，使水分不会漏到料层中去，所以不会发生水分过多抑制菌丝生长的现象，有利于子实体发育健壮，提高产量。我国双孢蘑菇栽培所用的覆土多为田园土。覆土根据土粒大小，分为粗土与细土。粗土直径为 2～3 cm，细土直径为 0.5～1.5 cm。覆土以壤土为好，要选毛细孔多，有机质含量高，团粒结构好，持水量大，且含有一定的营养成分的土壤作覆土材料，pH 7.5～8.5，没有病虫害。菇房每平方米床面约需粗土 35 kg；细土每平方米床面需 20 kg 左右，其质地以稍带黏性的壤土为宜。

(2)覆土制备　覆土材料应在播种前 30 d 左右制备。最好选可形成团粒结构的壤土(沙质壤土或黏质壤土)，含有少量的腐殖质(5%～10%)。覆土材料应具有喷水不板结，湿时不发黏，干时不成块，表面不结硬皮、不龟裂等特点。现多采用砻糠土或发酵土，有条件的可用草炭土。在用前将其混匀、沤熟。用时过筛，暴晒 1 d，喷 5%甲醛、1%敌敌畏或 1%杀螨醇等消毒、杀虫，覆膜堆闷 2～3d。再拌入 2%～3%石灰，调 pH 至 8.0～8.5，湿度调至手握成团、落地即散为宜。

(3)覆土时期　适宜的覆土时期是根据料层菌丝的深度来定的。当菌丝长到料层深度的 2/3，相邻播种穴之间蔓延的菌丝已开始连接时覆土最好。覆土过早，会影响菌丝向料内继续生长；覆土过晚，会推迟出菇，影响产量。

(4)覆土方法　覆土前把菌床再轻压一下，整平。覆土时采用二次覆土法，要从菌床的一端开始。撒土时宜用小容器如小铁铲、大铁铲等先覆粗土，铺满料面，以不见料为标准，用木板轻轻拍平。一般覆粗土 7 d 左右覆细土。如采用粗土加细土的方法，则粗土覆 2.5～3 cm、细土覆 1 cm；如采用全部覆细土的方法，则覆土厚度在 3.3 cm 左右，厚了容易出现畸形菇，薄了双孢蘑菇容易开伞。

(5)覆土后管理　覆土后 15～20 d 出菇。保持温度约 20 ℃，空气相对湿度在 80%～85%，吊菌丝及定菇位是该期的管理关键，主要措施是喷水、通风。

覆粗土后，菇房内的温度应保持在 22 ℃左右，要及时调整水分，每天喷水 4～6 次，做到少量多次。防止调湿时水分渗入培养料内，造成料内菌丝萎缩。细土不用调湿，直接把干土覆盖在粗土上，使菌丝在土表下横向生长变粗，菌丝扭结形成原基，并使原基定位于土表下 0.5～

1.0 cm。细土含水量要比粗土少，这样有利于菌丝在土层间横向发展，提高产量。当菌丝长至距表土约 1 cm 时，应加大通风量，促使菌丝倒伏，使其横向生长，并加粗为线状菌丝，以备在该位置结菇。菇位太高或太低都会严重影响产量及质量。若通风不够，极易发生菌丝冒土。

（五）出菇期管理

1. 出菇期常规管理

双孢蘑菇从覆土到出菇一般需要 15～18 d。出菇期历经秋末、冬季、春季三个季节，管理方法依出菇潮次和季节不同而不同，在北方冬季菇床上一般不出菇，而南方冬季仍可正常出菇，因此南北冬季管理也不同。出菇期管理的重点是喷水。

(1)床面喷水　喷水主要有连续喷水法和间歇重喷法。连续喷水法不伤菌丝，技术性不强，但菇潮不明显，产量略低。在一潮菇中，重喷结菇水和保菇水的方法为间歇重喷法。该法菇潮明显，出菇整齐，有高产优质的效果。但技术性强，喷水时期和喷水量掌握不当易导致菌蕾死亡或因土层漏水而伤害料内菌丝，影响双孢蘑菇的产量，甚至造成严重的损失。因此，秋菇打水要看气候变化，若气温适宜，菇房内温度在 14～18 ℃，气候干燥，则多打水，反之少打水；看菇房保湿、通风性，若保湿差、通风性好则多打水，反之少打水；看土吸水性能和土层薄厚，若土吸水性能强、土层厚则多打水，反之少打水；看菌丝强弱、床面的小菇多少，若土层菌丝强，床面小菇多则多打水，反之少打水。还要忌打关门水，若打水时和打水后不开窗或马上关窗，则会造成通风不良，轻则影响菌丝和双孢蘑菇生命力，重则使菌丝萎缩及小菇死亡；忌高温时喷水，若菇房内温度在 20 ℃以上时喷水，则会使菇房内高温、高湿，导致小菇大量死亡。同时会导致杂菌和虫害的发生，如果确定要打水时，应选傍晚或夜间进行；忌采菇前喷水，在采菇前喷水会影响双孢蘑菇质量，也不利于采菇；忌一次性喷大水，一次性喷大水会使泥土层缺氧或露料，轻则影响双孢蘑菇生命力，重则造成小菇死亡和菌丝退化。

覆细土后 10 d 左右，扒开上层细土，看到许多绿豆大小的白色小菌蕾时，就要及时喷一次“重水”，称为“结菇水”，每天喷水一次，每次喷水量 1 kg/m^2，连续 2～3 d。当菌蕾普遍形成并已长到黄豆大小时，需及时喷第二次“重水”，称为“出菇水”，方法与第一次“重水”相同，用量较第一次稍重。再次加大细土的湿度并使粗土得到水分，促使子实体迅速长大，这样出菇多、均匀，转潮快，除了喷“重水”期间外，其余时间喷水每天一次，气候干燥时可喷两次，每次 0.25～0.36 kg/m^2。前三批菇出菇间隔期应减少喷水，每天喷水一次，每次喷 0.2 kg/m^2。前三批菇生长期间气温较高，喷水时间最好在早晚进行。力求均匀，雾点要小，以减少对小菇的冲击。

(2)空气湿度调节　秋菇生产前期温度较高，出菇多，空气相对湿度应达到 90%～95%。菇房内空气相对湿度过低，则子实体生长缓慢并容易产生鳞片和“空根白心”现象。采菇高峰过后，气温降低，空气相对湿度可低一些，达 85%～90%。

(3)温度调节　出菇期温度保持在 14～16 ℃，超过 25 ℃子实体难以形成。如果播种季节适宜，一般秋菇出菇期间，自然温度适合出菇。如果温度稍高，应结合喷水通风进行降温。温度稍低，应减少通风以保温，由于秋菇出菇期间气温变化较大，视气温情况，采取保温或降温措施。

2. 采收及间歇期管理

一般菌盖直径达 2～4 cm、菌膜未破时采收。采收以后，菌床上遗留下的菇脚、死菇，要及时清除干净，同时要把采菇时带走的泥土用较湿润的细土重新补平，保持原来的厚度。采菇要轻拿轻放，防止造成损伤，影响商品价值；头潮菇采收过晚，影响下潮菇转潮，同时浪费培养料中的营养；易开伞。前三潮菇扭收，后三潮菇拔收，以减少土中的老菌索。双孢蘑菇生长迅速，最好每天采2次。

3. 越冬管理

气温下降到5℃以下，床面很少出菇时，进入越冬管理。主要工作是清理床面，喷施一次追肥，培养料和覆土保持在半干半湿状态。冬季气温低，要加盖草帘，防止冻害。在不影响棚温的前提下可在晴天中午适当通风。做好菇房的卫生工作，防止杂菌和病虫害发生。

4. 春菇管理

日平均温度稳定在10℃时开始调水，调水时喷2%石灰清液3～4次，恢复土层含水量及酸碱度，使土中含水量达到18%～19%。春菇调水时间不宜过早，以防低温伤害新生菌丝，冻伤小菇。后期气温高，土粒应偏干，同时要做好保湿通风工作。菇床上出现大量的子实体时，增加空气湿度，床面增加用水量。保持细土表面轻软，一般每天调水两次。4月初，气温渐趋稳定，有利于菌丝体、子实体生长，采取轻喷、勤喷，提供必需的水分。5月份渐趋高温，不利于双孢蘑菇生长，即进入春菇终止阶段。此时，一旦气温下降，菇床就可放"重水"，待温度回升后，仍可出菇。

四、双孢蘑菇生产中常见的问题

（一）出菇过密且小

菌丝扭结形成的原基多，子实体大量集中形成，菇密而小。

1. 主要原因

（1）出菇水喷施过迟，菌丝生长部位过高，子实体在细土表面形成。

（2）出菇水用量不足。

（3）菇房通风不够。

2. 防治措施

（1）出菇水一定要及时和充足。

（2）在出菇前就要加强通风。

（二）死菇

双孢蘑菇在出菇阶段，由于环境条件的不适，在菇床上经常发生小菌蕾萎缩、变黄直至死亡的现象，严重时床面的小菌蕾会大面积死亡。

1. 主要原因

（1）出菇密度大，营养供应不足。

（2）高温高湿，二氧化碳积累过量，幼菇缺氧窒息而死。

（3）机械损伤，在采菇时，周围小菇受到碰撞。

（4）培养基过干，覆土含水量过低。

（5）幼菇期或低温季节喷水量过多，导致菇体水肿黄化，溃烂死亡。

（6）用药不当，产生药害。

（7）秋菇时遇寒流侵袭，或春菇棚温上升过快，而料温上升缓慢，造成温差过大，导致死菇。

（8）秋末温度过高（超过25℃），春菇气温回升过快，连续几天超过20℃，此时温度适合菌丝体生长，菌丝体逐渐恢复活性，吸收大量养分，易导致已形成的菌蕾产生养分倒流，使小菇因养分供应不足而成片死亡。

（9）严冬棚温长时间在0℃以下，造成冻害而成片死亡。

(10)病原微生物侵染和虫害,如螨、跳虫、菇蚊等泛滥。

2. 防治措施

(1)根据当地气温变化特点,科学地安排播种季节,防止高温时出菇。

(2)春菇后期加强菇房降温措施。

(3)土层调水阶段,防止菌丝长出土面,压低出菇部位,以免出菇过密。

(4)防治病虫杂菌时,避免用药过量造成药害。

(三)畸形菇

常见的畸形菇有菌盖不规则、菌柄异常、草帽菇、无盖菇等。畸形菇主要是环境等非生物因素不适合而影响双孢蘑菇正常生长发育所致。

1. 主要原因

(1)覆土过厚、过干,土粒偏大,对菇体产生机械压迫。

(2)通风不良,二氧化碳含量大,出现柄长、盖小、易开伞的畸形菇。

(3)冬季室内用煤加温,一氧化碳中毒产生的瘤状凸起。

(4)药害导致畸形。

(5)水与温度变化不协调而诱发菌柄开裂,裂片卷起。

(6)料内、覆土层含水量不足或空气湿度偏低,出现平顶、凹心或鳞片。

2. 防治措施

(1)为防止畸形菇发生,土粒不要太大,土质不要过硬。

(2)出菇期间要注意菇房通风。

(3)冬季加温火炉应放置在菇房外,利用火道送暖。

(四)薄皮菇

薄皮菇症状为菌盖薄,开伞早,质量差。

1. 主要原因

(1)培养料过生、过薄、过干。

(2)覆土过薄,覆土后调水轻,土层含水量不足。

(3)出菇期遇到高温、低湿,调水后通风不良。

(4)出菇密度大,温度高,湿度大,子实体生长快,成熟早,营养供应不足。

2. 防治措施

控制出菇数量,菇房通气,降低温度,能有效地防止薄皮菇早开伞现象。

(五)硬开伞

硬开伞症状为提前开伞,甚至菌盖和菌柄脱离。

1. 主要原因

(1)气温骤变,菇房出现 10 ℃以上温差及较大干湿差。

(2)空气湿度高而土层湿度低。

(3)培养基养分供应不足。

(4)菌种老化。

(5)出菇太密,调水不当。

2. 防治措施

(1)加强秋菇后期保温措施,减小菇房温度的变幅。

(2)增加空气湿度,促进菇体均衡生长。

(六)地雷菇

地雷菇的结菇部位深,甚至在覆土层以下,往往在长大时才被发现。

1. 主要原因

(1)培养基过湿、过厚或培养基内混有泥土。

(2)覆土后温度过低,菌丝未长满上层便开始扭结。

(3)调水量过大,产生“漏料”,土层与料层间产生无菌丝的“夹层”,只能在夹层下结菇。

(4)通风过多,土层过干。

2. 防治措施

(1)培养料不能过湿、不能混进泥土,避免料温和土温差别太大。

(2)合理调控水分,适当降低通风量,保持一定的空气相对湿度,避免表层覆土太干燥,促使菌丝向土面生长。

(七)红根菇

红根菇的菌盖颜色正常,菇脚发红或微绿。

1. 主要原因

(1)用水过量,通风不足。

(2)肥害和药害。

(3)培养料偏酸。

(4)采收前喷水。

(5)运输中受潮、积压。

2. 防治措施

出菇期间土层不能过湿,加强菇房通风。

(八)水锈病

水锈病表现为子实体上有锈色斑点,甚至斑点连片。

1. 主要原因

(1)床面喷水后没有及时通风,出菇环境湿度大。

(2)温度过低,子实体上水滴滞留时间过长。

2. 防治措施

喷水后,菇房应适当通风,以蒸发掉菇体表面的水分。

(九)空心菇

空心菇症状为菌柄切削后有中空或白心现象。

1. 主要原因

(1)气温超过 20 ℃时,子实体生长速度快,出菇密度大。

(2)空气相对湿度在 90%以下,覆土偏干。菌盖表面水分蒸发量大,迅速生长的子实体得不到水分的补充,就会在菌柄产生白色疏松的髓部,甚至菌柄中空,形成空心菇。

2. 防治措施

(1)盛产期应加强水分管理,提高空气相对湿度,土面应及时喷水,不使土层过干。

(2)喷水时应轻而细,避免重喷。

【思考与练习】

一、单项选择

1. 双孢蘑菇在栽培管理上有一个特殊期是(　　)。
   A. 发菌期　　B. 覆土期　　C. 产菇期　　D. 间歇期
2. 发酵料干、碎、白粉末多的原因是(　　)。
   A. 发酵温度低　　B. 发酵时间过长　　C. 水分偏大　　D. pH 偏高
3. 双孢蘑菇发酵料黏、臭、酸的原因是(　　)。
   A. 缺氧　　B. 缺水　　C. 温度不够　　D. pH 偏高
4. 双孢蘑菇有结菇能力的菌丝是(　　)。
   A. 线状菌丝　　B. 绒毛状菌丝　　C. 锁状菌丝　　D. 气生菌丝
5. 压块料的厚度一般为(　　)。
   A. 10 cm　　B. 12 cm　　C. 15 cm　　D. 25 cm

二、多项选择

1. 发酵过程中翻堆的目的是(　　)。
   A. 补氧　　B. 补水　　C. 调 pH　　D. 散废气
2. 菌种瓶内培养料上方出现很厚的菌被,其原因是(　　)。
   A. 含水量偏高　　B. 菌龄过长　　C. 温度过高　　D. 光线过强

三、判断题

1. 覆土的时机是菌丝长至料底部时。(　　)
2. 双孢蘑菇出菇期的喷水比较重要,喷多了菌蕾长得多,产量高。(　　)
3. 吊菌丝时要多通风,定菇位时要少通风(　　)
4. 双孢蘑菇是恒温结实型菌类(　　)
5. 双孢蘑菇多采用发酵料栽培。(　　)

学习任务五　金针菇生产

【知识目标】

- 了解金针菇的分类、价值与生产现状。
- 了解金针菇的形态与生长发育特性。
- 掌握金针菇的营养条件与生态条件。
- 掌握金针菇的熟料生产栽培技术。
- 掌握金针菇生产中易出现的问题。

【能力目标】

- 熟知培养料配方，会配制培养料。
- 会接种及在金针菇不同生长发育阶段调控环境。
- 会根据金针菇特点采取不同的方法进行生产栽培。
- 会解决金针菇生产中常见的问题。

一、金针菇概述

金针菇，又名冬菇、毛柄金钱菇、构菌。金针菇在分类学上属担子菌纲伞菌目泡头菌科金钱菌属。金针菇是菇体较小的一种伞菌，因其菌柄细长，色泽和食性似金针菜而得名。

(一)金针菇的价值

金针菇原是我国最早进行人工栽培的一种菌类。古人用构树埋于土中浇米泔水使其出菇，故称“构菌”。金针菇含有丰富的营养，含有8种人体必需的氨基酸，其中精氨酸和赖氨酸含量丰富。子实体菌柄脆嫩，菌盖黏滑，营养丰富，美味可口，对儿童健康成长及智力发育有益，因而有“增智菇”的美称。金针菇还含有朴菇素，具有抗癌作用，经常食用可防治肝脏和胃肠道系统溃疡疾病。

(二)金针菇生产现状

金针菇广泛分布于中国、日本、欧洲、北美洲、澳大利亚等地。野生金针菇在我国北起黑龙江、南至广东，东起福建、西至四川均有分布。

二、生物学特性

(一)形态特征

1. 菌丝体

菌丝体是由细长呈分枝状的丝状体构成，菌丝白色或浅灰白色，细绒毛状，初期较蓬松，后期气生菌丝紧贴培养基表面，稍有爬壁现象。菌丝生长速度较快，黄色品种在20～22 ℃条件下，10～12 d长满斜面，白色品种稍慢。黄色品种常在培养后期出现黄褐色色素，使菌丝不再洁白。

2. 子实体

子实体丛生,菌盖直径1～3 cm,幼小时淡黄色或白色,半球状,后逐渐展开呈扁平状,表面黏滑有光泽,在空气稍干燥及有光条件下,菌盖呈深黄色至栗色。菌褶稀疏,白色或奶油黄色,菌柄离生或弯曲。菌柄中空、圆柱状,硬直或稍弯曲,长5～20 cm,直径0.2～0.8 cm,生于菌盖中央,菌柄基部连接,黄褐色,表面密生黄褐色短绒毛,柄上部成熟时,也渐变成淡棕色。孢子近圆柱状或卵圆形,表面光滑,白色,大小为(5～7)cm×(3～4)cm,内含1～2个油球。

(二)生活史

金针菇的生活史比较复杂。有性世代产生孢子,每个担子产生4个担孢子,有4种交配型。性别不同的单核菌丝之间进行结合,进行质配,形成双核菌丝。双核菌丝发育成熟后,扭结形成原基,并发育成子实体。子实体成熟时,菌褶上形成无数的担子,在担子中进行核配。双倍核经过减数分裂,每个担子尖端着生4个孢子。金针菇单核菌丝也会形成单核子实体,与双核菌丝形成的子实体相比,小且发育不良,没有商品价值。

金针菇的无性阶段,产生大量的单核或双核的粉孢子。粉孢子在适宜的条件下萌发成单核菌丝或双核菌丝,并按双核菌丝的发育方式继续生长发育,直到形成担孢子为止。金针菇的菌丝还可以断裂成节孢子,节孢子按上述方式继续完成它的生活史。

(三)生长发育条件

1. 营养条件

金针菇属弱木腐菌,能利用木材中的单糖、纤维素、木质素等化合物,但分解木材的能力较弱。陈旧的阔叶树木屑,经堆积发酵、部分分解的更适合金针菇的生长。

金针菇可利用多种氮源,其中以有机氮最好,如蛋白胨、尿素等。在栽培时以细米糠、麸皮、玉米粉、大豆粉、棉籽粉为主要氮源。所需要的碳素营养都来自有机碳化合物,如淀粉、纤维素、木质素、果胶、戊聚糖类、醇和有机酸等,以淀粉为最好,其次是葡萄糖、果糖、蔗糖。金针菇生产时必须添加维生素 B_1、维生素 B_2 才能生长良好。还需要一定量的无机盐类,如 KH_2PO_4、硫酸钙、碳酸钙、硫酸铁等。添加镁离子、磷酸根离子后,菌丝生长旺盛,子实体分化速度加快。子实体分化时需要磷酸根。

2. 环境条件

(1)温度　温度是影响金针菇菌丝体和子实体生长发育的重要因素。孢子形成需要15～25 ℃的温度,并易萌发成菌丝。菌丝生长在3～34 ℃范围内,最适温度为23～25 ℃。当3～4 ℃时,菌丝生长非常缓慢。菌丝对低温的耐受能力强,−21 ℃时,经历18 d仍可以存活。菌丝不耐高温,温度34 ℃时停止生长,超过34 ℃会死亡。因此,夏季高温期间金针菇的菌丝生长不旺盛,并且易形成粉孢子。金针菇属低温恒温结实型菌类,子实体生长所需要的最低温度是5 ℃,原基形成的最适温度是8～12 ℃,最高不超过19 ℃,高温菌株在23 ℃也能出菇,但菌蕾生长不良。金针菇虽然能耐较低的温度,但在3 ℃以下菌盖变为麦芽糖色,冰点以下变为褐色,温度极低还出现两个菌盖连在一起的畸形菇。

(2)水分和空气相对湿度　金针菇属喜湿性菌类,菌丝生长需要培养料含水量60%～65%。含水量过高,菌丝生长缓慢,甚至不长。培养料含水量低于60%,菌丝体细弱,发育不良,颜色发灰。菌丝体生长阶段空气相对湿度应控制在60%～70%,子实体发育阶段应控制在80%～90%。

(3)空气　菌丝体生长期和子实体分化期要加强通风。子实体生长期要控制通气。金针菇子实体生长期间需要足够的氧气。缺氧时子实体生长受抑制。金针菇生长所需的 CO_2 浓度为 0.03%～0.06%。CO_2 含量与子实体发育的关系见表 3-5-1。

表 3-5-1 CO_2 含量与子实体发育的关系

CO_2 含量/%	子实体形态	CO_2 含量/%	子实体形态
0.03	菌盖大、开伞、菌柄粗短	0.195	菌盖似针头、菌柄纤细
0.1～0.15	菌盖球形或半球形、菌柄细长	0.5	子实体形成困难

(4)光照　金针菇属于厌光性菌类，菌丝体在黑暗条件下生长，直射光下死亡。子实体生长要求 50～100 lx 的光照强度，也可完全黑暗。光线强，菌柄长不长，菌伞过早开放，降低商品性。

(5)酸碱度　金针菇属弱酸性菌类，适宜 pH 为 3～8.4，最适 pH 为 5.5～6.5。

三、金针菇代料生产技术

(一)栽培季节

根据金针菇菌丝生长的温度要求，当地气温稳定在 5～15 ℃时，向前推 50 d 左右是接种的最佳时期，南方在 10—11 月，北方在 9 月中下旬。适宜的自然气温下栽培金针菇，可大大节省加温的费用，降低成本，提高生产效益。因此，在生产金针菇时，要掌握当地的气候条件。

(二)栽培前准备

1. 菌种准备

应选择抗逆性强的低温型品种，所使用的菌种要求菌丝生长旺盛，分解纤维素和木质素的能力强。为了缩短生产周期，可利用二级菌种进行生产栽培。

2. 栽培容器

(1)塑料袋　用来栽培的塑料袋有聚乙烯和聚丙烯两种，常用规格为 15 cm×55 cm×0.04 cm 的筒袋，装干料 0.75 kg，两侧出菇；或用 17 cm×33 cm×0.04 cm 的折角袋，装干料 0.35 kg，一侧出菇。

(2)栽培瓶　用 500 mL 或 750 mL 的罐头瓶栽培。

3. 培养料

常用的培养料配方有以下几种：

(1)棉籽壳 88%，细米糠(或麸皮)10%，糖 1%，碳酸钙 1%。

(2)阔叶树木屑 73%，蔗糖 1%，细米糠(或麸皮)25%，碳酸钙 1%。

(3)甘蔗渣 73%，蔗糖 1%，细米糠(或麸皮)25%，碳酸钙 1%。

(三)栽培袋制备

1. 拌料、装袋

配制好的培养料过筛后加水搅拌，使培养料的含水量达 65%，由于塑料膜的透气能力比瓶子大，培养料的含水量应稍高于瓶栽。可机械装袋，也可人工装袋。袋要内松外紧，口处留 15 cm 长，以便出菇时做成筒，容纳子实体。套上颈环后把空余部分向下反卷，用尖头木棒向料中打一孔，最后塞上棉花塞。

装袋时的注意事项：当天装好的料袋，要当天灭菌，防止 pH 下降和杂菌滋生；袋要上紧下松，外紧内松，袋壁光滑无微凹。

2. 灭菌、接种

高压灭菌 1.5～2 h，常压灭菌 100 ℃维持 8～12 h。接种时，要对着酒精灯的外焰，防止落入杂菌。将袋中用接种匙或镊子挖个洞，将菌种放入其中。接种时用种量尽量多些，利于菌丝快速长满袋。一瓶二级菌种接 25～30 个栽培袋。单开口袋一端接种，双开口袋两端接种。

(四)生产栽培管理

1. 发菌期

菌丝生长要求黑暗，温度为 23～25 ℃，空气相对湿度一般为 70%～75%。如果是卧式排放菌袋，要经常倒袋，防止袋内温度过高。并且发现有污染的袋或瓶应及时剔除。菌丝体生长期间对于氧气的要求不高。

2. 分化期

(1)搔菌　金针菇菌丝满袋后应立即将袋移入菇房，去掉项圈和海绵塞，并将上端空余的部分撑直，用镊子或匙将料表面老菌块挖掉，把菌膜划破。然后将袋依次排在架上或排放成菌墙，袋口上端盖上报纸，将水喷洒在纸上。搔菌在菌丝满袋并在表面开始有浅黄色露珠状分泌物时进行，增加菌丝和氧气接触面积，刺激菌蕾迅速形成。

(2)催蕾　经搔菌之后，菇房的温度调至 8～12 ℃，经低温刺激，料表面出现淡黄色露珠，菌蕾开始形成，此时要经常喷水，使空气相对湿度提高到 85%～90%，盖在袋口上的报纸也应用喷雾器喷水，保持纸表面湿润。催蕾阶段还要加强室内通气管理，增加通气次数和通气时间，每日早、中、晚各通气 1 次，每次 20～30 min。

3. 子实体生长期

(1)抑制期　现蕾 3～5 d，菌盖仅有半个绿豆大小，菌柄刚伸长 0.5～1 cm 时，应将出菇室温度降至 5～8 ℃，相对湿度降至 75%～80%，加强通风，抑制措施维持 2～3 d，使金针菇正常生长速度放慢，菇体均匀生长，菌柄粗壮，不易倒伏。

(2)伸长期　控制温度 10～15℃，空气相对湿度 90%左右，光线微弱、光源定向，空气少，CO_2 为 0.1%～0.5%。喷水不要喷子实体，抑制菌盖生长。促进菌柄伸长，颜色浅、菇质嫩。

金针菇袋栽可分为立式和卧式两种出菇形式。

①立式出菇(图 3-5-1)　折角袋一侧出菇的，将塑料袋直立于架上或地面上，袋上端空余的塑料袋要撑直，使袋口处在一个平面上，将报纸盖在上端便于喷水。也可用等粗的空塑料袋套在上端，起着保湿促长的效果。

②卧式出菇(图 3-5-2)　卧式出菇是将塑料袋平码在架上或地面上出菇的方式。可分为一头出菇和两头出菇，一头出菇的塑料袋长 33 cm，装料长为 23 cm，留出 10 cm，待出菇时撑直塑料袋代替套纸筒。平码时袋底部相对排列，袋口向外。两头出菇的袋长 55 cm，装料长 35 cm，两端各留 10 cm，单排平码，堆高 40～50 cm，堆长视栽培室而定。排好堆后用塑料薄膜整堆披盖，盖之前将袋口撑开。披盖的薄膜除将整个料堆盖严外，还要多出 8～18 cm 拖至地面，在薄膜和地面接触的地方浇水，塑料薄膜和地面贴紧，保温性能好。

(3)采收　袋栽金针菇从接种到采收需要 60 d。当金针菌柄长至 15～18 cm，菌盖为半球状时应立即采收。采收前 1 d 停水，适当降低室内相对湿度，并打开披盖的薄膜，除去菇体上的凝结水，以获得优质的商品菇。采时先将塑料袋轻轻卷起，靠近菌柄基部将其采下。采后根据菌柄长短、菇色将其分级包装及时出售。

图 3-5-1　立式出菇

图 3-5-2　卧式出菇

4. 间歇期

第一潮菇采后要及时将料面清理干净，然后补水，鲜菇体内的水分全部来自培养料，加上料中水分的自然蒸发，含水量由原来的 65％ 降至 50％以下，如不及时补水，会明显影响下茬菇的生长。

补水要根据金针菇出菇形式进行。直立出菇的袋可直接向袋内灌水，水顺着料和塑料袋壁之间的缝流到底部，让水浸泡 1～2 d，将多余的水倒掉，使其自然湿润，然后再灌水浸泡 1 d，让菌丝喝足水，最后倒掉多余的水。经过两次浸泡基本上还原至 60％的含水量。两头出菇的塑料袋补水时应将其全部浸泡到池中 1 d 后捞出堆放一起让其湿润，然后重新再泡入池中 1 d 后捞出沥去多余的水分，经两次浸泡可达到原来的含水量。

补水后要通风 1～2 次，促进菌丝有氧呼吸。菌袋排放之前将表面菌皮搔破，露出新菌丝，经过 7～10 d，第二潮菌蕾形成，从现蕾到第二潮采收大约需 10 d。第二潮能收到总产量的 20％。

四、金针菇生产中常见的问题

(一)畸形菇类型

1. 菌盖粘连

金针菇多根子实体自柄至盖粘连成束，一同伸长生长。由于每根子实体生长不均衡造成束状子实体扭曲变形和纵向撕裂。粘连的菌盖内无菌褶或严重残缺。此类畸形子实体失去商品价值。

2. 叠生菇

簇生的原基上又进行一次或二次原基分化，簇生的原基状如叠坐的罗汉。叠生子实体基部尖细易碰落，柄长短参差不齐，商品等级低下。

3. 出菇瞎袋

开袋后久不出菇的菌袋，会在料袋凹处生出少量原基出菇，但多是粗扁畸形的。

(二)防治措施

(1)菇房远离污染源，做好卫生清洁。通风口要设防虫网。

(2)合理安排出菇季节，减少虫害发生。若在养菌丝或出菇期间发生虫害，尽量用毒饵诱杀等不伤及菌丝体和子实体的方法防治。

【思考与练习】

一、单选题

1. 金针菇料面菌丝恢复后温度逐渐下降到（　　）。

A. 15 ℃左右　　B. 10 ℃以下　　C. 18 ℃左右　　D. 13 ℃左右

2. 金针菇菌丝体产生的白色粉末物是（　　）。

A. 杂菌　　B. 担孢子　　C. 粉孢子　　D. 子囊孢子

3. 金针菇在菌丝体生长期应（　　）。

A. 加强通风　　B. 不能通风　　C. 少通风　　D. 大通风

4. 金针菇在子实体生长阶段应（　　）。

A. 加强通风换气　　B. 控制通气量　　C. 禁止通气　　D. 吹对流风

5. 金针菇搔菌后菌丝恢复期温度为（　　）。

A. 15 ℃左右　　B. 25 ℃左右　　C. 20 ℃左右　　D. 10 ℃左右

二、判断题

1. 金针菇工厂化配料中，玉米芯的颗粒度一般在 3～5 mm。（　　）

2. 金针菇发菌期的温度有别于其他菌类，其发菌的温度比较低，为 18～20 ℃。（　　）

3. 金针菇在子实体分化时不需要光照。（　　）

4. 光线不足，菌盖颜色为浅褐色乃至黄灰色。（　　）

5. 第一、第二潮菇发生时，宁可使菇床相对湿度稍微偏低些，以防红色链孢霉、绿色木霉发生。通常以薄膜罩内壁无水珠滴下为准，否则应增加通风，降低湿度。（　　）

6. 金针菇是喜湿性菌类。（　　）

7. 夏季制筒时，培养料的含水量宜降低，可以控制在 51%～53%。（　　）

8. 金针菇拌料中要筛除大的颗粒物。（　　）

9. 良好的光照及通风条件可使金针菇长得柄长盖小。（　　）

10. 因金针菇是木腐菌，在金针菇工厂化生产配方中可以用新鲜木屑作为原料。（　　）

11. 金针菇工厂化生产中可以用一级拌料，但拌料的效率比较低，还容易酸败，最好用三级拌料。（　　）

12. 金针菇发完菌后不需要后熟，可直接进行出菇。（　　）

13. 金针菇培养料的灭菌时间要适度，太短则灭菌不彻底，太长则营养破坏。（　　）

14. 搔菌对子实体分化有伤害作用。（　　）

15. 金针菇催蕾期的湿度是前高后低，光照是前无后有。（　　）

16. 金针菇培养料中常加入一定量的玉米面和麸皮。（　　）

三、简答题

1. 影响金针菇生长发育的条件有哪些？

2. 在栽培金针菇的过程中采收管理需注意哪些问题？

3. 金针菇生产中常见的问题有哪些？

学习任务六　鸡腿菇生产

【知识目标】

- 了解鸡腿菇的分类、价值与生产现状。
- 掌握鸡腿菇的形态、生长发育特性。
- 掌握鸡腿菇营养与生活条件。
- 掌握鸡腿菇的畦栽与袋栽技术。
- 掌握主要病害及防治措施。

【能力目标】

- 熟知培养料配方、会配制培养料。
- 会畦栽与袋栽鸡腿菇。
- 会识别与防治主要病害。

一、鸡腿菇概述

鸡腿菇，又名鸡腿蘑，学名为毛头鬼伞，属伞菌目蘑菇科鬼伞属。

(一)鸡腿菇的价值

鸡腿菇营养丰富，100 g 干品中含粗蛋白质 25.4 g、脂肪 3.3 g、总糖 58.8 g、粗纤维 7.3 g、灰分 12.5 g。蛋白质中含有 20 种氨基酸，其中人体必需的 8 种氨基酸全具备。鸡腿菇也是一种药用菌，有益胃、清神、助食、消痔、降血糖等功效，对糖尿病有辅助疗效。长期食用能降低血糖浓度。另外，经常食用鸡腿菇有助消化、增进食欲，还可以治疗痔疮。

鸡腿菇是一种适应能力极强的草腐菌，可广泛利用小麦秸秆、玉米秸秆、稻草、棉籽壳等农作物下脚料以及其他食用菌的废料生产，且生产管理技术简单易学、产量高，适宜在农业产业结构调整中推广，具有较高的经济效益和社会效益。

(二)生产现状

20 世纪 70 年代西方国家开始人工生产鸡腿菇，我国在 20 世纪 80 年代开始人工生产，并将野生鸡腿菇驯化成人工栽培种。近年来其种植规模迅速扩大，已成为我国生产的主要食用菌之一。目前，山东、河北、福建等省鸡腿菇生产已经从单一生产模式发展为多种生产模式，可进行棚室生产，也可以在林下、葡萄下等进行立体栽培；可阳畦生产、床架生产、工厂化生产；可用生料、发酵料、熟料生产；在原料上可以利用农业和工业生产中的下脚料，如秸秆、稻草、棉籽壳、废棉、酒糟、酱渣、甘蔗渣、木糖醇渣等生产鸡腿菇。出菇后的料渣可制作生物有机肥料，也可以用作畜禽饲料或生产沼气的原料，畜禽粪便又可用作培养鸡腿菇的辅料。

二、生物学特性

(一)形态特征

1. 菌丝体

鸡腿菇菌丝在母种培养基上,初期呈灰白色、浓密、整齐,随着菌丝的不断生长,后期呈灰褐色;在原种培养基(麦粒、玉米粒及其他稻壳等)上呈灰白色,有轻微爬壁现象,长时间保藏,菌丝会分泌黑色素。前期绒毛状,覆土后呈线状。

2. 子实体

鸡腿菇的菌盖初呈圆柱形至卵圆形,随着菌盖长大,菌盖表面产生较大的鳞片状物;开伞后边缘菌褶很快溶化成墨汁状液体。菌柄白色、圆柱状中空、较脆、上部较细、基部较粗,直径一般为 1～5 cm,其直径与品种及生长环境条件有密切关系;菌柄长一般为 5～25 cm,也因品种及生长环境条件而异。

(1)菌盖　光滑圆柱状→钟状有锈色鳞片→开伞平展。

(2)菌褶　白色→浅褐→黑色流墨汁。

(3)菌柄　圆柱状,较长,上细下粗,基部膨大。

(4)菌环　在菌柄中上部,易脱落。

(二)生长发育条件

1. 营养

鸡腿菇属于草腐土生菌,对营养要求不严格,其菌丝体利用营养的能力特别强。碳源主要是农产品下脚料,如农作物的秸秆。氮源如麦麸、豆饼粉、畜禽粪便等,一般培养料的碳氮比为(20～40):1 。

2. 温度

鸡腿菇是一种中温偏低型菇类,菌丝生长的温度范围为 3～35 ℃,最适温度为 26 ℃,其菌丝的抗寒能力强,能忍受－30 ℃低温。温度低,菌丝生长缓慢,呈现稀绒毛状;温度高,菌丝生长快,呈绒毛状,气生菌丝发达,基内菌丝变稀。当温度超过 37 ℃ 时,菌丝会自溶,导致生产失败。

子实体形成需低温刺激,当温度降到 20 ℃以下、9 h 以上时,鸡腿菇会形成菌蕾。鸡腿菇子实体生长温度范围为 9～30 ℃,一般低于 8 ℃、高于 30 ℃时,子实体不易形成,即使勉强现蕾,也会很快老化,且产量、品质都很差。在 9～30 ℃范围内,随温度升高,子实体品质下降,最佳出菇温度为 20 ℃。在 12～18 ℃范围内,温度越低,子实体发育越慢,子实体越大。20 ℃以上菌柄易伸长、菌盖易开伞。在人工生产时,温度在 16～24 ℃时子实体发生最多、产量最高。

3. 湿度

菌丝生长时培养料含水量以 65%左右为宜,空气相对湿度为 65%～70%,育菇期为 85%～95%。空气相对湿度＜60%,菇瘦小,菌柄硬;相对湿度＞95%,菌盖易得斑点病。

4. 光照

鸡腿菇属弱光性菌类,菌丝期需黑暗;分化期需散光;育菇期需弱光(600～900 lx)。适宜的光照强度有利于子实体形成,光照弱,子实体生长很慢;如果光照太强,子实体生长受抑制,且质地差,干燥、变黄,降低商品价值。

5. 空气

鸡腿菇是一种好氧型腐生菌，一生中都需要较好的通风条件，尤其是出菇阶段，更要加强通风，保持菇棚内空气新鲜，子实体生长期约比平菇需氧量高5%。

6. 酸碱度

鸡腿菇适宜pH为2～10，最适pH 6.5～7.5。培养料及覆土材料pH 7.5～8.0，管理中常喷1%～2%石灰水。

7. 覆土

鸡腿菇菌丝体长满培养料后，即使达到生理成熟，如果不予覆土处理，不会出菇，这是鸡腿菇的重要特性之一。鸡腿菇子实体生长的前提条件之一是必须覆土，覆土材料要求中性或偏碱性，持水强、通气好、无病虫害。因此，覆土材料要经过消毒、杀菌、灭虫处理。

覆土的主要作用如下。

(1)控制温度，起隔热和遮阴作用。

(2)调节湿度，减少菇畦内水分蒸发，有利于水分管理。

(3)覆土后由于加大了对栽培料的压力、缩小了栽培料的孔隙，有利于菌丝吃料、穿透和交织。

(4)土壤中含有氮、磷、钾等营养成分以及土壤微生物代谢产物，可改进及平衡栽培料的营养供给，使鸡腿菇顺利出菇。

三、鸡腿菇生产技术

(一)生产季节

接种后约40 d，正遇子实体生长的适宜温度(12～20 ℃)，是确定接种时间的方法。我国北方省份如果利用大棚、半地下或地下式的菇棚、拱棚等设施，可春、秋两季生产。春栽可在2—6月，秋栽宜在8—12月出菇，也可利用山洞、土洞、林地进行反季节生产。

注意利用鸡腿菇不覆土不出菇的特性，根据市场需求安排覆土的时间。

(二)培养料配方

(1)棉籽壳96%，尿素0.5%，磷肥1.5%，石灰2%。

(2)稻草、玉米秸各40%，牛、马粪15%，尿素0.5%，磷肥1.5%，石灰3%。

(3)玉米芯95%，尿素0.5%，磷肥1.5%，石灰3%。

(4)玉米芯90%，麸皮7%，尿素0.5%，石灰2.5%。

(5)菇类菌糠80%，马粪(或牛粪)15%，尿素0.5%，磷肥1.5%，石灰3%。

(6)菇类菌糠50%，棉籽皮38%，玉米粉7.5%，尿素0.5%，石灰4%。

(7)玉米秸88%，麸皮8%，尿素0.5%，石灰3.5%。

(8)玉米秸及麦秸各40%，麸皮15%，磷肥1%，尿素0.5%，石灰3.5%。

拌料及生产原料处理同平菇。

(三)生产技术

1. 畦式直播生产

(1)建畦　向下挖低畦宽80～100 cm，深15～20 cm，中间留40 cm宽的人行道。具体还要根据棚室的具体情况而定，充分利用空间，又能方便管理为宜。畦底部喷敌百虫600倍液，灌底水，渗后撒石灰粉进行杀虫和杀菌处理。

(2)铺料、播种　将拌好的生料或发酵料铺入畦中，铺料约 7 cm 厚时，稍压实，撒一层菌种（菌种掰成小枣大），约占总播种量的 1/3，畦边播量较多；然后铺第二层料，至料厚约 13 cm 时，稍压实，再播第二层菌种，占总播种量的 1/3（总播种量占干料重的 15%），再撒一层料，约 2 cm 厚，将菌种盖严，稍压实后，覆盖塑料薄膜，将畦面盖严，发菌。（图 3-6-1）

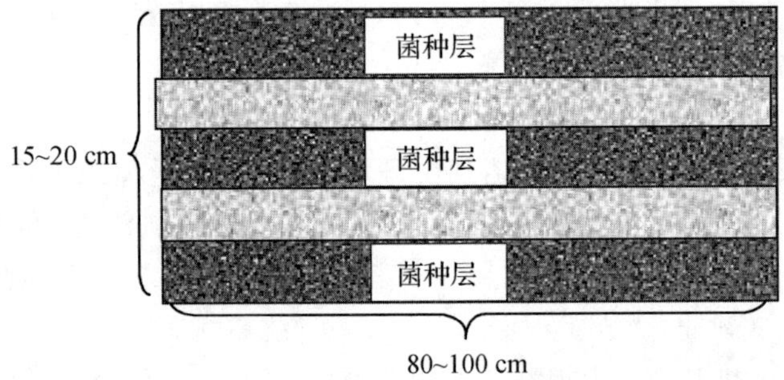

图 3-6-1　菌种直播示意图

(3)发菌期管理　播种覆膜后，保持畦内料温在 20 ℃左右，如果料温高于 28 ℃，应及时揭膜降温，但应注意勿使料面干燥。如果畦内料过湿，也应揭膜散湿。当料面出现菌丝时，每天掀动薄膜 1～2 次，进行通风换气，使畦面空气清新。保持光线暗，空气相对湿度约 70%，正常情况下经 15～20 d 料面即发满菌丝。发菌期如果出现杂菌，应及时处理。

(4)覆土　理想的覆土材料应持水性强，通气好，不要太肥沃（含 5%～10%腐殖质），pH 8.0～9.0，落地可散，无病虫害。一般多用稻田土、池塘土、麦田土、豆地土、河泥土、林地土等，一般不用菜园土，因其含氮量高，易造成菌丝徒长，结菇少，并且菜园土中易藏有大量病菌和虫卵。土中掺入 1%的石灰粉，堆成堆，均匀喷洒 5%～10%甲醛＋1%敌敌畏。盖上塑料薄膜闷 24 h。然后掀掉薄膜，摊开土堆，等散发完药味后即可覆土。土的湿度以手握成团、抖之即散为好。

鸡腿菇菌丝生长发育成熟后，不接触土壤不形成子实体，因此，料面发满菌丝后应及时覆土。揭去薄膜及报纸，均匀覆土约 3 cm 厚，分 3 d，每天 1 次用清水喷至覆土最大持水量，覆土层上可覆盖塑料薄膜。覆土后，保持土壤湿润，光线暗，空气新鲜，空气温度 22～26 ℃，空气相对湿度约 80%，约 10 d 后土中布满菌丝。

(5)子实体生长期管理　当菌丝长出覆土层时，降温至 18～20 ℃，加大温差（5～10 ℃），增加散射光强度，将薄膜两端揭开通小风，以刺激菌丝体扭结现蕾。提高空气相对湿度至 85%～90%，喷水不要太急，宜在早晚凉爽时喷。当气温高时，每天喷水 1～2 次。不要向菇体直接喷水（易变色）。菌蕾形成后，经精心管理，过 7～10 d，子实体达到八成熟，菌环稍有松动，即可采收。

(6)采收及采后管理　鸡腿菇成熟开伞后，子实体很快自溶，呈墨汁状，失去商品价值。因此，当达七八成熟，菌盖有少许鳞片，尚紧包菌柄，菌环刚松动时扭收。采收时用手捏住菌柄基部左右转动后轻轻拔出，不要带出基部土壤。

(7)间歇期管理　采收后应及时清理畦面，清料面，平孔穴，喷 2%石灰水，减少通风，盖膜养菌。间歇 10～15 d 又出菇，采完两潮菇后喷施追肥，共收 4～5 潮菇。100 kg 干料可转化为 100～179 kg 鲜菇。

2. 袋式生产

(1)拌料、装袋播种、发菌　鸡腿菇生料、发酵料生产可选用低压聚乙烯塑料袋,规格根据生产条件而定。

(2)覆土　鸡腿菇菌丝体的抗老化能力强,可较长时间存放,因此,可根据生产场所和市场需求来决定脱袋及覆土时间。鸡腿菇袋式生产覆土分为脱袋覆土和不脱袋覆土两种方式。

①脱袋覆土　菌丝长满袋后,挖低畦,将菌袋脱去塑料袋,立着摆排在畦里,表面均匀盖土约 3 cm 厚。

②不脱袋覆土　一般是把发满菌袋的扎口绳去掉,拉直袋口,在菌袋上端覆土 2～3 cm,盖膜保温保湿,养菌出菇。经过 7～10 d,子实体达到八成熟,菌环稍有松动,即可采收。出菇、采收及间歇期管理同畦式栽培。

四、鸡腿菇主要病害及防治

(一)鸡爪菌

鸡爪菌又称叉状炭角菌(图 3-6-2),是近年来危害严重的一种寄生性病原真菌,主要发生在鸡腿菇的子实体生长阶段,其子实体酷似鸡爪,俗称为鸡爪菌。

图 3-6-2　叉状炭角菌

1. 主要原因

鸡腿菇菌丝生长时,受土壤中真菌菌丝侵扰,二者结合扭结发生变态,长成鸡爪菇。发生时呈暗褐色、尖细、基部相连,其菌丝与鸡腿菇争夺养分并抑制鸡腿菇菌丝生长,造成鸡腿菇严重减产,甚至绝产。鸡爪菌多在夏初及第二潮菇后大量发生,阴暗、温度高、湿度大、通风不良、菌床水分多时易诱发此病。病源为培养基或覆土中携带的病原菌。

2. 防治措施

(1)使用优质菌种。

(2)原料必须新鲜、干燥、无霉变。

(3)培养料中加入 0.1%～0.2%的 50%多菌灵或克霉王等,抑制杂菌生长。

(4)堆积发酵要彻底,最好进行熟料生产。

(5)选用覆土要进行消毒处理。

(6)管理上注意降温、降湿、加大通风、避免菇棚内积水。

(7)春末夏初或夏秋高温季节生产时发病率高,一般选在 9—10 月种植为好。

(8)一旦发现鸡爪菌要及时挖除,防止病原菌蔓延。

(二)腐烂病

1. 主要原因

腐烂病是由细菌引起的常见病害,危害较重。染病子实体初为褐色,后菌盖变为黑色、腐烂。

2. 防治措施

(1)菇棚提前进行消毒。

(2)空气湿度及覆土含水量要稍低。

(3)发病初期可用农用链霉素拌料。

(4)发现病菇及时清除,以防蔓延。

(三)褐斑病

1. 主要原因

染病初期,子实体菌柄和菌盖上出现褐色斑块,逐渐扩大,最终使整个菇体变褐。覆土层和环境的湿度过大及出菇期间喷水不当易诱发此病,夏季反季节生产时易发生。

2. 防治措施

(1)出菇期覆土含水量不宜过高,以土壤不黏手、表层土露白为宜。

(2)出菇期尽量避免向幼菇上喷水。

(3)环境湿度大时,应加强通风降湿。

【思考与练习】

一、判断题

1. 鸡腿菇属于木腐菌。 (　　)

2. 鸡腿菇有治疗糖尿病和痔疮的作用。 (　　)

3. 鸡腿菇菌丝体达到生理成熟时不覆土不出菇。 (　　)

4. 鸡腿菇属于中等偏高温型菌类。 (　　)

5. 鸡腿菇是一种好氧型腐生菌,生产中要加强通风,保持菇棚内空气新鲜。 (　　)

6. 鸡腿菇不论是菌丝生长阶段还是子实体生长阶段,适宜的 pH 为 7 左右,过高或过低均会对菌丝生长有抑制作用。 (　　)

二、简答题

1. 鸡腿菇理想的覆土材料应该具有哪些特性?

2. 鸡腿菇易发生哪些病害?

学习任务七　黑木耳生产

【知识目标】

- 了解黑木耳的分类、价值与生产现状。
- 掌握黑木耳的形态特征与生长发育特性。
- 掌握黑木耳生长所需的营养与生态条件。
- 掌握黑木耳段木与代料生产技术。
- 掌握黑木耳生产中常见的问题。

【能力目标】

- 熟知培养料配方，会配制培养料。
- 会接种、培养生产菌种。
- 会调控生产环境。
- 会解决黑木耳生产中常见的问题。

一、黑木耳概述

黑木耳在分类上属于木耳目木耳科木耳属，学名为厚质木耳，俗称木耳、光木耳、黑菜、云耳、细木耳等。

（一）黑木耳的价值

1. 营养价值

黑木耳以其质地细嫩、滑脆爽口、味美清新而备受世人喜爱，被称为“素中之荤、菜中之肉”。黑木耳是营养丰富的胶质类食用菌，每 100 g 含蛋白质 10.62 g，含有 18 种氨基酸，其中含有人体必需的 8 种氨基酸，并含有多种维生素；钙的含量是肉类的 30～70 倍；磷的含量也比肉类、鸡蛋高，是番茄、马铃薯的 4～7 倍；铁的含量最为丰富，为各种食品含铁量之最，比肉类高出 100 倍。

2. 药用价值

黑木耳不仅营养丰富，而且具有较高的药用价值，有“益气不饥、润肺补脑、轻身强志、和血养颜”等功效，并能防治痔疮、痢疾、高血压、血管硬化、贫血、冠心病、产后虚弱等病症。能够降血脂和增强人体免疫力，还有清肺和清胃肠的功能。黑木耳多糖对癌细胞具有明显的抑制作用。

（二）生产历史与现状

黑木耳人工栽培始于中国，据记载有上千年的历史，但是，长期以来，我国黑木耳主要靠自然接种法生产，将砍伐的树木堆放在枯枝落叶多、生有杂草的潮湿树林中，让野生黑木耳的孢子随风飘落自然接种，此方法落后、产量低、且不稳定。新中国成立以后，黑木耳生产由树木自然接种栽培发展到段木人工接种栽培，并广泛应用。20 世纪 70 年代，黑木耳的代料栽培开始兴起，发展速度很快，目前已成为我国黑木耳生产的主要方式。黑木耳主产中国，栽培区域遍布全国的 20 多个省、自治区、直辖市，其中以东北三省、湖北、河南、广西、四川等产量较高。我国黑木耳不仅产量高，而且片大、肉厚、色黑、品质好，在一些亚洲和欧洲国家也有一定的销量。

二、生物学特性

(一)形态特征

1. 菌丝体

菌丝体贴于培养基表面匍匐生长，菌丝生长均匀一致、较粗壮、密集、洁白，呈棉絮状，菌落边缘整齐有力，菌丝生长速度中等，在综合 PDA 培养基上，25 ℃条件下培养 15 d 可长满斜面。有气生菌丝，但较短而稀疏，后期颜色加深，菌块分泌褐色色素，出现污黄色斑块，培养基会因此而变成茶褐色，并产生分生孢子，使培养基表面覆有一层粉状物质。

2. 子实体

子实体形成初期似杯状，渐成扁平、圆形，成熟后边缘上卷中凹，子实层在腹面，光滑或略有皱纹。子实体黑褐色，干后颜色加深，呈胶质片状，浅圆盘形、耳形或不规则形，大小为 0.6～1.2 cm，厚度为 1～2 mm，有腹背两面。腹面(又称为孕面)光滑、色深，成熟时表面密集排列着整齐的担子，每个担子形成三个隔膜，把担子分成四室，单个孢子无色光滑呈肾形，担子成熟后侧面生出四个小梗，顶端各着生一个孢子。背面(又称不孕面)长有许多短毛。子实体单生或丛生，鲜时直径 4～12 cm，胶质的半透明体，因其形如人耳状而得名。

3. 生活史

黑木耳是由担孢子繁衍后代的。担孢子从黑木耳子实体中弹射出来遇适宜的环境条件萌发成单核菌丝或分生孢子，分生孢子萌发也生成单核菌丝。当两条单核菌丝结合进行质配后，产生双核化的次生菌丝，也称为双核菌丝。双核菌丝通过锁状联合大量繁殖，形成肉眼可见的白色绒毛状菌丝体。菌丝体吸收营养而生长，初时局部开始膨胀，继而在培养基表面长出子实体原基，逐渐形成胶质的富有弹性的子实体。子实体发育成熟后，在其腹面产生担孢子。完成一个生活周期需 60～90 d。

(二)生活条件

1. 营养条件

黑木耳生长需要的碳源有半纤维素和木质素等。在常见的碳源中，葡萄糖等小分子化合物可以直接被菌丝吸收利用，而纤维素、半纤维素、木质素、淀粉等大分子化合物必须由菌丝分泌的酶将其分解成小分子化合物后才能被吸收利用。氮源有蛋白质、氨基酸、尿素、氨、铵盐和硝酸盐等，其中，氨基酸、尿素、硝酸钾等能被菌丝体直接吸收，氮源不足会影响黑木耳菌丝生长。黑木耳生长需要的矿质元素有磷、镁、硫、钙、钾、锌等；此外，黑木耳生长还需要铜、铁、锰、锌等微量元素，这些微量元素在普通水中的含量已能满足黑木耳生长发育的需要。

2. 环境条件

(1)温度　黑木耳属中低温结实型菌类，耐寒不耐热。孢子萌发的适宜温度为 22～28 ℃，温度过低或过高都很难产生孢子。菌丝生长温度为 5～35 ℃，最适的温度为 22～30 ℃，当温度低于 14 ℃时，菌丝生长缓慢。在 −30 ℃左右菌丝不会冻死，待温度回升后仍可恢复生长；高于 30 ℃时，菌丝生长过快，但细弱易衰退，38 ℃以上菌丝生长受抑制，直至死亡。黑木耳子实体生长温度在 10～25 ℃，温度低于 10 ℃，子实体生长缓慢或停止生长；温度高于 28 ℃子实体开片快，片薄色淡；超过 30 ℃，子实体发生自溶腐烂，造成严重减产并影响产品质量。

(2)水分和空气相对湿度　水分是黑木耳生长发育必需的生活条件之一，不同生长发育阶段对水分的要求不同。菌丝生长发育阶段，一般段木含水量为 45%～50%，干湿不断更替，有利菌丝的生长发育；代料含水量为 60%～65%，空气相对湿度为 60%～70%。子实体发育阶段，空气相对湿度为 85%～95%，低于 70%子实体不能形成，即使形成子实体也会干缩，但子实体抗旱能力较强，久旱遇雨，吸水量增加十分显著，使其在雨后 2～3 d 便产生孢子。

(3)空气　黑木耳是好氧性真菌，CO_2 过多和不足，都能抑制菌丝生长和子实体的形成。因此在黑木耳栽培管理过程中，必须保持耳场和培养室的空气流通。

(4)光照　黑木耳菌丝体生长不需要光线，光线会抑制菌丝体的生长。但是，子实体的形成和发育需要光照，与其他食用菌不同的是，它不仅需要散射光，还需要直射光，否则，子实体很难形成。在光照不足的情况下，正在发育的子实体发育缓慢，耳片瘦弱，色泽浅。如果光照充足，子实体生长健壮，耳片肥厚，色黑有光泽，品质好。因此，要选择光照充分的场地作栽培场。

(5)酸碱度　黑木耳喜偏酸环境，菌丝生长适宜 pH 为 5.0～6.5，但在 pH 8.0 与 pH 5.0～6.5 条件下没有明显差别。在配料时提高 pH 有利于减少病虫害的发生。

三、黑木耳生产技术

(一)黑木耳段木生产技术

将黑木耳菌种接到树段上进行生产的方式称为段木栽培。这是适合在广大林区采用的一种栽培方式。

1. 耳场的选择

耳场最好选在避风向阳、多光照、少遮阴、湿度较大、空气清新、靠近水源又不易受水害的沙质地面或平坦草地，也可选择在能引水喷浇的小型水库、池塘的下方，如果耳场选在果园、菜园附近，实行多种经营，则更为理想。耳场选好后，首先应清理场地，砍割灌木、刺藤，清除乱石及枯枝落叶，挖好排水沟。在有条件的地方，用漂白粉、生石灰等药物对耳场进行消毒处理，减少病虫害的发生。

2. 耳木的准备

(1)耳木的选择　一般情况下，除大部分针叶树外，绝大多数阔叶树都可用于栽培黑木耳，但不同树种栽培黑木耳的产量和质量存在差异。适宜栽培黑木耳的耳树应是边材发达、树皮厚度适中且不易剥落、树木和耳木亲和力强的树种，如柞树、桦树、胡桃楸、千金榆、毛赤杨、榆树等都可用来栽培黑木耳。各地应根据本地林木资源，选择资源丰富、廉价适用的树种。

一般来说，材质坚硬的耳树，由于组织紧密，透气性和吸水性差，菌丝蔓延慢，所以出耳略迟，但一经出耳便可收获数年；材质疏松的耳树，透气性好，吸水性强，因而菌丝蔓延快，出耳早，但树木易腐朽，生产年限较短。

在选择耳树时，还应考虑适当的树龄和树径。树龄过小，皮层嫩薄，树径小，保湿和吸水性能差，材质中养分少，虽能早出耳，但产耳期短，产量低；树龄过大，则树皮厚，心材粗，有用的边材反而少，导致出耳慢且少，甚至不出耳。因此，一般选择 5～15 年生、直径 6～15 cm 的耳木比较适合。

(2)树木的砍伐　树木的砍伐期对耳木的产量影响很大，一般应在冬至到立春休眠期间砍伐。这时树木中贮藏的养分多，含水量少，韧皮部和木质部结合紧密，伐后树皮不易剥落。还可保护菌种定植，因而接种成活率高，也有利于树木伐后萌蘖更新。此外，这一时期气温低，树上害虫和杂菌也少。春季变暖后，树木进入生长期，部分养料被新芽和新生枝消耗，而且树液流动量大，树皮易剥落，故不宜砍伐。

砍树时要留 10 cm 左右的树桩，于一侧下斧，让桩口斜面向阳；如两面下斧，要砍成鸦雀口形状，以免砍口积水，同时也有利于树桩的萌芽。砍伐要与植树造林、发展林业生产结合起来，一般宜轮伐或间伐。注意砍弯留直，砍密留稀，做到砍、养、造相结合，以利于黑木耳生产的连续性和林木资源的充分利用。

(3)剃枝与截段　把耳木上的侧枝削去称为剃枝。剃枝的时间因地区而异，南方一些地区多在耳木砍伐后 10～15 d 进行剃枝，北方地区气候寒冷干燥，树木内含水量少，多在砍伐后立即剃枝。剃枝时，可用快刀沿树干自下而上削去树杈，削口要平滑，以减少杂菌进入耳木。将剃枝后的耳木运到耳场，自然风干一段时间。风干时间应根据不同树种的含水量而定，耳木含水量为 40%左右时接种，最适于菌丝生长发育。含水量的大小可根据耳木横断面裂纹来判断，一般细裂纹达到耳木直径的 2/3 时，就达到了适合接种的含水量，此时可将耳木截成 2 m 左右的段木。耳木长短要一致，便于架晒操作。

(4)架晒　架晒的目的是让段木干燥到适合接种的程度。架晒时要把段木粗细分开，以“井”字形堆垒在通风、向阳、地势高、干燥的地方。堆高 1 m 左右，上面或四周盖上枝叶或茅草，防止暴晒而导致树皮脱落。每隔 10～15 d 需翻堆一次，使其干燥均匀，雨天应用塑料薄膜覆盖以免淋雨回潮。一般经 1 个月左右，段木有 6～7 成干时，即可接种。

若是冬季砍伐的段木，往往过于干燥，接种时打穴困难，点种后成活率也低，应在接种前放在河水中浸泡数小时或一天，补充水分后，再晾晒 2～3 d，使树皮干燥而内部含有适量水分，达到“外干内湿”，以利于接种后发菌。

3. 接种

所谓人工接种，就是把菌种“种”到段木上，是段木栽培的关键工序。接种好，成活率高，菌丝可尽早占领段木，防止杂菌滋生。若接种不好，菌种定植慢或死亡，杂菌便会在耳木中蔓延，造成减产。

(1)接种时间　早春气温稳定在 5 ℃以上时，即可进行接种。气温偏低，菌丝生长虽然缓慢，但杂菌污染机会少；接种太迟，气温高，接种点易污染，并且出耳时间也相应推迟，不利于增产。最好选择雨后初晴、空气相对湿度大、无风天接种。

(2) 接种密度　应根据耳木的粗细、材质的松紧确定接种的密度。一般每穴深 2～2.5 cm，孔径 1.5 cm，穴距 6～8 cm，行距 3～5 cm 为宜，因为菌丝在段木中纵向生长快于横向生长，所以穴距应大于行距，以使菌丝均匀地长满段木。一般耳木粗、材质紧，应适当密植，反之则可适当稀植。很细的枝条只打一行穴即可，稍粗者两面打穴，再粗者打数行。每行穴应在一条直线上，相邻行的穴应交错呈“品”字形。

(3)接种工具　常用的打孔工具有电钻、台钻、手摇钻、皮带冲、打孔锤等。

(4)菌种类型　有木屑菌种、枝条菌种、楔形木块菌种、圆形木块菌种和孢子液菌种等，以木屑菌种和枝条菌种使用较多，现介绍如下。

①木屑菌种接种　接种前，应先准备足够的树皮盖，可用皮带冲在其他树干上冲出，树皮盖应较接种穴大 2～3 mm；接种时，先用酒精消毒的镊子将菌种表面菌膜挖去，再将菌种从瓶

内挖到经过酒精消毒的容器中，注意不要挖碎，应尽量保持块状，以利于接种后菌丝恢复生长，避免杂菌污染；然后在耳木的每一穴中塞进菌种，装平后轻轻压紧，使菌种与穴内壁接触，最后盖上一个树皮盖，用锤敲紧，如无树皮盖，可涂一层蜡（石蜡 70%、松香 20%、猪油 10%，熔化混合，稍冷时用毛笔涂封）或用泥盖（黏性黄土和锯末按体积 1：2 混合）封穴。玉米芯也可做封盖，先将玉米芯用锤子敲成四瓣，手拿其中一瓣，用锤子敲入接种穴即可。

②枝条菌种接种　在耳木表面垂直打孔，孔径要略小于枝条菌种的直径，然后将枝条菌种直放穴中，用小锤敲入，逐穴进行接种。枝条接种的粗细长短有所不同，可分别采用不同规格的打孔工具在耳木上打孔接种。接入的枝条菌种要与耳木树皮的表面相平，否则凹处易积水而感染杂菌和害虫，凸处又易在搬动中碰掉。

接种操作应在室内或室外荫蔽处进行，避免阳光照射，以防菌种干燥，影响成活率。接种完的耳木两头截面用石灰水涂抹，以防杂菌侵入。接种用具和盛菌种的器皿均需用 0.1%高锰酸钾溶液浸泡消毒，整个接种过程都要注意清洁，以免杂菌侵染。

4. 栽培管理

(1)上堆发菌　接种后，为使菌丝尽快恢复生长，要把耳木堆积在适宜条件下，使菌丝尽快萌发、定植和生长，这一过程称为上堆发菌。上堆时，在地面垫上砖石，将接种的耳木以“井”字形或横堆式堆成 1 m 左右高的小堆。接种早，气温低时，为了保温，可用塑料膜覆盖，堆顶和四周盖上草帘或秸秆避光，并使堆内温度保持在 20～28 ℃，空气相对湿度保持在 65%左右。此后，可在晴天中午掀开四周薄膜通风换气，如堆温过高，应将薄膜去掉，以免长时间高温烧菌。上堆两周后应翻堆，将每堆耳木上下、内外调换位置，使之发菌均匀，以后每隔两周翻堆一次。每次翻后应注意耳木的干湿程度，一般每隔 3～5 d 喷些细水，喷后待树皮稍干再行覆盖，以防杂菌滋生。

(2)散堆排场　散堆的目的是使菌丝向耳木深处迅速蔓延，并使其从营养生长转入生殖生长。排场是将耳木一根根平铺在湿润的耳场上，使其吸收潮气，同时接受阳光雨露和新鲜空气，如果湿度不够，则应在晴天早、晚各喷一次轻水，阴雨天停水，以免过湿造成杂菌生长。每隔 7～10 d 将耳木上下翻转一次，使其吸湿均匀，经 20～30 d 耳芽大量发生时，便可起架管理。

(3)起架出耳　此时，耳木已基本由菌丝生长进入结实阶段。起架时，一般多采用“人”字形架。即先支起一根横木，离地 50～60 cm，然后将耳木按“人”字形依次交叉斜放在横木两旁，立木角度以 45°为宜，一般晴天和产耳前期可平些，雨水多和产耳后期要陡些。耳木间距 7～10 cm，架与架之间设置管理通道，横木宜南北向安置，以利于两边耳木受光均匀。耳木要经常换面，以利于出耳，这一方法特别适于干旱地区。

起架后，要创造黑木耳生长发育的适宜条件，促使耳芽伸展，并不断产生新耳芽。这时温度、光照、湿度和通风要协调，保持“干干湿湿”的外界条件，这是木耳能否高产优质的关键。

喷水的原则一般为晴天多喷，阴天少喷。气温高时，水分蒸发快，故应多喷（要避开中午前后，以免高温高湿造成烂耳）；气温低时要少喷，若水质或新耳木因吸水性差而保水性好，可多喷，但喷水间隔期可长些；木质疏松或老耳木（已出耳一两年的）吸水、失水都较快，故应勤喷。水质要求清洁，雾滴要细，以利于耳木吸收及增加湿度。

经过起架管理，耳片渐渐长大成熟，应及时采收。每次采收后应停止喷水，让阳光晒耳木 5～7 d，使其表面干燥。这样菌丝体可吸收养分恢复生长，然后再喷水管理，不久便产生大量耳芽。采取这种管理方法，在 5—9 月一般每隔 15 d 可采收一茬。

冬季气温较低，子实体停止生长。南方采完秋耳后，耳木可以在原架上过冬，应覆盖茅草保护。北方地区可将耳木铺在地上，降雪后将其覆盖，吸湿保温，防止耳木过分干燥。第二年春天温度回升时，再起架管理。耳木一次接种可连续产耳3～4年，一般干耳总产量为15 kg/m^3左右。

5. 采收

凡是长大成熟的耳片都应采收。成熟耳片的标志是耳片舒展，边缘内卷，少褶皱，耳根收缩，由大变小。采收时用手顺着耳片边缘插入耳片基部（耳根），将耳片摘下。不可强拉耳片，以免撕破耳片，影响质量。耳片采收应在雨后初晴，耳片开始收边时进行。晴天可在早晨露水未干时采收，以免霉烂、流耳，造成损失。总之，要做到成熟就采，勤采细收，确保丰产丰收。

（二）黑木耳代料栽培技术

用农林产品的有机废料（木屑、豆秆、玉米芯、棉籽壳等）代替段木生产黑木耳的方法叫作黑木耳的代料栽培。这种栽培方法可节省木材，对保护生态环境意义重大，是当前我国无林或少林地区黑木耳生产的主要方法。代料栽培又有塑料袋栽培和瓶栽培两种方式。塑料袋栽培在生产上被广泛应用，下面介绍其技术要点。

1. 栽培季节

根据当地的气候条件，一年可安排春、秋两季生产。东北地区，春季宜4月初至5月上旬培育菌袋，5月中旬至6月底长耳；秋季宜7月上旬至8月中旬培育菌袋，9月下旬至10月上旬长耳。华北地区，春季宜3月中旬至4月底培育菌袋，5月初至6月中旬长耳；秋季7月上旬至8月中旬培育菌袋，8月下旬至10月中旬长耳。西南地区，春季宜4月下旬至5月中旬培育菌袋，5月中旬至6月底长耳；秋季宜9月初至10月上旬培育菌袋，10月中旬至11月底长耳。长江以南诸省，春季宜3月中旬至4月上旬培育菌袋，4月中旬至6月中旬长耳；秋季宜8月下旬至9月底培育菌袋，10月上旬至11月底长耳。

2. 栽培前准备

（1）菌种制备　选择适于本地区栽培、菌丝生长速度快、抗杂能力强、菌龄合适、纯正无污染的菌种。根据生产规模，按常规制种方法制备生产所需的二级菌种。黑木耳代料栽培常采用二级菌种繁育体系。

（2）原料准备

培养料　几种常用的栽培料配方如下：

①阔叶树粗木屑65%，玉米芯20%，麦麸12%，豆饼粉2%，石膏粉1%，pH 8～9。

②锯木屑（硬杂木）87%，麦麸10%，豆饼粉2%，石膏粉1%。

③棉籽壳94%，麸皮5%，石膏粉1%。

（3）栽培容器　选用17 cm×33 cm×0.04 cm的低压聚乙烯或聚丙烯折角袋。

（4）发菌场所

①专用发菌室　适宜面积为20～30 m^2，有控温设施，便于通风和遮光，无菌、无虫、无鼠，内设层架，架宽100～120 cm，5～6层，下层距地面30 cm，上层距屋顶60～80 cm，层间距30～35 cm，架间作业道宽60 cm。

②简易棚　建在房前屋后背风向阳处，便于受光升温，棚脊高2.8 m，侧高2.5 m，面积在100 m^2以内，棚内搭设层架，下层距地面30 cm，上层距棚顶80 cm。在棚一侧低处开通风地窗和另一侧高处开排气孔，每30～50 m^2设1个地窗和1个排气孔，通风排湿。地面用砖铺

平，并撒石灰粉消毒及除湿，在棚内设置控温设施，保证温度在 20～25 ℃。

(5)出耳场所 应选择周围宽阔、环境清洁、无污染、近水源且便于排灌、通风良好、交通方便的地上作畦，如草地、平地、缓坡地或“六阳四阴”的林地，切忌选择低洼地。畦宽 1.5～3.0 m，畦长 10～20 m，畦高 6～8 cm，畦间作业道宽 50～60 cm 且应踏实。

3. 栽培袋制备

(1)称料、拌料 培养料配制时，要掌握好以下三个方面的关键技术。

①拌料力求均匀 配制时，先按配方的比例称好主料与辅料，选择水泥地面拌料为好。拌料时，把主料堆成小山状，麸皮、石膏粉由堆尖撒下。

②严格控制含水量 黑木耳培养料的适宜含水量为 60%～65%，含水量过高或过低对黑木耳的生长均不利。

③杜绝污染源 为避免杂菌污染，必须做到以下三点：

a. 要选择无霉变的培养料，并在配制前置于烈日下暴晒几日，利用日光中的紫外线杀死存放过程中感染的部分杂菌。

b. 选择晴天拌料，阴雨天因湿度大，各种杂菌活动力强，容易引起污染。

c. 拌料后及时装袋灭菌，若拖延时间长，培养料会发酵变酸。

(2)装袋 装袋时要保证松紧适度，若培养料装得太松，保水性差，培养过程中菌袋变形；太紧则透气性差，菌丝不易蔓延下伸。装袋后用撕裂膜将袋口扎紧或盖上无棉封盖。装袋后特别注意对料袋轻拿轻放，防止沙粒或杂物将袋刺破，引起污染。装袋可用人工或装袋机。

(3)灭菌 常采用常压蒸汽灭菌，有条件的可采用高压蒸汽灭菌。常压蒸汽灭菌要求在 3～4 h 将锅烧开，并保持 8～10 h。一些栽培户往往在灭菌操作上麻痹大意，造成灭菌操作不彻底，使杂菌污染严重，导致栽培失败。常压灭菌操作时要做到“三防止”。

①防止中途降温 灭菌过程中不得停火，如锅内达不到 100 ℃，则在规定的时间内达不到灭菌的目的。

②防止烧干锅 在灭菌之前，锅内要加足水，料袋装锅后，锅要盖严。在灭菌过程中，如果锅内水分不足，要及时从注水口注水。

③防止灭菌死角 存在灭菌死角的原因是多方面的，如锅底着火部位不均匀，锅盖上仅从一端漏气，锅内料袋叠放不当，灭菌灶内容积大而锅小等，都可能造成灭菌死角。

(4)接种 灭菌后的料袋，待料温降到 30 ℃以下后，搬入接种室或接种箱进行接种。每瓶(500 mL)菌种可接 15～20 袋。在使用接种箱之前，先将接种所需的器具物品搬入箱内，这些器具和物品主要有接种匙、镊子、酒精灯、酒精棉球、菌种、待接种的料袋。物品放好后，再用气雾消毒盒进行熏蒸灭菌，40 min 后方可使用。

开始接种前，操作者应用 75%的酒精棉球擦手。接种时，接种工具要在酒精灯上反复灼烧，使之无菌。每瓶菌种接完后必须重新处理接种工具，以防出现交叉感染现象。接种完毕将菌袋搬入发菌场所培养。

一般进行大规模的生产时，用接种室接种，操作方便，效率高，但要严把消毒灭菌这一关，否则料袋污染率会增高，给生产带来损失。

4. 栽培管理

(1)发菌管理

①消毒摆袋 空房和塑料大棚均可作为代料栽培黑木耳的培养室，培养室应预先消毒。

可将菌袋摆于发菌室的层架上。

②调节环境　菌丝生长的适宜温度为25～30 ℃，因此必须在室内挂温度计，随时观察温度变化。温度主要靠门窗和通风口的开关来调节。注意前期防低温，此期料温低于室温，室内应保持25～28 ℃，以便菌丝迅速吃料、定植蔓延，减少杂菌污染；中、后期防高温，发菌进入15 d后，袋内温度高于室内温度，此时温度控制在23～24 ℃，以免料温过高产生烧菌现象，并应适当通风。菌丝培育阶段要求65%的空气相对湿度。发菌场所要求黑暗环境，如果菌丝在生理成熟前出现耳芽，对产量有影响。因此，发菌室避光，菌丝将要满袋时，可进行曝光，诱发耳芽的形成。黑木耳整个生长发育过程要求空气新鲜，每天通风1～2次，每次30～40 min，以促进菌丝生长。

③检查杂菌　菌袋培养期间要经常检查，若发现有黄、绿、黑等颜色，即为杂菌，挑出另外培养，仍有一定产量，特别是有橘红色的链孢菌时，要立即隔离，在远处深埋或烧毁，以免蔓延和污染环境。

(2)出耳管理

①催芽

a. 菌袋处理　黑木耳已发育到生理成熟的菌袋，用0.2%高锰酸钾溶液擦洗菌袋表面进行消毒。

b. 用无菌的锋利刀片在表面划口，单片品种环割3排“V”形口，每排4个，“品”字形排列，每袋划10～12个，“V”形口呈45°角，斜线长2.0～2.5 cm，深度0.5 cm；菊花瓣状品种划6个“L”形口，口长10～12 cm，距袋口和袋底各3 cm。正立摆袋按正“V”形划口；倒立摆袋则按倒“V”形划口。

c. 室内催芽　划口后的菌袋立式摆放在室内床架上，袋间距1 cm，给予散射光刺激，温度控制在15～20 ℃，空气相对湿度控制在80%，加强通风，每天通风3～4次，当划口处80%形成黑色耳芽时，可进行出耳管理。催芽时间为15 d左右。

d. 室外集中催芽　划口后的菌袋立式摆放在地面，地面浇透水，袋间距1 cm，上盖草帘子，给予散射光刺激，温度控制在10～25 ℃，保持草帘湿润，加强通风，每天通风3～4次，当划口处80%形成黑色耳芽时，可进行出耳管理。催芽时间为15 d左右。

e. 上畦直接催芽　在畦床上铺地膜(或稻草片)，然后将菌袋直接按照出耳方式摆放在耳床上，上面盖塑料薄膜和遮阳网(稻草帘)，向畦床上灌水以保证空气相对湿度。

②出耳

a. 畦床处理　畦床在使用的前一天，向畦床上撒石灰进行消毒及驱赶蚯蚓。为了减少耳片上的沙土，摆袋前畦面铺带孔地膜，以便排水。根据地栽黑木耳出耳期对水分的需求量大和东北地区早春干旱的气候特点，在上畦摆袋前挖好贮水池，畦床上铺设好微喷设施。

b. 上畦摆袋　当栽培区域的平均气温稳定在15 ℃以上时，上畦摆袋，吉林省是5月初至5月中旬上畦摆袋。1 m^2 均匀摆放25袋，每亩(667 m^2)摆放1.0万～1.2万袋。用直径为11～12 cm的圆拱形工具在畦面打浅坑。然后将形成耳芽的菌袋倒置于畦床的浅坑上，呈“品”字形摆放。

c. 水分管理　黑木耳地栽采用的是全光照出耳。菌袋上畦7～10 d，向草帘上浇水，保持畦床湿润。当耳片伸展到1.5～2.0 cm时，可直接向菌袋喷雾状水。每天喷水2～3次，避开中午，在早、晚喷水，晴天多喷，阴天少喷，雨天不喷，以耳片不收边为准，应“干干湿湿，干湿交替”地进行水分管理。遇干旱年份，应增加喷水时间和次数。

d. 病虫害防治 黑木耳菌丝生长期间一般发生链孢霉、木霉、青霉、毛霉和曲霉等杂菌，培养室定期用二氯异氧尿酸钠（即气雾消毒盒）熏蒸消毒，同时清洁培养场所、降低培养室温度、加大通风、降低空气相对湿度；栽培袋发生污染，采用70%～75%的酒精注射污染处，以防止扩散；出耳时发生青苔，喷洒0.2%～0.4%的硫酸铜溶液进行防治；细菌性流耳、烂耳，采用加强通风、控制空气相对湿度的方法防治。处理畦床时，采用低毒、低残留的除草剂进行封闭，以防杂草。虫害主要种类有螨类、线虫等。

（3）采收管理

①采收 采收前停水1～2 d，当耳片充分伸展，耳边充分展开，胶质肥厚，颜色为淡黑褐色，耳基收缩变细，腹面出现白色粉末状担孢子时及时采收。选择晴朗有风天的上午进行采收。采收时如遇连雨天，可将采下的子实体浸泡于流水内，以防拳耳和烂耳的形成。根据耳片的成熟度进行分期采收，头潮耳采大留小。一手握住菌袋，一手捏住耳片基部轻轻扭下或用利刀割下，尽量不损坏幼小耳芽和培养料。

②加工 适于晴朗天气，选择通风透光良好的场地和通透性良好材料搭晾晒架。将已采收的木耳剔去杂物、耳基后，单层平摊于晾晒架上（腹面向上），在烈日下暴晒1～2 d，以用手轻轻翻动，干硬发脆，有哗哗响声为度。在未干之前，不宜多翻动，以免形成“拳耳”。当水分达13%时可装袋贮藏。

四、黑木耳生产中常见的问题

黑木耳生产中最常见的问题是流耳。

1. 发生原因

栽培黑木耳容易发生流耳现象，即子实体组织破裂，分解变软，水肿糜烂，向外流渗黏性胶液，造成严重减产。因此，明确黑木耳流耳的发生原因及预防措施十分重要。产生流耳的原因主要有以下几个方面：

（1）高温高湿 黑木耳属中温型菌类，子实体生长适宜温度为18～22 ℃。入伏后若经常遇暴雨，木耳生长速度加快，耳片变薄，抵抗力减弱，常造成耳片溃烂。

（2）喷水不当 在耳片达3～5 cm时，不可直接向耳片喷水，否则会因耳片积水而发生流耳。

（3）耳片密度过大 黑木耳出耳时，若耳片密度过大，通风透光不良，易造成部分耳片萎蔫腐烂而发生流耳，或萎蔫的耳片干枯后，又突遇湿而逐渐形成烂耳。

（4）收耳不及时 采收不及时，采收过晚，耳体消耗大量营养，使生理活性下降，遇高温、高湿极易感染杂菌而流耳。

（5）采耳方法不当 采收时，耳片未摘净或留有部分耳根等，杂菌易滋生而发生流耳。

（6）耳片自溶 在耳基分化时，产生的代谢分泌液易使耳片自溶，造成烂耳、流耳。此外，病虫害及栽培条件不良等都会导致流耳。

2. 防治措施

（1）在梅雨季节开好排水沟，保持场地不积水，或搭棚防止雨水直接冲淋耳木或耳袋。

（2）清除耳场杂草，保持场地及周围环境清洁，消毒灭菌，防杂菌、害虫侵入危害。

（3）耳袋、耳木感染霉菌后，用清水或石灰水洗刷干净，喷3%～5%来苏儿防治。如果是细菌侵染引起的烂耳，可用500倍、800倍代森锌溶液喷雾防治。

(4)出现烂耳，及时用刀刮净，再用清水或石灰水洗刷患处，以免感染好耳片，还可使烂耳处再出新耳。

(5)成熟耳片不论天晴或下雨都应及时采收，做到采弱留壮，采大留小，不漏采，不残留耳根，不触及耳芽，以免招致病虫害引起烂耳。特别是高温多雨季节，耳片8～9分成熟时就应采收，可大小一起采，避免成熟过度引起流耳。

(6)加强通风透光，栽培场地尽量满足黑木耳菌丝体和子实体生长发育最适宜的温、湿、气、光等条件；放置耳木时一端或两端稍架起，以利于吸潮、接受阳光雨露和新鲜空气。

【思考与练习】

一、判断题

1. 目前黑木耳的生产管理中，以小孔出耳居多，其中耳孔是在发菌完毕催耳前打的，孔的规格为深0.5 cm，每袋180～200个。　（　　）
2. 黑木耳的催芽分为耳基形成期和耳芽分化期。　（　　）
3. 黑木耳配料中精料含量越高越好，以便产量提高。　（　　）

二、简答题

1. 袋栽黑木耳如何避免菌袋杂菌污染？
2. 黑木耳的高产优质栽培关键技术有哪些？
3. 黑木耳发菌期管理的注意事项有哪些？

学习任务八　银耳生产

【知识目标】

- 了解银耳的分类、价值与生产现状。
- 掌握银耳的形态特征与生长发育特性。
- 掌握银耳生长所需的营养与生态条件。
- 掌握银耳熟料生产技术。
- 掌握银耳生产中常见的问题。

【能力目标】

- 熟知培养料配方，会配制培养料。
- 会制备二级和三级菌种。
- 会在不同栽培阶段调控设施环境。
- 会解决银耳生产中常见的问题。

一、银耳的概述

银耳，别名白木耳、雪耳、川耳、白耳子，属于担子菌亚门层菌纲银耳目银耳科银耳属。

(一)银耳的价值

银耳营养丰富，每 100 g 银耳干品中含蛋白质 5.0 g，脂肪 0.6 g，碳水化合物 78.7 g，粗纤维 2.6 g，灰分 3.1 g，灰分中含钙 380 mg、磷 250 mg、铁 30.4 mg，还含有多种纤维素、氨基酸。银耳含有的酸性异多糖，能提高人体免疫力，对老年慢性支气管炎、肺心病有显著疗效，能提高肝脏的解毒能力，有保肝护肝的作用。

银耳性平，味甘，具有润肺生津、滋阴养胃、益气和血、补脑强心的功效，目前临床上主要用于治疗咳喘、痰中带血、虚热口渴等症。食用时可以做汤，也可炒菜。可加工成银耳罐头、银耳羹、银耳冲剂、银耳露、银耳蜜饯等产品，满足人们的不同生活需要。

(二)生产现状

银耳分布于福建、四川、安徽、浙江、海南、台湾、青海等地。20 世纪 60 年代中期，我国开始了银耳的代料栽培；70 年代以来，银耳代料生产（瓶栽、袋栽）技术成熟，并在全国大规模推广应用。福建古田是最大的银耳生产基地。

目前全国各地栽培的银耳品种，多数是福建省三明市真菌研究所（粗花）和上海市农业科学院食用菌研究所选育的“细花”菌株的后代。

二、生物学特性

(一)形态特征

1. 菌丝体

广义的银耳菌丝体包括银耳菌丝(纯白菌丝,俗称白毛团)和香灰菌丝(羽毛状菌丝,俗称耳友菌丝、伴生菌丝)两种。香灰菌丝对木质素、纤维素的分解能力较强,能将培养基质中的木质素、纤维素、半纤维素等大分子营养物质降解为小分子的营养物质,供银耳菌丝分解利用。

银耳菌丝呈白色、淡黄色。气生菌丝直立、斜立或平贴于培养基表面,直径 1.5~3 mm,有横隔膜和锁状联合,菌丝生长较慢。香灰菌丝呈白色,羽毛状,衰老后逐渐变成浅黄、浅棕色,培养基由淡褐色变为黑色或黑绿色;气生菌丝灰白色,细绒毛状,有时有炭质的黑疤。

2. 子实体

银耳子实体新鲜时呈纯白色,半透明,光滑,胶质富有弹性。耳基鹅黄色。耳片由 5~14 枚薄而波曲的瓣片组成,呈鸡冠状,大小不一,直径 5~16 cm。子实体含有较多的胶质,能吸收大量的水分,干燥后收缩成角质,硬而脆,白色或米黄色,耳基橘黄色,吸水后又能恢复原状,其干鲜比为 1∶10。孢子近球形或卵圆形,基部有小尖,无色透明。

(二)生活史

银耳的生活史包含一个有性生活周期和若干个无性生活周期。银耳孢子在适宜的培养基上萌发成单核菌丝或以芽殖方式增殖形成酵母状分生孢子。分生孢子经培养,在菌落边缘的培养基上萌发形成白色纤细的单核菌丝,单核菌丝无锁状联合,不能形成子实体,但细胞可以有丝分裂的方式不断增殖。

银耳属于典型的四极性异宗结合型。相邻两条单核菌丝相互结合,经质配而成双核菌丝。双核菌丝通过锁状联合的方式增殖,当受到环境条件的刺激时断裂成节孢子,待条件恢复正常后,节孢子还会萌发成双核菌丝。随着双核菌丝的生长发育,达到生理成熟后就逐渐胶质化而形成银耳原基,并进一步发育成子实体。成熟的子实体两面都有子实层,在子实层上发育有担子,担子上着生 4 个不同极性的担孢子,担孢子弹射后又开始新的生活史。

(三)生长发育条件

1. 营养

银耳是一种较为特殊的木腐性菌类,在自然界中发生于阔叶树枯枝上,但银耳菌丝在木屑培养基上又不能生长。它所需要的营养成分有木质素、纤维素、蛋白质、淀粉、单糖、双糖、矿质元素等。因此,人为地满足银耳各个时期生长所需要的营养是栽培成功的关键。对于碳水化合物如单糖(葡萄糖)、双糖(蔗糖),银耳菌丝能直接利用。而对纤维素、木质素等物质的直接利用能力很弱,有赖其伴生菌(称为“香灰菌”)菌丝的分解作用。

2. 环境

(1)温度　银耳是中温型、耐旱耐寒能力强的菌类。担孢子在 15~32 ℃可萌发为菌丝,以 22~25 ℃最为适宜。菌丝抗逆性强,2 ℃时停止生长,在 0~4 ℃冷藏 16 个月仍有生活力。菌丝的生长温度为 6~32 ℃,以 23~25 ℃为宜。30~35 ℃易产生酵母状分生孢子。35 ℃以上菌丝停止生长,超过 40 ℃菌丝细胞死亡。子实体在 20~26 ℃条件下,耳片厚、产量高。长期低于 18 ℃或高于 28 ℃,其子实体朵小,耳片薄,温度过高易产生“流耳”。香灰菌丝生长的适宜温度是 26 ℃。

(2)水分和空气相对湿度 银耳菌丝抗旱能力较强,而在多湿条件下,菌丝体易产生酵母状分生孢子。香灰菌丝耐旱能力则较弱,在潮湿的条件下生长旺盛。因此,在发菌阶段,培养基含水量一般不超过60%。以棉籽壳为主料的培养基含水量应以50%~55%为宜,以段木为培养材料时含水量控制在42%~47%。以木屑为主料的培养基含水量为48%~52%。发菌阶段,室内空气相对湿度控制在55%~65%。在子实体分化发育阶段,逐渐提高空气相对湿度至80%~95%。

(3)空气 银耳是好气性真菌,整个发育过程始终需要充足的空气。尤其在发菌的中后期以及子实体原基形成后,需要加强通风,并且通温和风。所谓温和风是指空气新鲜、风速不大、气温和湿度适宜等的风。一般菇房内0.1%以上的CO_2浓度就会对银耳子实体产生毒害作用。

(4)光照 在稍荫蔽的散射光下子实体发育良好,色白质优;光线过暗,子实体分化迟缓。直射光不利于子实体的分化和发育。在银耳子实体接近成熟的4~5 d,室内应当尽量明亮,这样会使子实体更加质优色美,鲜艳白亮。

(5)酸碱度 银耳是喜微酸性的真菌,其孢子萌发和菌丝生长的适宜pH为5.2~5.8,4.5以下或7.2以上均不利于银耳孢子萌发和菌丝生长。

三、银耳生产技术

根据栽培方式的不同,银耳栽培可分为段木栽培和代料栽培两种。目前,代料栽培较为普遍,且以菌棒栽培为主。

(一)栽培季节

通常一年可以栽培两季,春季栽培在3—5月,秋季栽培在9—11月。我国各地气候不同,要因地制宜,灵活掌握栽培季节。只需掌握银耳生长需要的适宜温度和范围,即可安排生产。银耳整个栽培周期为35~40 d。其中菌丝生长阶段为12~15 d,发菌室温度要求25~28 ℃,不超过30 ℃;子实体生长期一般在18d左右,要求室温不超过28 ℃。据此,利用自然条件时,每年可安排春秋两季栽培。如果人为创造适宜的生态条件,能够实现周年生产。

(二)栽培前准备

1. 栽培场所

银耳栽培室可以利用一般闲置房间,也可是简易大棚,温室等。栽培场所要求地势稍高,靠近水源,通风良好,采用室内层架式栽培,可以充分利用空间。我国北方菇农一般将发菌室兼作出耳室,或者同一空间分隔成两个部分。培养架架宽40~50 cm,设7~8层,层间距30~35 cm,过道宽80 cm。面积为12~15 m^2的栽培室可放置2 000~2 500个栽培袋。

2. 菌种制备

银耳各级菌种的生产方法与一般的食用菌不同。

(1)菌种生产基本原理 银耳菌丝不能降解天然材料中的木质纤维素,在木屑培养基中不能生长或生长速度极慢,仅在耳基周围或接种部位2 cm内生长;银耳菌丝易扭结而胶质化形成耳芽;耐旱,在硅胶干燥器内2~3个月不死亡;不耐湿,在有冷凝水的斜面培养基上易形成芽孢。

①银耳菌丝的分离 在耳基、接种部位周围取材料,放于硅胶干燥器内2~3个月,然后取一小块移入PDA斜面上,22~25 ℃条件下培养10~15 d可获得白色的银耳菌丝。

②香灰菌丝的分离 与银耳菌丝相反,其生长速度极快,在培养料内均有香灰菌丝生长;

生长后期分泌黑色色素，使培养基变黑；不耐旱，基质干燥后即死亡。在远离耳基处钩取一小块基质移入 PDA 斜面上，25 ℃下培养 5～7 d，培养基颜色变黑者即为香灰菌丝。

（2）一级菌种　在 PDA 斜面上选接一小块银耳菌丝培养块，放于 22～25 ℃条件下培养 5～7 d，可见到接种块长成白色绣球状，再在离银耳接种块 0.5～1 cm 处接种一小块香灰菌丝培养块，继续放在 22～25 ℃条件下培养 5～7 d 即可。

（3）二级菌种　采用木屑培养基（木屑 78%，麸皮 20%，蔗糖 1%，石膏粉 1%）。用 750 mL 菌种瓶只装半瓶，料面压平封口、灭菌、冷却后，接入银耳与香灰菌丝混合的一级菌种。每支一级菌种扩接一瓶二级菌种，如果一级菌种不够，可在一级菌种的接种处分割成四块（保证每块都有银耳菌丝），分别接入四瓶二级菌种培养基，放于 22～25 ℃下培养 15～20 d，料面会有白色菌丝团长出，并分泌黄水珠，随后胶质化形成原基。

（4）三级菌种　培养料湿度大些有利于酵母状分生孢子的产生和繁殖，使孢子液渗入木屑培养基深处，与香灰菌丝均匀混合，可以弥补银耳菌丝“吃料”不深、只长在表层的缺陷。因此在配制培养料时，含水量调为 65%～70%。接种时先处理二级菌种，即用接种勺把二级菌种表面的耳芽耙去，捣碎料面坚实的一层（上层长有银耳菌丝，下层疏松或没有银耳菌丝），耙取少量的下层疏松料与之混合捣碎。取一小勺二级菌种接种，振荡使菌种均匀分布于料面。每瓶二级菌种可扩接 40～60 瓶三级菌种。接种后置于 22～25 ℃条件下培养 15～20 d，当料面有白色菌丝团长出，并分泌黄水珠，随后胶质化形成耳芽时，即得到了三级菌种。

3. 原料准备

常用配方如下：

（1）木屑 78%，麸皮或米糠 20%，糖 1%，碳酸钙 1%。

（2）棉籽壳 80%，麸皮或米糠 17%，糖 1%，过磷酸钙 0.5%，石膏粉 1.5%。

（3）甘蔗渣 87%，麸皮或米糠 10%，糖 1%，尿素 0.5%，过磷酸钙 0.5%，石膏粉 1%。

（4）木屑 75%，麸皮 20%，石膏粉 1.5%，过磷酸钙 1.2%，白糖 1%，黄豆粉 1.3%。

4. 栽培容器

选用 12 cm×50 cm×0.04 cm 低压聚乙烯塑料筒袋，进行银耳的代料栽培。每个塑料筒袋的一端折成束，用棉绳或包装绳扎紧，不漏气，再用酒精灯烧熔，烧熔后迅速浸入水中冷却密闭。

（三）栽培袋制备

1. 称料、拌料

按选定的配方称料后拌料。拌料时将含水量调为 48%～52%。用手握料测定含水量，以指缝间无水迹，掌心有潮湿感为度（平放地面散开）。有条件可采用拌料机，拌料时间不宜超过 3 h，拌好后应立即装袋，防止培养料堆积发酵变酸。

2. 装袋

由于银耳栽培选用口径较小的塑料袋，难以用手工装袋，一般采用机械装袋。用棉绳或塑料包装绳扎紧袋口。扎好袋口用木板将料袋压扁，保证排放出耳时不会滚动。随后用专用的打孔器或自制的木棒在袋子正面打 4～5 个接种穴，穴口直径 1.2 cm，深 2 cm，并擦去袋表面的木屑杂质，贴上 3.5 cm×3.5 cm 的小块胶布封口。

3. 灭菌

装袋后立即灭菌，以免培养料中微生物大量繁殖而变酸，影响银耳生长。通常采用常压灭菌，在灭菌锅内料袋呈“井”字形摆放。温度达到 100 ℃后保持 10～12 h，再闷数小时(闷一夜)，待料温降到 80 ℃以下时出锅，出锅后搬入冷却室按“井”字形堆垛，如发现穴口胶布翘起或破袋，应立即用胶布加以贴封，以防杂菌侵入。

4. 接种

当料袋温度降至 30 ℃以下时可进行接种，接种之前需将菌种进行预处理。

(1)菌种预处理　银耳菌种是由两种菌混合制种的，银耳菌丝仅生长于培养基表层 2 cm 左右，菌丝致密、结实，香灰菌丝则分布于整瓶培养基中。菌种的预处理需要在接种箱中进行，接种箱消毒后，拔下棉塞，先用接种刀把菌种表层的银耳原基挖去，把表层 2 cm 左右捣碎，再把下层较疏松的香灰菌丝层 4～6 cm 挖起与之混合均匀。用一小块消毒后的塑料布封住瓶口，橡皮筋扎紧。

(2)接种　可配合接种，一人撕开穴口上的胶布，另一人左手持菌种瓶、右手持接种器接种，随后把胶布粘回接种穴。另有 2～3 人搬动、堆垛菌袋。接种时，穴内菌种要比胶布凹 1～2 mm，有利于银耳白毛团的形成并胶质化形成原基。一瓶三级菌种可接 20～25 个栽培袋。

(四)栽培管理

1. 发菌管理

接种后的栽培袋及时移入培养室，菌袋的摆放方法同香菇菌棒栽培。在 26～28 ℃条件下干燥培养。经 5～6 d 的堆放后菌丝已定植，便可排放在架子上。这时菌丝的新陈代谢加快，袋内温度逐渐升高，需将发菌室温度调至 20～25 ℃，袋温不超过 28 ℃。室内空气相对湿度控制在 70%以下。在发菌前 10 d，菌丝的呼吸作用弱，每天适当通风换气，保持室内空气新鲜即可；在发菌后期，代谢旺盛，菌丝呼吸作用会导致基质内缺氧，菌丝的生长发育减慢，应及时移开菌袋，菌袋之间保持 2 cm 的距离，以利于通气和散热。经 10 d 左右的适温培养，在菌落直径 10 cm 左右，相邻两个菌落相互连接，菌丝蔓延并深入培养料 3～4 cm 时，菌袋穴口已被菌丝密封，对外界抵抗力强，杂菌不易侵入。为满足菌丝旺盛生长对空气的需要，将接种穴上的封口胶布掀开 3 mm 左右的小孔，让新鲜空气进入袋内，促进菌丝良好生长。为使银耳菌丝长均匀，每隔 3～4 d 上下层的菌袋要进行一次调换。再经 5～10 d 的培养，接种穴出现红、黄色水珠，并开始形成原基，这时空气相对湿度应控制在 80%～90%。

2. 出耳管理

通常接种后的 11～14 d 为子实体发生期，14～19 d 为耳芽发生期，19 d 开始进入子实体生长阶段，35 d 进入成熟期。

(1)子实体发生期　菌袋培养 7～10 d，转移到栽培室管理，此时袋内空气已基本耗尽，如不及时开穴通气，菌丝生长减慢甚至停止，白毛团出现吐黄水、腐烂现象。故应将穴口胶布掀开 5 mm 的孔，让新鲜空气进入袋内，促进菌丝生长及白毛团分化成子实体。同时将菌袋接种口朝向一侧，避免管理过程中水滴入穴，造成烂耳。从白毛团原基形成到子实体分化需要 12～16 d，这一阶段，空气相对湿度在 85%～90%，应加强通风，适宜温度为 20～25 ℃，开口 12 h 后，开始用清水直接向菌袋喷雾，每天 3～4 次，喷水后通风 30 min，经常观察种穴是否有白毛团原基或黄水出现，若黄水过多，用干净纱布或脱脂棉将穴口的黄水吸去。

(2)子实体生长期　当原基分化成子实体并占整批接种穴的 60%时，表明已进入子实体发育期。

①扩穴增氧　将接种穴胶布全部撕掉，以利于耳芽扭结发育。子实体长满接种口时，要适

当开大接种口，扩成 4～5 cm（将塑料薄膜沿接种口划破，不要伤害菌丝，扩穴要尽量圆）。

②喷水加湿　将菌袋逐个排放于接种架上，接种口朝向内侧，袋间距 1 cm，盖上报纸，并喷水使报纸湿润。空气相对湿度在 90%～95%，若低于 85%，幼耳易发黄，高于 95%易出现烂耳现象。应干湿交替，每隔 3～4 d 都要将报纸掀去在阳光下暴晒 12 h，再覆盖喷水。当子实体长至 3～4 cm 时，每天喷水 3 次、通风 3 次。调湿要灵活，耳黄多喷，耳白少喷，晴天多喷，阴天少喷，一次不能喷得过多，更不能直接喷到耳基上，以免影响产量。

③调温　开口增氧以后，袋内菌丝新陈代谢加快，袋温上升，一般比室温高 2～3 ℃，此时室温控制在 20～25 ℃，若室温超过 28 ℃，应增加通风，或喷水降温。

④控光　栽培室要保持一定的散射光，黑暗、高温、高湿是形成烂耳的重要因素。

（3）子实体成熟期　经过 25～30 d 的科学管理，子实体已占满整个袋面。子实体生长缓慢，若继续喷水，容易使耳片烂掉，因此成熟期湿度要逐步降低。增加通风次数并延长通风时间，使室内相对湿度降为 80%，让子实体充分吸收培养基的养分，使整朵银耳中间尚未扩展的耳片继续扩展。

3. 采收管理

耳片全部展开，无包心、色白、半透明、稍有弹性，每朵重 100～150 g 时，停水一天，可采收。采收时，用锋利的刀片从料面将整朵银耳割下，留下耳基。塑料袋栽培的银耳，一般只收一茬耳。有的菌袋营养尚未耗尽，还可以出一茬再生耳。但再生耳耳片较小、较薄。菇农一般不再进行第二潮耳的管理。

四、银耳生产中常见的问题

（一）不出耳

1. 主要原因

（1）伴生菌衰退　即香灰菌丝衰退或死亡，常表现为菌丝初期呈白色、黑色，交叉圈状跟随进展，但不久黑色菌丝逐渐退缩，最终呈现白色纤弱菌丝。这表明香灰菌丝退化，不能分解吸收基内养分，更无法提供养分给银耳菌丝生长，原基也就无法形成，所以不出耳。

香灰菌丝退化的原因是菌种传代次数过多，先天性香灰菌丝衰老；低温偏干，发菌期香灰菌丝活力减弱，失去应有功能。

（2）银耳菌丝挫伤　气温过低或过高，胁迫了银耳菌丝，造成菌丝细胞断裂，生理性停顿，活力下降，不能吸收香灰菌所输送的养分，引起穴口内毛团菌丝逐渐萎缩至枯干成粉状，也有的因培养基养分过多，香灰菌丝生长旺盛，相对抑制了银耳菌丝转入生殖生长，子实体迟迟未能形成。

（3）拌种不均　接种前菌种预处理时两种菌丝提取部位不当，混合搅拌不均匀，致使接种穴内只长香灰菌丝而不长耳芽。

（4）通风不良　为了提高室内温度，用炭火升温，通风不良，CO_2 浓度过大，杀伤了菌丝，致使出耳受到影响。

2. 防治措施

（1）优化菌种　每隔 1～2 年分离选育一次，需从栽培群体的菌袋中，选取朵大形圆、耳片肥厚、展开疏松呈“牡丹花”形的子实体作为分离母本，银耳菌丝和香灰菌丝分别分离培养，并注意合并的专一性，实行“子代选优”种性稳定。培养基经常更换，对菌种进行复壮后，做出耳试验。

(2)控制好接种、温度管理和适时增氧 接种前根据银耳与香灰菌丝存在的位置，分别挖取混合拌匀后再接种。要求菌种入穴内比胶布低 1～2 mm，以便于菌丝扭结团在穴内生长发育。

发菌在夏初或秋初气温高时，注意疏袋散热，防止高温危害菌丝；早春秋末气温低时，保温发菌，排除 CO_2 危害。当穴内出现红色或淡黄色水珠，穴内毛状菌丝逐步胶质化形成耳芽时，应及时把穴口胶布敞开，让空气透进。

(二)烂耳

银耳幼耳烂根表现为幼耳结实不展片，稍动就脱落，耳基菌丝少或无菌丝。木屑培养基发黑潮湿，部分有白色针状肉质竖立。

1. 主要原因

菌种纯度不高，带有螨害。烂耳根和烂耳片也常由 pH 不正常，培养基含水量过多；栽培过程中温度偏高或偏低，出耳阶段温差过大；喷水过量，空气相对湿度偏大，通风不良，水源不净等引起。

2. 防治措施

拌料、装袋、上锅灭菌要环环紧扣，以防 pH 下降。料袋灭菌后要稀排，使之尽快冷却。在栽培过程中，温度应控制在 23～27 ℃，不超过 30 ℃，耳房保持空气新鲜，及时通风换气。在原基分化阶段，空气相对湿度应控制在 85%～95%，防止黄水过多或过干而引起烂耳。若发生大面积烂根时，只能采取挖掉烂耳基，补上新培养料，贴上胶布，重新灭菌再进行接种的办法。长耳期发生烂耳时，可提前采收，防止蔓延。

【思考与练习】

1. 简述银耳菌丝与香灰菌丝的关系。
2. 银耳菌丝体有什么特性？分离银耳菌种和香灰菌种的依据是什么？
3. 如何生产银耳一级菌种、二级菌种、三级菌种？
4. 在银耳子实体发育阶段，为什么要进行开口增氧、盖报纸、割膜扩口等管理？

学习任务九　猴头菇生产

【知识目标】

- 了解猴头菇的分类、价值与生产现状。
- 掌握猴头菇的形态特征与生长发育特性。
- 掌握猴头菇生长所需的营养与生态条件。
- 掌握猴头菇熟料生产技术。
- 掌握猴头菇生产中常见的问题。

【能力目标】

- 熟知培养料配方，会配制培养料。
- 会接种、培养生产菌种。
- 会调控生产环境。
- 会解决猴头菇生产中常见的问题。

一、猴头菇概述

猴头菇，分类上属担子菌纲多孔菌目猴头菌科猴头菌属，又名猴头菌、刺猬菌、花菜菌、山伏菌。既可食用，又是重要的药用菌。子实体圆而厚，常悬于树干上，布满针状菌刺，因形状酷似猴子的头而得名。

（一）猴头菇的价值

猴头菇肉嫩味美，是我国著名的八大“山珍”之一。自古就有“山珍猴头，海味燕窝”之说，并与熊掌、海参一起列为四大名菜。其营养价值高，每 100 g 干品中含蛋白质 26.3 g，在蛋白质中含有 16 种氨基酸，包括人体必需的 8 种氨基酸。猴头菇具有滋补健身、助消化的功能，其菌体所含多肽、多糖和脂肪族的酰胺类物质，对消化道肿瘤、胃溃疡、胃炎、腹胀等有一定疗效。以猴头菇为原材料制成的“猴头菌片”是治疗消化道溃疡的药物。

（二）生产现状

野生猴头菇生长在树木的枯枝上，主要产于我国的东北和西北。其他地区也有生产，但数量稀少。近年来，由于人工栽培尤其是代料瓶（袋）栽的成功，产区日益扩大，加上可用于栽培的原料种类多、生长周期短、成本低、收益大，猴头菇的生产得到了迅速的发展。

二、生物学特性

（一）形态特征

1. 菌丝体

猴头菇菌丝体在不同的培养基上略有差异。在斜面培养基上，初时稀疏呈散射状，后变浓密粗壮，气生菌丝呈粉白绒毛状；在木屑培养料中生长浓密，呈白色或乳白色。

2. 子实体

子实体肉质，外形呈头状或倒卵形，基部着生处较窄，外部有针形肉质菌刺，直而发达，且下垂，长1～5 cm，直径0.5～2 mm，新鲜子实体洁白或淡黄，干后变淡黄褐色，形似猴子的头，团块直径3～10 cm，人工栽培的可达10～15 cm。孢子椭圆形至圆形，无色、光滑，内含的油滴大而明亮。

（二）生活史

猴头菇需经过担孢子、菌丝体、子实体、担孢子几个连续的发育过程。猴头菇孢子萌发后产生单核菌丝，不同性别的单核菌丝相互融合，形成双核菌丝。双核菌丝发育到生理成熟就形成子实体。子实体上长出菌刺，在菌刺上形成担子，在担子中进行核配、减数分裂并形成担孢子。一个猴头菇子实体上可产生数亿个担孢子。在干燥、高温等不良条件下，菌丝体产生厚垣孢子，在适宜条件下，厚垣孢子萌发成菌丝，继续进行生长繁殖。

（三）生长发育条件

1. 营养

猴头菇是木腐菌，分解纤维素、木质素的能力相当强，能使朽木变成白色，称为白腐。猴头菇在生长发育过程中能利用纤维素、木质素、有机酸、淀粉等作碳素营养，通过分解蛋白质、氨基酸等有机物质，吸收利用硝酸盐、铵盐等无机氮化物作为氮素营养。同时还需要一定的钾、镁、钙、铁、铜、锌等矿质营养。目前，棉籽壳、甘蔗渣、锯末屑、稻麦秆、酒糟、棉花秆等已被当作生产中碳素营养的来源。木屑、棉秆、甘蔗渣等蛋白质含量较低。因此，栽培料中必须添加麸皮、米糠等物质，以补充氮素营养。

2. 环境

（1）温度　猴头菇属低温结实型菌类。但对温度的适应范围较广，菌丝在10～34 ℃范围内均能生长，最适生长温度为20～26 ℃。子实体属低温恒温结实型，最适温度为16～20 ℃。

（2）水分　菌丝体和子实体生长要求培养料的含水量为60%～65%；子实体生长发育的最适空气相对湿度为80%～90%。在这种条件下，子实体生长迅速，颜色洁白；如相对湿度低于70%，子实体很快干缩，颜色变黄，生长停止；如空气相对湿度长期高于95%，菌刺徒长，容易形成畸形的子实体，影响产量和质量。

（3）空气与光照　猴头菇是一种好气性真菌。菌丝体生长对空气的要求并不严格，而子实体的生长对CO_2特别敏感，当通气不良、CO_2浓度过高时，子实体生长受到抑制而致畸形。子实体生长阶段要求空气新鲜，空气中CO_2含量低于0.1%。菌丝体可以在黑暗中成长，不需要光线。子实体需要有散射光才能形成和生长。在栽培时注意控制光照条件，避免阳光直射。

（4）酸碱度　猴头菇喜偏酸性环境，在酸性条件下菌丝生长良好，最适pH为4.5～5.5。在配制栽培料时加入适量的柠檬酸对菌丝的生长有促进作用。

三、猴头菇生产技术

人工栽培猴头菇有瓶栽、袋栽、段木栽培等多种方法。但目前应用较多、周期短、管理方便、成功率高的是瓶栽和袋栽。

（一）栽培季节

根据猴头菇的生育特性和当地的气候条件，应选择气温在20～28 ℃，并经1个月后气温会下降到20 ℃以下时进行栽培。秋季8—9月制种，10月栽培。也可在春、夏之交进行栽培。

(二)前期准备

1. 栽培场所

人工栽培猴头菇,多采用室内栽培,要求栽培场所清洁卫生、保温、暗光、近水源、便于通风。天然山洞和防空洞,因其温度稳定、湿度大,是猴头菇栽培的理想场所。

2. 原料准备

栽培猴头菇的原料很多,以阔叶树锯木屑、棉籽壳、甘蔗渣、酒糟为主料,添加麦麸、米糠、石膏粉等辅助料即可。但必须选用干燥、新鲜、无霉变的原料。

常用的培养料配方有以下几种,供选用。

(1)玉米芯粉 78%,米糠 20%,过磷酸钙 1%,石膏粉 1%。

(2)棉籽壳 98%,糖 1%,石膏粉 1%。

(3)干碎甘蔗渣 78%,米糠或麸皮 20%,黄豆粉 1%,石膏粉 1%。

(4)麦草粉 78%,麸皮 20%,石膏粉 1%,糖 1%。

(5)杂木屑 78%,米糠 20%,糖 1%,石膏粉 1%。

3. 栽培容器

选用 15 cm×55 cm×0.04 cm 或 17 cm×33 cm×0.04 cm 的聚丙烯或低压聚乙烯塑料袋。也可使用罐头瓶栽培(同金针菇)。

4. 菌种准备

选择菌丝洁白、浓密、粗壮,生长快,上下分布均匀,分解纤维能力强,在培养基表面易形成子实体,子实体肥大肉厚、菌刺长的优良菌种。多采用二级菌种或三级菌种。

(三)栽培袋制备

详细制备方法可参照平菇栽培。

(1)称料、拌料。

(2)装袋、灭菌。

(3)接种　待料温度降到 25～30 ℃时,采用封闭式或半开放式接种,接种后移入干净的培养室,进行发菌管理。

(四)栽培管理

1. 发菌管理

(1)温度　猴头菇菌丝在 22～25 ℃条件下培养,生命力强,不会提早形成子实体;高于 28 ℃菌丝容易老化;若在 20 ℃以下培养,则菌丝未长透培养料就会形成子实体。而子实体形成后,袋口必须打开或将接种穴上的胶布揭去,否则子实体就会死在袋内,但未长菌丝的培养料打开袋口或揭去穴口胶布,很容易感染杂菌,从而影响猴头菇后期的产量。

(2)空气　猴头菇菌丝生长对空气的要求不高,每天开窗 1～2 次,每次 0.5 h 即能够满足菌丝呼吸的需要。塑料袋内的空气可以满足猴头菇菌丝前期生长的需要,但菌丝生长量和生长速度达到一定程度后,袋内 CO_2 含量往往已超过了猴头菇菌丝的承受限度,菌丝不能继续生长,此时要将袋口绳子解开,使之出现一小缝,但不要将袋口拉起,使空气进入袋内。此时袋口菌丝已长好,对杂菌已有抵抗能力,不会感染杂菌。也可以在接种穴口的胶布上或胶布旁用针刺孔,使空气进入袋内,使菌丝顺利生长。

(3)空气相对湿度　菌丝体培养期间空气相对湿度为 65%～70%,空气湿度过大容易生长杂菌;子实体形成期间,空气相对湿度应为 80%～90%。

(4)光照　猴头菇菌丝生长不需要光照，但完全黑暗使管理不便，空气流通也差，容易产生杂菌，所以，发菌室应有 40～50 lx 的光照强度(即能勉强看报的光线)。当菌丝长满袋时就要增加到 100 lx 左右的光照强度(能方便阅读报纸的光线)，这样能促使菌蕾形成。

当菌丝长满袋、气温达 18 ℃左右时，就应将菌袋移入出菇室培养，或在原来的发菌场所创造子实体的生长发育条件进行栽培管理。

2. 出菇管理

(1)开袋　猴头菇子实体形成时必须要有出菇口，壶形袋子实体从袋口长出，卧放的棒形袋子实体从接种穴口长出。因此，栽培开始时就要把壶形袋的袋口做成瓶口状，把棒形袋菌种穴上的胶布撕去。壶形袋袋口的具体做法是用宽 12 cm、长 10 cm 左右的硬纸片，弯成直径 3 cm 左右的圆纸圈，两头连接处用订书机钉住。然后将袋口穿进纸圈，再翻折于圈外，拉直，用橡皮筋将塑料袋口箍在纸圈上即成。棒形袋接种穴口的胶布撕去后，若见到口内有不规则的小菌蕾，则用小刀将其割去，单层卧放于架子上。穴口向上，袋上用塑料薄膜覆盖，塑料薄膜和穴口应有 0.5～1 cm 距离，每 2～3 d 将覆盖的塑料薄膜掀动 1 次，使覆盖膜下有良好的通气环境，促使菌蕾形成。当菌蕾直径 2～3 cm 时，将覆盖的塑料薄膜揭去。

(2)温度　出菇室温度尽量控制在 16～20 ℃，勿使温度过高或过低。温度超过 22 ℃时，白天关闭门窗，晚上开启；温度低于 14 ℃时，白天开门窗，晚上关闭，必要时地面泼浇热水。温度高，猴头菇的质量会受影响，使子实体色暗、质松，但只要高温的时间不超过 10 d，且不超过 25 ℃，下批菇还能正常生长；温度低于 14 ℃，菇生长慢，但对后面几批菇无影响。

(3)空气　猴头菇子实体生长要求有十分良好的空气。空气不良，子实体质松、重量轻、生长慢、菌刺少而粗，甚至会出现畸形。空气中 CO_2 含量对猴头菇生长的影响是很难用眼觉察的，但用统计调查的方法就能很容易发现其和子实体生长的关系。子实体栽培时必须注意空气条件，栽培室内菌袋不可放置过多，放置量不超过 20 袋/m^3。室内必须保持空气新鲜。子实体采收前，通气量要增加，室内 CO_2 浓度不超过 0.1%。

(4)光线　猴头菇子实体形成需要 100 lx 的光照强度，而且光线要均匀。光线弱，子实体采收后转潮慢；光线强，空气湿度难以保持，菌刺形成快，子实体团块小。

(5)空气相对湿度　猴头菇菌蕾形成和子实体发育需要 80%～90%的空气相对湿度。空气相对湿度低，菌蕾形成和子实体生长缓慢，但菌刺较短，在一定程度上可提高商品质量。所以，在开始形成菌蕾和子实体生长前期，空气相对湿度要求保持在90%左右。当菌刺达 0.5～1 cm 时，空气相对湿度应降至 85%。从菌蕾形成到子实体生长前期，室内每天要喷雾 2～3 次，菌刺形成后每天喷雾 1～2 次。

菌蕾形成阶段，菇体上不可喷水。子实体长至 4～5 cm 时，每天需喷 1 次细的雾状水。喷水后开门窗 0.5 h，把菇体上游离水分挥发掉。采收前一天不可喷水，以降低菇体含水量，以免运输贮存时产热使得菇体色泽暗、口味差。

3. 采收

猴头菇子实体要在成熟前采收，当子实体坚实、孢子未落下、菌刺在 0.5～1.0 cm 时采收。子实体完全成熟后(即孢子大量散落时)采收则肉质松，苦味重，加工成罐头时汤汁易发生混浊，采收后下一批菇形成慢，总的产量会下降。

猴头菇采收后应将留于基部的白色菌皮(膜)状物拣去，表面压平，继续管理，7～10 d 后第二批子实体即可形成。一般可收 3 批左右。

四、猴头菇生产中注意事项及常见的问题

1. 诱导菌袋定向出菇

菌袋经过室内发菌培养30～40 d，菌丝生理成熟，便从营养生长转入生殖生长。通常菌丝尚未发满袋，就开始出现原基，分化成子实体。根据栽培方式，分别把菌袋搬到室内栽培房或野外荫棚畦床。实践表明，野外栽培比室内生态条件好，长菇速度快，长势健康，可以避免畸形菇的发生。

2. 控温催蕾和定形

猴头菇栽培中，可以通过变温，创造适宜环境，促进现蕾和定形。菌袋出菇后应将温度降至16～20 ℃进行催蕾。在适温条件下，从小菌蕾到长成菇，一般只有10～12 d。气温超过20 ℃时，子实体发育缓慢，会导致菌柄不断增生，菇体散发成花菜状的畸形菇，或不长刺毛的光头菇，超过25 ℃还会出现萎缩死亡。

3. 控湿促进菇体正常发育

催蕾定形中，还必须创造适宜的空气相对湿度。根据菇体大小、表面色泽、气候等不同条件，采取不同喷水量。归纳起来是菇小勿喷，中期轻喷，后期勤喷、多喷。检测喷水适度与否，可从菌刺观察，若菌刺鲜白，弹性强，表明湿度足够，此时要少喷或不喷；菇体萎黄，菌刺不明显，长速缓慢，则为湿度不足，此时要多喷、勤喷。喷水必须结合通风，使出菇室空气新鲜，子实体茁壮成长。但要严防盲目喷水，过量喷水，造成子实体发霉。栽培场所必须具备80%～90%的空气相对湿度。幼菇期对空气相对湿度反应敏感，若低于70%，已分化的子实体也会停止生长；即使以后增湿恢复生长，但菇体表面仍留永久斑痕；若高于90%，加之通风不良，易造成杂菌污染。

猴头菇栽培过程中要注意通风增氧。野外畦栽，每天上午8时应揭膜通风30 min，子实体长大时每天2～3次，同时适当延长通风时间。长菇期要有散射光，野外荫棚掌握“三分阳七分阴”；室内栽培，向阳处需挂草帘遮阴；地下室、人防工事中栽培，可按每隔5～7 m，安装60～100 W电灯一盏，每天照明8 h，以满足其生长对光线的需要。

4. 菇色异常的原因及防治

菇体色泽变黄，菌刺短而粗；有的子实体变红色，或幼菇开始至成熟均呈粉红色，其菇体味苦。主要是温度偏低，常因秋冬季栽培，气温突降，子实体生长发育阶段气温低于10 ℃，菇体发红，并随着气温下降而加深。有的因室内栽培通风时，子实体受到直流风刺激，菇体萎黄。对色变的菇，应区别病因，对症处理。若是因低温引起的，则在安排接种时，考虑到接种后30 d左右，当地气温以不低于14 ℃为宜，以此为界向前推算最佳接种期，即可避免低温所害。升温办法是，如野外畦栽可把盖膜密封，中午气温高时通风，并使遮盖物稀疏，引光增温。室内栽培避免有风直吹菇体。

5. 光秃无刺菇的发生原因及防治

菇体呈簇状分枝，个肥大，表面皱缩粗糙，无刺毛，肉质松脆、略呈黄色或褐色，香味正常。主要是温度偏高，湿度偏低，常在25 ℃情况下子实体蒸发量过大，而湿度又没及时跟上，不长刺毛而形成光秃无刺菇。预防办法是注意控温保湿，当气温超过25 ℃时，野外菇床栽培的，应早晚揭开盖膜通风，白天把两头盖膜打开，使其透气；畦沟灌水降低地温，空间喷洒雾化水增加相对湿度，保持在90%；并把荫棚遮盖加厚，减少阳光透进，减少水分蒸发。

6. 珊瑚丛集形菇的发生原因及防治

菇体基部多次分枝丛集，形似珊瑚，明显可见有一条似根状的菌索与培养基相连。这种子实体有的在出菇期就死亡，有的能继续生长发育，小枝顶端不断膨胀，形成多个猴头菇状态的小子实体。其主要原因是 CO_2 浓度过大，刺激菌柄不断分化抑制中心部位的发育，致使形成不规则的珊瑚状子实体；也有的因为培养料中含有芳香化合物或其他杀菌物质，使菌丝在生长发育过程中受到抑制或异常刺激；有的栽培者片面强调保温保湿，忽视通风换气，在这种饱和的湿度和静止空气条件下，子实体异常发展。其预防办法如下：

(1)加强菇场通风，避免畸形幼菇发生。室内栽培要更加注意通风，改善环境条件。

(2)培养料选择时，注意剔除杉、松、樟、槐等含杀菌物质的树木。

(3)已形成珊瑚状的子实体，幼小时连同表面培养料一起刮掉，然后再进行培养，使其正常出菇。

7. 菇体萎缩霉烂的发生原因及防治

菇体前期长势正常，中间刺毛萎缩倒伏，菇体皱缩，有的菇体变褐、发霉。前者常因温度过高、空气干燥，明显缺水，以致停止生长，逐渐萎缩干枯，应及时喷水，微量喷雾于菇体上，使其恢复生长。如发现菇体霉烂的，则被病害或霉菌侵袭，应加强通风，降湿。已出现霉烂的要及时挖除，并局部涂抹3%的漂白粉或1%石灰水，控制患处，避免蔓延。

【思考与练习】

1. 影响猴头菇生长发育的条件有哪些?
2. 猴头菇发菌管理需注意哪些方面?
3. 猴头菇出菇管理需注意哪些方面?

学习任务十　滑子菇生产

【知识目标】

- 了解滑子菇的分类、价值与生产现状。
- 掌握滑子菇的形态特征与生长发育特性。
- 掌握滑子菇的营养与生活条件。
- 掌握滑子菇块栽技术。

【能力目标】

- 熟悉培养料配方，会配制培养料。
- 会接种与不同阶段的栽培管理。
- 会调控生产环境。
- 会解决生产中的实际问题。

一、滑子菇概述

滑子菇学名为光帽鳞伞，在分类上属于伞菌目球盖菇科环锈伞属，俗称滑子蘑、珍珠菇、光帽黄伞。

(一)滑子菇的价值

滑子菇营养丰富，鲜嫩可口，是美味的菜肴。据分析，每 100 g 滑子菇干物质中含粗蛋白 20.8 g、脂肪 4.2 g、碳水化合物 66.7 g、灰分 8.3 g。滑子菇有预防大肠杆菌、葡萄球菌、结核杆菌、肺炎杆菌感染的作用。滑子菇菌盖表面附着的黏状物是一种核酸，具有抑制肿瘤的作用，并对增进人体的脑力和体质均有益处，颇受国内外消费者青睐。

(二)生产现状

滑子菇原是一种野生食用菌，因其菌盖表面黏滑而得名。其人工栽培始于日本(1921年)，从 20 世纪 50 年代起，滑子菇开始商业性生产。20 世纪 70 年代我国引种栽培，产量逐年增加，主产区在辽宁，黑龙江、吉林、河北等地也有部分栽培。

目前，滑子菇国内外需求呈上升趋势，我国生产的盐渍滑子菇产品主要出口日本。近几年来随着深加工能力的扩大，产品已销往东南亚、欧洲等地。国内消费者需求量也迅速增长，发展前景非常广阔。

二、生物学特性

(一)形态特征

1. 菌丝体

菌丝体是食用菌的营养器官，相当于绿色植物的根、茎、叶。它生长在土壤、草地、林木或其他的基质内，分解基质，吸收营养，能从基质内吸收水分、无机盐和有机养分，以满足其生长发育的需要。滑子菇菌丝体在琼脂培养基上形成较浓密的绒毛状菌落，初期呈白色，后期变为奶油黄或淡黄色。

2. 子实体

子实体金黄色、丛生，菌盖表面光滑，有黏液，幼期呈半球形，随着子实体的生长，逐渐平展。开伞前菌盖直径为1～3 cm，开伞后菌盖直径为3～8 cm。菌褶直生、密集，初期乳黄色，成熟后浅褐色。菌柄圆柱形，中生，附黄褐色鳞片，长3～7 cm，直径0.5～1.5 cm。菌环薄膜质，孢子褐色，椭圆形至卵形，大小为(4～6)cm×(2.5～3)cm。

(二)生活史

滑子菇属于单因子两极性的异宗配合菌类。其生活史包括有性繁殖和无性繁殖。

1. 有性繁殖

在正常情况下，进行有性生殖。生活史为孢子、菌丝体、子实体、孢子的循环，即担孢子萌发，产生单核菌丝，2个不同性单核菌丝质配后形成双核菌丝，在适宜条件下双核菌丝经过组织化形成原基，进而长出子实体。在菌褶子实层上形成担子，在担子内进行核配和减数分裂，担子上产生4个担孢子。以后再重复进行担孢子萌发产生单核菌丝的过程。

2. 无性繁殖

(1)单核菌丝形成分生孢子，分生孢子萌发又形成单核菌丝。

(2)单核菌丝直接形成单核子实体，这种子实体的担子也是单核的，它可产生1个或2～4个单核的担孢子，发育后又成为单核菌丝。

(3)双核的次生菌丝形成了单核的分生孢子，由单核的分生孢子萌发成的单核菌丝，经融合又形成次生菌丝。

(4)双核的次生菌丝产生双核的分生孢子，发芽后又形成次生菌丝。

(5)次生菌丝直接还原初生菌丝，单核菌丝结合后又发育为次生菌丝。

(三)生长发育条件

1. 营养

滑子菇属木腐菌，在自然界中多生长在阔叶树上，尤其是壳斗科的伐根、倒木上。故人工栽培滑子菇常采用阔叶树木屑作为主要的碳素营养，添加一定量的麸皮或米糠作为氮素营养和维生素营养的补充，添加石膏粉或碳酸钙等补充无机盐养分。随着滑子菇生产规模的不断扩大和国家天然林禁伐或限伐政策的出台，滑子菇生产的原料显得严重不足，因此也可以用棉籽壳、玉米芯、豆秸、稻草等与木屑混合进行代料栽培。

2. 环境

(1)温度　滑子菇是低温型变温结实型菌类。孢子萌发的温度为25～28 ℃，菌丝生长的温度为5～30 ℃，在5 ℃开始生长，15 ℃左右生长加速，最适生长温度为20～25 ℃，超过30 ℃菌丝停止生长，35 ℃以上死亡。子实体分化的温度为7～20 ℃，最适温度为15 ℃左右，昼夜温差10 ℃以上，有利于原基的产生，高于20 ℃子实体分化较少，菌柄细，菌盖小，开伞早，品质差。

(2)水分和空气相对湿度　在菌丝体生长阶段培养料的适宜含水量为60%～65%，空气相对湿度为65%～70%。在子实体生长阶段空气相对湿度为90%左右。应经常保持空气湿度，创造高湿的条件，容易获得高产。水分不足时，菌盖小、肉薄，开伞早，黏液少，商品价值低。

(3)空气　滑子菇是好氧性菌类，喜通风，缺氧时菌丝出现老化、自溶、培养料松散、菌块解体等现象。早春，接种之初，气温低，菌丝生长缓慢，少量的氧即能满足需要；随着气温升高，菌丝新陈代谢加快，呼吸量增加，菌丝量增加，就要注意菇房通风和料包内外换气。出菇阶段子实体新陈代谢十分旺盛，需新鲜空气。环境中 CO_2 浓度超过 1%，子实体菌盖小、菌柄细、早开伞。因此在栽培管理中，加强通风换气至关重要。

(4)光照　滑子菇菌丝生长不需要直射光，因此要暗光发菌。但在子实体生长发育阶段必须有足够的散射光。菌丝在黑暗环境中能正常生长，但光线对已生理成熟的滑子菇菌丝有诱导作用。出菇阶段需给予 300～800 lx 的散射光。光线不足时，菌盖色淡，菌柄细长，品质差，还会影响产量。

(5)酸碱度　培养料的酸碱度直接影响细胞酶的活性，滑子菇适合在微酸性培养基上生长，适宜的 pH 为 5.5～6.5，pH 大于 7.0 时菌丝生长受阻，大于 8.0 时停止生长。

三、滑子菇块栽技术

压块栽培是培养料拌后用常压蒸汽锅蒸料 2～3 h，然后压块播种、发菌出菇的一种栽培方法。这种栽培方法适用于早春低温播种，可有效地避免杂菌污染。经过春夏两季发菌，使菌块达到生理成熟，晚秋 9—10 月集中出菇，产品盐渍后供应市场。此法工艺简单，操作方便，容易在广大农村普及推广，是我国滑子菇生产区的主要生产模式。

(一)栽培季节

滑子菇属低温变温结实型菌类。根据滑子菇出菇温度不同，可分为高温种、中温种和低温种。它们出菇的适宜温度为高温种 7～20 ℃，中温种 7～12 ℃，低温种 5～10 ℃。我国南方可采用高温种栽培，北方多采用低温种栽培。由于各地气温差异较大，应根据当地情况灵活掌握栽培季节。我国北方一般采用春种秋出，栽培时最好选择气温在 8 ℃以下的早春季节，最佳播种期为 2 月中旬至 3 月中旬。

(二)栽培前准备

1. 菇场的选择

一般的小规模生产可选在房前屋后的园田、空地，要求近水源、便于排水。大规模生产时应选择交通方便、水源充足、地势平坦、环境清洁的场所，周围远离工厂、畜禽舍，以免受病虫侵害。

2. 菇棚搭建

滑子菇块栽利用简易菇棚价廉实用。棚长 14 m、宽 7 m、高 2.5～2.8 m，棚内设床架，进行多层次栽培。架宽 1 m，架间设置 60 cm 的作业道。床架可设 7 层，层间距 30 cm。最上层距棚顶 60 cm，最下层距地面 20 cm。棚上盖要做成拱形，上盖塑料布防雨，再盖草帘遮阴，四周用秸秆栅栏或挂草帘，既要挡光又要通风。这样的一个菇棚可摆放 2 000 块菌块。

3. 制作蒸料锅

可用砖和水泥砌成圆筒形或长方形，也可用厚 2～2.5 mm 的铁皮焊制。一般锅筒直径或边长为 1.2 m、高 1.0 m，每锅一次可蒸料 500 kg。

4. 备足培养料

一般每生产 1 000 块滑子菇大概要准备 2 000 kg 主料(木屑、玉米芯、豆秸等)、400 kg 辅料和 20 kg 石膏粉。

滑子菇生产主要原料是阔叶树木屑，若用针叶树木屑，必须经发酵腐熟。培养料使用过细的木屑会通气不良，配制时可添加稻壳或粉碎后的玉米芯，增加通气性。木屑资源匮乏地区，可用粉碎后的玉米芯、豆秸等农产品的有机废料与木屑结合，进行混合料栽培。麸皮、米糠、石膏粉等可作为滑子菇生产的辅助原料。

滑子菇栽培的配方很多，各地可根据资源状况灵活掌握，现将常用的几个配方介绍如下：

(1)木屑78%，米糠20%，糖1%，石膏1%。

(2)木屑82%，米糠或麦麸17%，石膏1%。

(3)木屑80%，麦麸或米糠10%，玉米粉8%，石膏2%。

(4)甜菜渣50%，木屑30%，麦麸18%，石膏2%。

(5)棉籽壳87%，麦麸10%，糖1%，过磷酸钙1%，石膏1%。

(6)高粱壳76%，麦麸20%，糖1%，过磷酸钙1%，石膏1%，石灰1%。

(7)玉米芯粉60%，木屑25%，麦麸14%，石膏1%。

(8)棉籽壳98%，石膏1%，石灰1%。

上述配方含水量均为60%～65%。

5. 准备菌种

菌种可自己生产，也可购买。无论自产或购买，都应注意菌种的质量。好的菌种是不退化、不混杂、菌龄适宜、适应当地气候条件的优良菌株；健壮菌种的标准是菌丝洁白，绒毛状，生长致密均匀，手触菌种有弹性，用手掰成小块而不易粉碎，菌块内外菌丝量一致，菌龄50～60 d，不老化，不皱缩，菌种瓶底或袋底无积水。每生产1 000块滑子菇应准备1 000瓶(500 mL罐头瓶)或250袋(17 cm×33 cm)三级菌种。此外，还应准备一些必要的生产工具和消毒药品。

(1)托帘　用来承托菌块的秸秆帘，可用玉米秆或高粱秆做成。帘的规格为60 cm×40 cm，把6～7根长60 cm的秸秆用两根紫穗槐或竹片串成(根据地方材料选择)即可。生产多少菌块就准备多少托帘。

(2)木框　制作菌块的模子，规格为60 cm×35 cm×8 cm，准备2～3个。制作木框的木板要求内外光滑，厚度2 cm左右即可。

(3)薄膜　包菌块用的塑料薄膜可选用聚乙烯膜，规格为130 cm×120 cm×0.01 cm。

(三)栽培块的制备

1. 拌料与蒸料

(1)拌料　要将各种原料按比例称好，然后把主料堆放在干净的平地上，再把辅料撒在主料堆上，用铁锹反复搅拌均匀，慢慢加水，加水量可依据原料的干湿程度而定。边加水边搅拌，拌好的培养料闷0.5 h后，测定含水量。使培养料的含水量为50%～55%。蒸料过程中培养料还可以从蒸汽中吸收部分水分，含水量可达到60%～65%，适合滑子菇菌丝体生长对水分的要求。

(2)蒸料　拌好的培养料必须经过蒸料处理，其目的一是软化培养料，使高分子有机化合物降解为低分子有机化合物，便于菌丝吸收利用；二是可杀死部分杂菌和害虫，减少病虫害的发生。蒸料时，锅上放入铁帘或坚实的木帘、竹帘。往锅内注水，水面距帘20 cm，帘上铺放编织袋或麻袋片，用旺火把水烧开，然后往帘上撒料，不要一次撒得过厚，一直撒到离锅筒上口10 cm处为止。用较厚的塑料薄膜和帆布(或麻袋片)把锅筒包盖，外边用绳捆绑结实。当蒸锅大量蒸汽产生、塑料薄膜鼓起成馒头状时，开始计时(锅内料温为100 ℃)，保持2～3 h即可停火，再闷2 h，便可开锅。

(3)冷却　蒸料后，需要趁热出锅，用塑料薄膜在托帘上包料，每包湿重约 4 kg。包料时动作要迅速，尽量缩短培养料与空气接触时间，以减少杂菌污染的机会。包好的料运到干净的室内或棚内进行冷却，待料温降到 25 ℃以下时压块接种。

2. 压块接种

压块接种前，对场所进行消毒处理，用 10～15 g 硫黄熏蒸消毒 12 h 方可使用。压块接种时，现将木框放在托帘上，再将料包放在木框中打开，整平，把菌种均匀撒在培养料表面，每块接种量半瓶(500 mL 罐头瓶)或 1/3 袋(17 cm×33 cm 菌种袋)三级菌种。然后用木板压实，立即包严，菌块厚度 6 cm 左右。接种结束后将菌块搬到室外堆垛发菌，也可搬到菇棚内堆垛发菌。近几年一些栽培户直接搬到菇棚内上架发菌，也收到了较好的效果。菌块在棚外堆垛有如下优点。

(1)保温　因接种是在低温条件下进行的，有时气温达到 0 ℃以下，棚内由于阳光照射有限，温度一般都比棚外低，不利于菌种恢复生长；菌块堆放在一起，本身就可增加温度，有利于利用培养料内的热量发菌。

(2)管理　菌块要堆放在棚外较容易管理的地方，地面用木杆或砖垫起，每 5～7 块堆成一垛，垛与垛之间要留出 10 cm 的空隙，利于空气流通。上面及四周盖 20 cm 厚的稻草，目的是保温、透气、防止阳光直射，促进菌丝生长。在堆放期间要防止大牲畜及老鼠的损害。

一般菌块在棚外可堆放到 5 月初，以后进入菇棚上架发菌。堆放时间过长，块与块之间压得过实，氧气不足，影响菌丝生长。

(四)栽培管理

1. 发菌管理

(1)发菌前期管理　发菌初期外界气温在 1～3 ℃，达不到菌丝生长的最低温度要求，此时以保温为主，尽量勿使菌块结冰。发菌场所应保持清洁，空气湿度不宜过大，不要向菌块上喷水。发菌初期菌丝量少，呼吸量也少，不宜经常通风。在菇棚内堆垛发菌的，因堆垛上下温差大，需要两周左右倒垛一次，使发菌均匀一致，倒垛时检查发菌情况。在温度适宜的条件下经过 10 d 左右，菌块上的白色菌丝开始向料内生长，经过一个月左右培养料表面可长满白色菌丝，两个月左右菌丝穿透整个培养料，菌块形成一个不松散的整体。

(2)发菌后期管理　菌丝体达到生理成熟时，还要让菌丝充分生长，吸收积累营养，随着菌块表面形成一层锈色的菌膜，此时正值高温季节，必须把菌块单独摆在棚内床架上，打开通风窗，使棚内空气对流。伏季需要昼夜通风，以降低菇棚内温度，经过 4～5 个月的菌丝培养，菌丝已牢固地长满整个菌块。此时，菌块表面出现橙黄至锈色的菌膜，有光泽和香味，用手按有弹性，如菌块松散，菌丝暗黄、发黑、发黏、有臭味时，应及时淘汰；菌块有青、绿霉或毛霉污染时，可局部清除，放到低温通风处，菌块重新愈合后，仍可出菇。滑子菇菌丝培养切忌在地下室、防空洞或菜窖等通风不良处进行，培养场所必须清洁、凉爽、通风良好，避免高温危害。

2. 越夏管理

滑子菇菌丝培养后能否安全越夏是生产成败的关键。菌丝安全越夏的措施主要是通风、降温、避光、防治病虫害四个环节。管理中要求通风良好并有适量的空气对流。棚温一定要控制在 30 ℃以下，因为滑子菇不耐高温，特别是菌丝处于老熟休眠阶段，超过 30 ℃连续 4 h 就会使菌丝受到伤害。菇棚的门窗需要遮光，以防止直射光照射。为了防治病虫害，棚内要经常用敌敌畏熏蒸。

3. 出菇管理

(1)开包划面　滑子菇出菇前,首先要将料包的塑料膜打开,称为开包。开包时间可根据当地的气温条件而定,通常在8月下旬进行,平均温度20 ℃左右,开包不宜过早,以防止高温和杂菌对菌块的危害,但也不宜过晚,最晚不得超过8月末至9月初。开包之后,必须将菌块表面形成的一层硬的锈红色膜层划破,称为划面。划面的目的是使菌块得到新鲜的氧气,加强透气度,促进菌丝扭结,形成原基。划面的工具可用锯条、刀形铁器或圆钉制成小耙。划面时用力按住菌块,划线间距4 cm左右,划面的深度根据表面蜡层厚薄而定,锈红色蜡膜较厚的划面不能浅于1 cm,表面蜡层发白的要轻划,菌块表面未形成蜡膜的不可划,划面时要注意勿将菌块弄碎或将表面的硬盖揭下,必须保持菌块的完整。

(2)水分管理　滑子菇菌块开包划面后,出菇早晚、产量高低的关键在于水分管理,因为滑子菇具有喜湿耐水的特性,出菇期间空气相对湿度为90%～95%。滑子菇出菇期的管理主要应抓住以下几个关键阶段。

①轻喷划面水　菌块划面7～10 d内打轻水,以保持培养料面的湿润状态。

②狠打扭结水　在滑子菇的水分管理中,打扭结水是最重要的环节,此时气温已下降至20 ℃以下(约9月上旬),每天早、午、晚及夜间各喷一次水,喷水量要大,使菌块含水量增加到70%左右,即用手按菌块有水渍出现,并可见指纹,并且要保持90%～95%的空气相对湿度。因此,棚内地面要经常洒水,保持潮湿状态。当菌块吸收到适宜的水分后,表面将出现颗粒状的菌蕾,此时不要往菌块表面上喷水,以免菌蕾窒息而死,主要将空气相对湿度调节到90%～95%,每天需喷水3～4次,夜间补充一次水即可。

③控制转潮水　滑子菇每次采收后,要控制2 d不打水,但要保持菌块表面不干,使菌丝体积累营养。

在正常情况下,开包划面浇水后30 d左右,气温降到1 ℃,培养料含水量达到70%左右时,菌丝开始扭结,菌块表面出现白色原基,逐渐形成黄色的幼菇,经过8～10 d即可采收。

4. 采收管理

子实体长成后要及时采收。应按照商品规格要求进行采收。一般宜在菌膜即将开裂之前,菌盖橙红色而呈半球形,菌柄粗而坚实,菇表面油润光滑,质地鲜嫩时采收为好。采收适时,子实体重,质量好,加工时不易开伞,等级好,价格高。待菌膜逐渐开裂后,菌盖开展、呈锈褐色或黄红色,菌柄淡黄色时,即有褐黄色纤毛,孢子开始弹射,菇体则变轻了,这时采收影响质量等级。采收过早影响产量,过晚影响质量等级。

采收时,一只手按住培养料,用另一只手拇指、食指、中指轻轻捏住菌柄基部拧起,注意不要将培养料带起,以免影响下潮菇的发生。然后从基部逐个掰开,用不锈钢刀切去多余的菌柄和污物,及时进行加工。每采收一茬后,要把培养料表面上的残渣清理干净,并喷一次重水(出菇水),10 d左右就会长出新菇。一般接种一次可收4～5茬菇。

【思考与练习】

1. 滑子菇是典型的低温型菌,应采取怎样的措施使其在夏季高温条件下出菇?
2. 滑子菇块栽一年四季都可以进行播种吗? 为什么?

学习任务十一　姬松茸生产

【知识目标】

- 了解姬松茸的分类、价值与生产现状。
- 掌握姬松茸的形态特征与生长发育特性。
- 掌握姬松茸生长所需的营养与生态条件。
- 掌握姬松茸段木与代料生产技术。
- 掌握姬松茸生产中常见的问题。

【能力目标】

- 熟知培养料配方，会制作发酵料。
- 会做畦、作床、配制覆土、接种及接种后的管理。
- 会解决姬松茸生产中常见的问题。

一、姬松茸概述

姬松茸学名为巴西蘑菇，又名姬菇、小松菇、阳光蘑菇，分类上属于担子菌亚门层菌纲伞菌目蘑菇科蘑菇属。

(一)姬松茸的价值

姬松茸新鲜子实体含水量为85%～87%。每100 g干菇中含粗蛋白40%～45%，碳水化合物38%～45%，纤维素6%～8%，粗灰分5%～7%，粗脂肪3%～4%。蛋白质组成中包括18种氨基酸，人体的8种必需氨基酸齐全，还含有多种维生素。姬松茸营养极其丰富，而且组配合乎人体健康要求，医药保健价值高。

(二)生产现状

姬松茸是夏秋间发生在有畜粪的草地上的腐生菌，要求高温、潮湿和通风的环境条件，原产于北美南部和巴西等南美地区。国内姬松茸的人工栽培首先在福建省各市县得到推广，使福建成为国内最大的姬松茸生产和出口基地。之后进一步推广到浙江、四川、江西乃至北方省份，成为一些地区食用菌产业发展新的增长点。

二、生物学特性

(一)形态特征

1. 菌丝体

菌丝体是营养器官，菌丝白色，绒毛状，气生菌丝旺盛，爬壁强。菌丝体有初生菌丝，次生菌丝两种。菌丝不断生长发育，各条菌丝之间相互连接，呈蛛网状。

2. 子实体

姬松茸子实体单生、丛生或群生，伞状。姬松茸子实体粗壮，菌盖直径 3.4～7.4 cm，最大的达到 15 cm，菌盖初为浅褐色，扁半球形，逐渐成馒头形最后为平展，顶部中央平坦，表面有淡褐色至栗色的纤维状鳞片，盖缘有菌幕的碎片。褶离生，密集，宽 8～10 mm，从白色转肉色，后变为黑褐色。菌柄圆柱状，中实，长 4～14 cm，直径 1～3 cm，上下等粗或基部膨大，表面近白色，手摸后变为近黄色。菌环以上最初有粉状至绵屑状小鳞片，后脱落成平滑状，中空。菌环大，上位，膜质，初白色，后微褐色，膜下有带褐色绵屑状的附属物。

（二）生活条件

1. 营养

姬松茸以农作物秸秆（如稻草、麦秸、玉米秆、棉籽皮等）和木屑作为碳源；豆饼、花生饼、麸皮、玉米粉、畜禽粪和尿素、硫酸铵等作氮源。据实验研究，姬松茸能利用蔗糖、葡萄糖，而不能利用可溶性淀粉；能利用硫酸铵，浓度在 0.3%时最佳；也可利用硝酸铵，但不能利用蛋白胨。

2. 环境

姬松茸菌丝最适生长温度为 22～26 ℃，出菇温度以 18～21 ℃为宜。菌丝生长阶段的空气相对湿度为 60%～70%，子实体形成阶段，空气相对湿度为 80%～90%。菌丝生长不需要光线，少量的微光有助于子实体的形成。菌丝生长和子实体生长发育都需要大量新鲜空气。培养料的 pH 在 6～11 皆可，最适 pH 为 8.0。

三、姬松茸生产技术

（一）栽培季节与场所

菇房是姬松茸生长发育的场所，要为姬松茸获得优质高产创造适宜的环境条件。菇房可以是现代化菇房、塑料大棚、简易塑料棚和空闲房屋。菇房内可采用层叠式或畦式，根据菇房现有条件而定。如主要利用自然气温，应抓住适宜的季节进行栽培。如利用菜窖或温室，一年四季均可栽培。南方温湿度合适的地方和林区，也可以在加遮阳棚、风障的条件下露地做畦栽培，根据适合姬松茸生长的温湿度及当地的气候条件灵活掌握。

（二）栽培料配制

姬松茸栽培以甘蔗渣为原料最为合适，可用稻草、麦秆、棉籽壳、茅草、芦苇和玉米秆等原料进行栽培，可任选一种或几种混合，辅以牛粪、马粪、禽粪或少量化肥。所用的原料一般要求晒干和新鲜。介绍几种培养料配方：

（1）稻草 65%，干粪类 15%，棉籽皮 16%，石膏粉 1%，尿素 0.5%，石灰粉 1%，过磷酸钙 1%，饼肥 0.5%。

（2）玉米秆（或麦秸）80%，牛粪粉 15%，石膏粉 3%，石灰粉 1%，饼肥 1%，另加尿素 0.4%或硫酸铵 0.8%。

（3）稻草 47%，木屑 45%，过磷酸钙 2%，硫酸铵 1%，石膏粉 3%，石灰粉 2%。

（三）堆制发酵料

姬松茸的栽培要经过堆制发酵，培养料堆制时间应选择在春季 4 月下旬进行。原材料堆制发酵可选择一次堆制发酵和二次堆制发酵。前者发酵期较长，后者发酵期短，产量高，但成本偏高。把稻草预湿后堆放 1～2 d，牛马禽粪提前打碎，加适量水搅拌预堆 1～2 d；将预湿的草料在地面上铺 30 cm 厚，再铺 5～6 cm 厚的牛马粪，然后撒入麦麸、石灰粉；按一层草一层粪堆成高 1.5 m、宽 1.8 m、长度不限的长方形，顶层用畜粪覆盖，最外层撒上石灰粉，每隔 1.5 m 打洞通风放气；6～7 d 后堆温可升到 65～70 ℃，第一次翻堆。使培养料发酵均匀一致。第一次翻堆时，应均匀加入尿素。第二次翻堆时，应加入碳酸钙。第三次翻堆时加入石膏粉。每次翻堆要注意补水，调节培养料含水量 68%～70%，pH 为 7.0～7.2。翻堆分 5 次进行，每次间隔时间约为 7 d、6 d、5 d、4 d、3 d，共计 23～25 d。发酵好的培养料呈深咖啡色，手拉纤维易断，无氨气和臭气，富有弹性。

(四)床、畦铺料

室内搭架床 3～5 层或利用原有菇房架床，将完全成熟的培养料均匀而不松不紧地铺入菇床或畦床，以 20 cm 为宜。培养料上床后，关闭菇房的出入口、通风口，然后用甲醛加高锰酸钾熏蒸或用硫黄熏蒸 24 h，散尽菇房或畦内的药味，待料温降至 30 ℃以下时播种。

(五)播种及管理

料温稳定在 28 ℃以下，即进行播种。目前，大都采用谷粒菌种，按 1 瓶/m^2 接种(750 g/瓶)，再盖上一层进房时预先留下的含粪肥较多的优质培养料，厚度以看不到谷粒菌种为度。播种后用木板轻轻抹面。室外畦床栽培播种后尤其要注意保温、保湿，播种后要根据每天的温度变化注意床内料温。播种后第 6 天，若料面干燥应喷水保湿，一般每天通风一次。室内栽培也要注意菇房内的温度变化，既要保温保湿，又要使新鲜空气通入菇房，以人进入菇房时不感到气闷为宜。

(六)覆土

覆土材料应选择土壤结构好、肥力中等的。土粒含水量适宜，无干心，覆土厚度 3～4 cm。覆土要求无病虫害，最好取耕作层 20 cm 以下深层土，切勿取表土。

播种后 20 d 左右，菌丝长到整个培养料的 2/3 时开始覆土。覆土是栽培上非常重要的一环，覆土土质的好坏直接影响姬松茸的产量和质量。

(七)出菇管理

出菇期管理的目的是创造更好的生态条件，提高姬松茸的质量和产量，因此要因地制宜，灵活掌握。

姬松茸从播种至出菇，在正常温度下一般需 30～40 d，菌丝生长阶段要注意保温、保湿、保持空气新鲜。空气相对湿度为 60%～70%，培养基的含水量控制在 60%～65%。菌丝已布满到土面时，就要喷“重水”一次(一般喷水量为 2 kg/m^2)，分两次喷，喷后可停水 2 d，再喷一次出菇水。当床面长出大量的小菇时，视气温情况，每天喷水 1～2 次，大约 3 d 后菌蕾发育生长至直径 2～3 cm 时，应停止喷水，避免造成死菇和畸形菇。保持土层湿润，用水要求是水与料温相差不宜过大。出菇场所适温为 22～26 ℃，空气相对湿度为 80%～90%。3 d 后菌蕾长至 2 cm，即停止喷水。出菇阶段管理重点是控温、保湿和通风，同时结合喷水、通风来调节。姬松茸每潮菇历时约 8 d，每潮结束后需要 15 d 左右的养菌时间。各潮菇采收后应再修改菇床的形状，补足水分，为下一次出菇做好准备。姬松茸出菇期可持续 3～4 个月，采收 4～5 潮。菇房畦栽，鲜菇产量可达 1 kg/m^2，露地畦床栽培产量可达 3 kg/m^2 左右。

(八)采收

姬松茸以菌盖尚未开伞，表面淡黄色，有纤维状鳞片，菌幕尚未破裂时采收为宜。若过熟采收，菌褶会变黑，降低商品价值。采收后的鲜菇可通过保鲜、盐渍、脱水、烘干等方法加工后销售。

【思考与练习】

1. 姬松茸有哪些营养价值？
2. 姬松茸覆土材料如何选择？

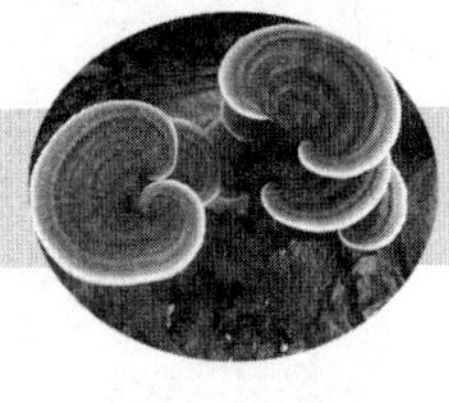

学习任务十二　灵芝生产

【知识目标】

- 了解灵芝的分类、价值与生产现状。
- 掌握灵芝的形态特征与生长发育特性。
- 掌握灵芝生长所需的营养与生态条件。
- 掌握灵芝代料生产技术。
- 掌握灵芝短段木熟料栽培与生料栽培技术。
- 掌握灵芝生产中常见的问题。

【能力目标】

- 熟知培养料配方，会配培养料，会选择段木。
- 会接种和培养生产菌种。
- 会调控生产环境。
- 会解决灵芝生产中常见的问题。

一、灵芝概述

灵芝俗称灵芝草、仙草、红芝、丹芝、瑞草、木灵芝、菌灵芝等，灵芝属担子菌亚门层菌纲无隔担子菌亚纲非褶菌目灵芝菌科灵芝菌属。

(一)灵芝的价值

灵芝是一种珍贵的药用真菌，因其整个子实体木质化，可以长久保存不腐，故又有“万年菌”之称。中医名著如《神农本草经》《本草纲目》等指出灵芝有“益心气生血，助心充脉”“安神，坚筋骨，利关节”“益脾气、补肝气、益精气”等功效。灵芝性温，味苦涩，能滋补强身，具有镇静、健胃、健脑、解毒、消炎等综合功效。

灵芝含有多种矿质元素，特别是有机锗的含量非常高。这种有机锗能促进新陈代谢、防止细胞衰老，有清血行气、增强体质的功能。灵芝子实体所含的有机锗是人参的 4～6 倍，即 800～1 000 mg/kg。灵芝中的灵芝多糖可以提高人体免疫力，有防癌抗癌的作用。灵芝还含有其他一些对人体有益的成分，如甘露醇，它们能调节脂肪细胞中中性脂肪的代谢。灵芝的苦味成分属于三萜类物质，这类物质可促进机体的消化机能，还具有抗过敏和抗发炎的作用。医药界证明，在灵芝中多糖、三萜类化合物、有机物的含量是其他真菌难以相比的，所以，灵芝除对癌症、脑出血和心脏病都有疗效之外，对白血病、神经衰弱、慢性支气管炎、哮喘、过敏、风湿性关节炎、鼻炎、糖尿病、高血压、低血压、牛皮癣、痔疮、便秘、高血脂等 40 多种疾病也有显著疗效。此外还有强精、消炎、镇痛、抗菌、解毒、利尿、净血、美容等多种功效。

此外，灵芝还具有很高的观赏价值，其颜色鲜艳、形体多姿、造型奇特，常做成盆景陈列于室内，古朴典雅，已成为人们喜爱的艺术作品。

(二)生产现状

野生灵芝主产于热带及亚热带地区的山林中，温带也有分布。在我国南北山区均有分布，以长江以南地区尤其是海南省居多。灵芝菌属全世界已发现有120多个种，其中我国有87个种，目前已能人工栽培的有红芝、紫芝、白芝、黑芝等。

二、生物学特性

(一)形态特征

1. 菌丝体

菌丝白色，有分枝，弯曲，有锁状联合。在PDA培养基上，菌丝体生长旺盛时，表面分泌出一层含有草酸钙的白色结晶体。菌丝以接种点为中心，呈辐射状向四周生长，接种点菌丝常呈淡黄色，菌丝匍匐生长于基质表面，老熟时分泌黄色或黄褐色的色素，易形成菌膜。菌丝体发育到一定阶段后，在适宜的条件下，开始相互扭结，在基质表面形成光滑的白色物，并向上突起，即子实体的原基。

2. 子实体

子实体一年生，菌盖幼时肉质，成熟后木栓化，呈肾形、半圆形或近圆形，表面棕红色或深褐色，有环状棱纹和辐射状皱纹，有一层漆样光泽，菌盖直径为4～20 cm，厚约2 cm，边缘常内卷。菌肉淡白色或木材色，近菌管处浅肉桂色，厚约1 cm，菌管淡黄色至褐色，长约1 cm。管口初为白色，后期呈褐色，有时为污黄色或淡褐色。菌柄近圆柱状或侧扁，通常侧生，极少偏生，罕见中生，一般长于菌盖的长径，与菌盖同色或呈紫褐色至黑色，表面有漆样光泽。菌盖在菌柄顶端光照较强的一侧发生。

(二)生活史

灵芝的生活史是从担孢子萌发开始的，到再形成担孢子而结束。灵芝的担子呈倒卵形，一端生在菌管的孔壁上，另一端长有4个卵形的褐色担孢子。当此担孢子成熟后，随风飘游，在适宜的条件下萌发成单核菌丝，两性单核菌丝结合，形成具锁状联合的双核菌丝，双核菌丝在适宜条件下，发育成子实体。子实体发育后分化担子层，每个担子上又发育担孢子，即完成一个生命循环过程。

(三)生长发育条件

1. 营养

灵芝是一种腐生真菌，需要吸收现存的有机态的碳素、氮素和微量元素才能生长发育。若培养基中的氮素多，碳素营养过少，菌丝体往往会徒长，推迟子实体的形成。若氮素营养不足，碳素营养过多，则菌丝生长不良。木屑、棉籽壳、豆秸、麦秸、麸皮、米糠、菜籽饼的碳素含量是不同的，在配制培养基时应多注意查阅所用物质的碳氮比。灵芝培养基的碳氮比以20∶1为宜。灵芝是木腐菌类，既可段木栽培，又可代料栽培。在段木栽培中所需要的营养物质可以从段木的韧皮部和木质部中获得，在代料栽培中所需要的营养物质要从培养料中获取。因此，培养料中的主料与辅料的合理配比，是栽培灵芝高产优质的基础。养分不足影响灵芝的生长发育，养分过多抑制子实体分化，并且易感染杂菌。

2. 环境

(1)温度　灵芝属高温型恒温结实型菌类。一般孢子萌发的适宜温度为24～26 ℃，菌丝体生长的温度为3～40 ℃，最适生长温度为25～30 ℃，超过40 ℃菌丝体停止生长，低于

−13 ℃菌丝死亡。子实体分化的温度为18～30 ℃，但以24～28 ℃分化最快，22 ℃以上才能产生正常的菌盖并形成子实层。子实体在25～30 ℃发育正常。在25 ℃以下生长速度慢、菌盖小，但质地坚实；在30 ℃下培养子实体，虽然生长速度快，个体生长周期短，但菌盖薄，质地差。一般以26～28 ℃培育子实体较好，持续在35 ℃以上或18 ℃以下子实体则不能分化。变温条件对子实体的分化与发育不利，容易产生厚薄不均的发育圈，使菌盖变形。

(2)水分和空气相对湿度　灵芝是喜湿性菌类。由于在高温季节栽培，水分很容易散失，因此培养料中的水分一定要适宜。在代料栽培中，培养基质的含水量为60%～65%；在段木栽培中，段木的适宜含水量为40%左右，过高或过低均不利于菌丝体的生长。菌丝体生长阶段空气相对湿度为60%，子实体生长阶段的空气相对湿度应保持在90%。湿度过低不产生子实体或子实体生长不良，菌盖边缘幼嫩乳白色的生长点将变为老化的暗褐色，一旦出现这种情况，以后再加大空气相对湿度也难以恢复正常生长。因此在管理时要注意喷水保湿，并处理好保湿与通风的矛盾。

(3)空气　灵芝是好气性真菌，对氧气的需求量大。在菌丝体生长阶段，氧气不足时菌丝生长缓慢，严重缺氧时，菌丝停止生长或窒息。在子实体生长阶段，要求空气中的CO_2含量为0.03%，当CO_2浓度增至0.1%以上时，菌柄呈鹿角状分枝，甚至不能分化菌盖，严重影响灵芝的商品价值。因此，人工栽培灵芝必须注意培养场所的通风换气。

(4)光照　在黑暗的条件下，菌丝生长迅速，而且洁白健壮。光线对子实体生长发育非常重要，没有光的诱导，子实体原基就不能形成。如果光照不足，子实体呈黄白色，无光泽，柄长、盖小或菌盖不分化，商品价值低。当光照为300～1 000 lx时子实体具完整的外形，菌盖、菌柄分化完全。若光照低于100 lx时，大部分灵芝无法形成菌盖。光照大于5 000 lx时，子实体生长常呈短柄或无柄。此外，灵芝具有很强的趋光性，子实体总是朝着有光源的方向生长，幼小的子实体趋光性更强。因此，在栽培管理过程中不宜经常移动，以免造成畸形。

(5)酸碱度　灵芝喜欢弱酸性环境，菌丝体在pH 3～7.5均能生长，适宜的pH为4.5～5.2。在代料栽培时，常采用自然pH，过酸或过碱都不利于菌丝生长。

三、灵芝生产技术

灵芝既可代料栽培，又可段木栽培。

(一)灵芝代料栽培技术

用农林产品的有机废料(木屑、刨花、棉籽壳、玉米芯、豆秸等)代替段木生产灵芝的方法叫作灵芝的代料栽培。此法适合在我国无林地区或少林地区推广使用。

目前灵芝的代料栽培主要有瓶栽、袋栽两种。瓶栽是传统的栽培方式，成功率高，但菌盖小，产量低。有的生产者为了提高灵芝的观赏价值，采用瓶栽，通过控制环境条件，使芝型艺术化。现在应用比较广泛的栽培方式是塑料袋栽培，其优点是成本比瓶栽低，产量和质量较好，管理方便，更适合商品化生产。

1. 栽培季节

灵芝在自然气候条件下，一般以夏、秋两季栽培为宜。夏季栽培在4月下旬至5月初接种，6月中下旬至7月初采收。采收后紧接着又进行秋季接种，于9—10月采收。如有人工控温条件，则可周年生产。

2. 栽培前准备

(1)栽培场所　发菌场所可利用现有的民房、厂房、库房或其他空房,也可在出芝场所发菌。出芝场所一般为塑料大棚或塑料日光温室。

(2)培养料

①阔叶树木屑79%,麸皮或米糠20%,石膏粉1%。

②棉籽壳89%,麸皮或米糠10%,石膏粉1%。

③阔叶树木屑40%,玉米芯40%,麸皮或米糠19%,石膏粉1%。

(3)栽培容器　选择聚丙烯或低压聚乙烯筒袋,规格为17 cm×40 cm×0.05 cm,每袋装干料500 g左右,筒袋两端接种,两端出芝。

3. 栽培袋制备

(1)称料、拌料　要求使用新鲜无霉变的培养料。木屑使用之前要过筛,粗木屑比细木屑好,细木屑最好和玉米芯、棉籽壳等进行混合料栽培,以增加培养料的通气性。玉米芯要粉碎成黄豆粒大小。豆秸粉碎要细一点,否则较硬的秸秆装袋后容易扎破袋,造成杂菌污染。培养料配制时,按配方比例称取各物质,放在一起,搅拌均匀,然后加水搅拌,使培养料的含水量达到55%～60%。培养料拌好后闷1～2 h,使其充分吸水。

(2)装袋、灭菌　装袋之前应将培养料再搅拌一次。装袋时,先将料袋一头用撕裂绳扎紧,然后再装培养料。要求松紧适中,随装随压实,装到离袋口8 cm左右时,将袋口扎紧。

装好的代料要及时灭菌,采用高压蒸汽灭菌或常压蒸汽灭菌均可。采用高压蒸汽灭菌时,应在0.14 MPa下保持1.5～2 h。大规模生产一般采用常压蒸汽灭菌,当灭菌锅内温度升至100 ℃时,保持8～12 h。停火后当料温降至80 ℃时即可出锅,待冷却至30 ℃以下时接种。

(3)接种　为了加快菌丝体生长,减少杂菌污染,要适当加大接种量。一瓶500 mL的罐头瓶菌种,可接8～10袋。要采用两头接种的方法,菌种要与培养料紧密接触,并及时将袋口扎紧。为了防止杂菌污染,采用封闭式或半开放式接种。

4. 栽培管理

(1)发菌管理　接种后的菌袋应及时放入消毒的暗光培养场所发菌。可把菌袋摆放在床架上,也可直接把菌袋摆放在地面上,一层层卧倒,墙式摆放,摆放5～8层。早春接种因气温低,可把菌袋集中堆放使之增温,加快菌丝定植,待气温升高后再分开摆放。在发菌管理阶段,发菌场所温度控制在25～28 ℃,通常可采取揭盖草帘、通风换气、菌袋翻堆等措施控制温度。空气相对湿度保持在65%,宜低不宜高,湿度过大极易发生杂菌。要经常通风换气,保持空气清新。一般每天通风2～3次,每次0.5 h。通风还应结合发菌场所温度和湿度进行,低温低湿要少通风或不通风,高温高湿要加强通风换气,必要时可随时通风或全天通风。

在发菌阶段,每隔10 d翻堆一次,上下内外调换菌袋位置,以保持温度和承受压力一致,有利于菌丝均匀生长。翻堆时要检查菌袋是否产生杂菌,菌袋内如果有少量杂菌产生,拣出经除治后另室培养。如果菌袋内大面积污染杂菌,应及时淘汰。

接种后的菌袋经过10～15 d的培养,菌丝从菌袋两端向内吃料4～5 cm,这时可去掉袋口捆绳,但不要拉动塑料袋口,可使少量空气进入菌袋。当菌袋两端菌丝继续向内生长,相距6～8 cm就要长满菌袋时,要适当拉动袋口,增加通气量。

(2)出芝管理　在适宜的条件下,菌袋培养30 d左右,菌丝可长满培养料,有时菌丝长满培养料2/3时就出现子实体原基。因此,在灵芝栽培过程中,菌袋长满菌丝或两端表面出现子实体原基时,应及时转入出芝管理阶段。

菌袋要在出芝场所一层层卧倒,单排墙式摆放在地面上,每排摆放 10 层左右。每层袋与袋间隔 1～2 cm,层与层之间摆放 2 根粗细相同的细竹竿,既利于通风、降湿,子实体之间又不容易挤碰变形。菌袋与墙间距 60～80 cm,便于作业管理。

当菌袋两端表面有白色突起(子实体原基)形成时,剪掉袋口薄膜,将袋口撑开或挽起。每袋每端只保留 1 个原基,其余要疏去,这样养分集中,子实体盖大、厚实。

子实体生长阶段温度控制在 26～28 ℃。灵芝是恒温结实型菌类,出芝场所应避免出现较大的温差。出芝期间每天向出芝场所喷雾状水 2～3 次,保持空气相对湿度为 90%,如果空气干燥,原基易枯死,菌盖生长不正常。相对湿度超过 95%易造成杂菌污染。子实体生长阶段必须有充分的光线,光照好,菌盖分化快,菌柄短,菌盖大,颜色深而有光泽。出芝场所每天通风 2～3 次,每次 0.5 h,但是要避免干风直吹子实体。经过正常管理,子实体逐渐长大,待完全成熟后即可采收,一般可采两潮。

(3)采收管理

①采收　在适宜的条件下,灵芝从原基形成到采收需 40 d 左右。为了保证灵芝产品的质量,成熟之后就应及时采收。当菌盖边缘白色生长圈开始消失、颜色开始由浅变深、菌盖不再增大、孢子不断散发时,便可收集孢子粉或采收子实体。采收时,用枝剪从菌柄基部剪下,应尽量不触摸碰撞菌盖,以防孢子粉受到损失。菌盖不能用水冲洗,否则会降低商品价值。

灵芝采收后,剪去过长的菌柄,单个摆放在竹筛等容器内,在阳光下晾晒,最好是先晒后烘,烘至不再减重为止,干品含水量为 12%～14%。

②分级　灵芝产品的分级,目前没有统一标准,一般出口产品的要求是菌盖上孢子粉多,菌盖表面颜色变红,边缘无白色,芝形整齐,菌盖平展,没有畸形,菌盖环纹明显,菌柄短,无病虫,无杂质。分级后的产品用塑料袋等容器密封包装。

(二)灵芝短段木熟料栽培技术

短段木(简称段木)熟料栽培灵芝有两大优点:其一是灵芝品质好,子实体菌盖厚实、盖大、色泽好,外销需求量大;其二是经济效益好,产量为 30 kg/m^3,干品按 50 元/kg 的价格计算,总产值为 1 500 元/m^3,扣除成本 750 元,每立方米木材纯收入可达 750 元。1 000 m^2 土地可畦栽灵芝段木 30 m^3,纯收入达 2.25 万元。

1. 栽培季节

气温稳定在 10～12 ℃时为栽培接种期。段木接种后要培养 60～75 d,菌丝才能达到生理成熟,随后入畦覆土,再经历 30～45 d 芝体才会露土。南方在 2—3 月接种,北方在 3—4 月接种。

2. 栽培前准备

(1)栽培场所　栽培场所最好选择在宅地附近土质疏松、地势开阔、有水源、交通方便的地方。在栽培场需搭建高 2～2.5 m、宽 6 m 的拱棚,棚内分左右两畦。用黑色遮阳网覆盖棚顶(遮光率为 65%),使棚内能形成较强的散射光。塑料日光温室也是比较理想的栽培场所。栽培场应在晴天翻土 20 cm 深,然后做畦,畦深 15 cm,畦长按地形决定,畦面四周开 30 cm 深的排水沟。

(2)树种选择　灵芝产量的高低和质量的优劣取决于菌材的营养成分,灵芝生长和发育的营养成分是产生灵芝子实体的物质基础,故树种的选择与灵芝的单产、品质有着直接的关系。

应选用壳斗科树种为主，一般能用于种香菇、黑木耳的树种，都可以栽培灵芝。

(3)砍伐截断 树木应在休眠期11月至翌年2月砍伐，这个时间树木中贮藏的养分多，含水量少，韧皮部和木质部结合紧密，伐后树皮不易剥落。此外，这一时期气温低，树上的杂菌与害虫也少。一般根据灵芝栽培时间提前一个月左右砍伐，去枝后运回生产产地。树木胸径一般6～22 cm，以8～18 cm为宜，砍伐运输过程中必须保持树皮完整。在灭菌的前一天进行截断，长度一般为12 cm，切面为平，周围棱角要削平，以免刺破塑料袋，造成杂菌污染。也可用小径短段木栽培灵芝，既发挥了段木栽培的优势，又能有效合理地利用森林资源。其方法是将直径3～5 cm的树棒截成12 cm的小段，再将短木段捆在一起形成直径为20～30 cm的木段。经装袋灭菌、接种、发菌后，进行覆土出芝管理。该技术对于保护森林资源，提高灵芝的产量和品质具有重要意义。

(4)栽培容器 选用与捆扎木段粗细相当的0.08 cm厚的聚丙烯或低压聚乙烯袋或筒料。

3. 栽培袋制备

(1)装袋灭菌 每袋装1段，两头用绳系紧。较细的短木可几根合在一起用细铁丝或玻璃绳打捆后装袋，较粗的短木可锯成小块后打捆装袋。若段木过干，则浸水后待表面风干时再装袋。生产上一般用常压蒸汽灭菌，在100 ℃条件下，灭菌10～12 h。

(2)接种 按每立方米段木用菌种80～100瓶(500 mL罐头瓶)的菌种量接种。接种室要求是门窗紧闭、干燥、清洁的房间，墙壁粉刷石灰水，水泥地面。消毒在段木出灶前进行，烟雾消毒剂用量为4 g/m^3，消毒过夜；在段木冷却至30 ℃以下，各项接种工作准备完毕后再消毒一次。采用封闭式或半开放式接种，菌种要紧贴段木切面。4人一组，一人解袋，一人放种，一人系带，一人运袋，形成作业流水线。

4. 栽培管理

(1)发菌与出芝管理

①发菌 接好种的菌段要放在通风干燥的暗室内培养，放在室外要采取保温、遮雨、遮阳措施。菌段立体墙式排列，两菌墙之间留通道，以便管理。一般培养20 d左右菌丝便可长满整个段木表面，这时可结合刺孔放气减少菌段积水，增加菌段氧气，促进菌丝向木质部深层生长。培养70 d左右，菌丝可吃透段木。

②脱袋覆土 脱袋覆土应在菌丝吃透段木、表面用手挤压有弹性感时进行。覆土时，应把段木竖直排立在已做好的栽培畦内，段木间隔5～8 cm，将空隙填满潮湿的细土，畦表面覆2 cm左右的松土，然后再覆1 cm厚的沙子，可防止喷水时泥土溅在子实体上。

灵芝生长对光照相当敏感，所需光线要比香菇棚强。如过暗，灵芝子实体柄长盖则形成“鹿角芝”。光线控制的原则是前期光线弱，有利于菌丝的恢复；后期提高光照强度，有利于灵芝菌盖的增厚和干物质的积累。

灵芝是恒温结实型菌类，最适温度为26～28 ℃。段木覆土后，如气温在24～32 ℃，通常20 d左右即可形成菌蕾。在适宜的环境条件下，即可分化菌盖。

③空气相对湿度 灵芝生产需要较高的湿度，子实体分化和生长过程要保持空气相对湿度在90%左右。在水分管理上，要掌握晴天多喷、阴天少喷、雨天不喷的原则。

④通风 灵芝在良好的通气条件下可形成正常的肾形菌盖，如果空气中CO_2浓度增至0.1%以上，则只长菌柄，不分化菌盖。为减少杂菌危害，在高温高湿时更要加强通气管理。

⑤疏减菌蕾 当发现子实体有相连的可能性时，应及时旋转段木，不让子实体互相连接。

并且要控制灵芝的朵数，一般直径 20 cm 以上的木段结芝 2 朵为宜，15 cm 以下的木段以 1 朵为宜，朵数过多将使一级品数量减少。

经正常管理，灵芝菌盖沿水平方向一轮轮向外扩展，当菌盖扩展停止、菌盖周边白色生长点消失、成熟孢子不断散发时，便可收集孢子粉和子实体。

(2)采收管理　参照灵芝代料栽培。

(三)灵芝短段木生料栽培

灵芝短段木熟料栽培主要是利用小径木，大径木则可采用短段木生料栽培。这种栽培方法具有工艺简单、操作方便、节省燃料、成本低等特点。

1. 短段木制作

把适合灵芝生长的大径木(胸径 15 cm 以上)利用冬季休眠期进行采伐、剃枝。接种之前进行截断，长为 12～15 cm，锯成圆盘状，并将段木按顺序编号，以利于接种作业。

2. 接种方法

短段木接种时，因为菌种夹在各短段木之间，因此接种后不便于移动，接种要在发菌场所进行。短段木栽培一般多用混合菌种。混合菌种是用新鲜的木屑、米糠及木屑菌种按面积以 3∶1.5∶1 的比例混合后所产生的菌种。

接种时，按序号每 6 个短段木为一组，首先把 1 号短段木放在地面上，在其横断面上接种混合菌种或已经培养好的木屑菌种，接种厚度为 5～8 mm，在其上放 2 号短段木，再接菌种，依此类推，直至一组操作结束。最后为了使各短段木之间所夹的菌种不干燥，用经水浸湿的旧报纸条把菌种处围起来，用撕裂膜或其他绳子系紧。

3. 栽培管理

(1)发菌　接种后的段木，如果环境适宜，菌丝生长旺盛，所以要创造适合灵芝菌丝生长的环境条件。对发菌场所的要求，应是通风、排水良好的稀疏林地、庭院树下、房前屋后的荫棚内。把各组接种后的段木集中放在一起，形成一个直径 1～1.5 m 的段木堆。上部或周围用苇帘或草帘等材料遮阴、保湿、保温，促进菌丝的定植与生长。

为了让菌丝尽快长满段木，水分与温度等环境条件非常重要。短段木堆周围如果处于干燥状态，要经常往覆盖物上喷些细水。如短段木堆内温度低，要设法保温，如温度高，要设法降温。高温、高湿时要及时通风，以免造成段木的杂菌污染。

(2)出芝　短段木生料栽培如果管理得当，2 个月左右菌丝可长满段木，在这个时候，在短段木组的各个短段木结合部位用铁锤把木楔打入，使各短段木分 1/2 或 2/3 埋入土中。最后在其上面搭设塑料拱棚，上面用苇帘遮阴。拱棚内温度最好保持在 25～30 ℃，空气相对湿度为 85%～95%。光照开始时暗一些，灵芝原基产生后要加大透光量。光照不足，灵芝柄细小，分枝多，菌盖小且畸形。拱棚内通风不良也是造成灵芝畸形的因素之一。

(3)采收　参照灵芝代料栽培。

四、灵芝生产中常见的问题

灵芝栽培的产量和质量差别很大，一般干灵芝的生物转化率为 7%～8%，而且畸形灵芝所占的比例很大，所以，灵芝的栽培管理尤为重要。

(1)丰富的营养可得到较高的生物转化率，以棉籽壳为主料栽培，添加麸皮、豆饼和糖是提高产量的重要环节。另外，段木栽培比代料栽培产量高、品质好，因此在生产实践中，常常采用段木栽培。

(2)春季栽培,发菌温度较低,应加温发菌,防止发菌期过长、菌丝老化形成菌膜,不形成原基。夏季发菌防止污染、降低温度,确保菌丝正常生长。

(3)协调各栽培条件,并根据不同栽培季节控制栽培环境。

(4)子实体伸展阶段,注意光源的稳定和强度,避免移动光源,造成子实体畸形。

【思考与练习】

一、判断题

1. 灵芝的孢子也是着生在菌褶表面的。 ( )

2. 灵芝破壁后更适合人体肠胃直接吸收。 ( )

3. 灵芝对多种理化及生物因素引起的肝损伤有保护作用,其主要药效物质为灵芝多糖、灵芝三萜及灵芝肽等成分。 ( )

4. 灵芝子实体就是成熟灵芝上的伞状结构部分。成熟的子实体由菌盖、菌柄组成,是一个伞形的菇状物。 ( )

5. 灵芝孢子粉具有灵芝的全部遗传物质和保健作用,其药用价值日益受到重视。( )

6. 生产灵芝使用的主要栽培原料为阔叶树段木及木屑、棉籽壳、玉米芯等,辅助原料有麦麸、米糠、石膏和石灰等。 ( )

7. 灵芝养菌期间要保持通风,经30～60 d菌丝可长满料袋。 ( )

8. 灵芝的子实层和菌管易被虫害侵入产卵、蛀蚀,平时宜摆放在通风干燥处,盆内放樟脑丸等防虫剂。 ( )

9. 灵芝的菌伞在菌柄顶端一侧发育,菌柄位于菌伞的一侧。 ( )

二、简答题

1. 灵芝常用的栽培方法有几种?试述其各自的优缺点。

2. 灵芝生长发育需要哪些外界环境条件?怎样进行调节?

3. 灵芝料袋怎样进行灭菌与接种?菌袋怎样进行发菌与出芝管理?

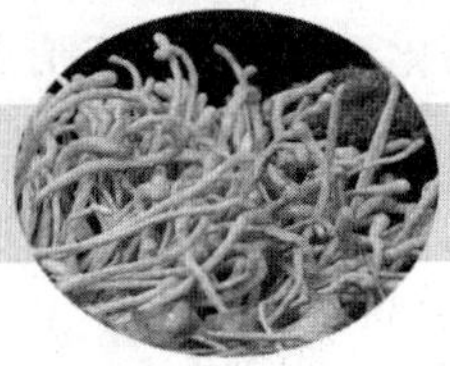

学习任务十三　蛹虫草生产

【知识目标】

- 了解蛹虫草的分类、价值与生产现状。
- 掌握蛹虫草的形态特征与生长发育特性。
- 掌握蛹虫草生长所需的营养与生态条件。
- 掌握蛹虫草代料生产技术。

【能力目标】

- 熟知培养料配方，会配制培养料。
- 会接种、培养生产菌种。
- 会调控生产环境。
- 掌握蛹虫草的保藏与加工技术。

一、蛹虫草概述

蛹虫草又名蛹草、北虫草、北冬虫夏草，属于子囊菌门核菌纲球壳目虫草科虫草属，是一种具有滋补功能的珍贵中药材。

蛹虫草的营养价值与保健价值和冬虫夏草相似，为我国特有的一类珍贵药用真菌。除了富含蛋白质、氨基酸、维生素等营养物质及钙、铁、锰、锌、硒等微量元素外，还含有虫草酸、虫草素、虫草多糖和超氧化物等，具有治疗肺结核、止血化痰、补精髓、抑制癌细胞、延缓衰老、提高免疫力等功效。

蛹虫草具有橘黄色或橘红色的顶部略膨大的呈棒状的子座。子座单生或数个一起从寄生蛹体的头部或节部长出，颜色为橘黄色或橘红色或白色，全长 2～8 cm。

二、生物学特性

(一)营养特点

人工生产蛹虫草可用的碳源有葡萄糖、蔗糖、大米、麦粒、玉米粒等；氮源有氨基酸、蛋白胨、豆饼粉、蚕蛹粉等。

(二)生长发育条件

1. 温度

蛹虫草菌丝生长温度为 6～30 ℃，最适生长温度为 18～22 ℃；子实体生长最适温度为 20～23 ℃。原基分化时需较大温差刺激，一般应保持 5～10 ℃的温差。

2. 水分

蛹虫草菌丝生长阶段，培养基含水量保持在 60%～65%，空气相对湿度为 60%～70%；子实体生长阶段，培养基含水量要达到 65%～70%，空气相对湿度保持在 80%～90%。特别是在中后期，把相对湿度提高到85%以上，可以延迟蛹虫草的衰老时间，大大提高产量。一般出草到成熟需向瓶中注水3～4次。

3. 空气

蛹虫草菌丝生长阶段仅需要少量空气，但在子实体发生期要适当通风，增加新鲜空气，否则，二氧化碳积累过多，子座不能正常分化，影响生长发育。在瓶子发满菌后，用铁钉或竹签在封口膜上刺3～6个圆孔通风，一直到虫草成熟。这样产量更高，出草更快、更齐。

4. 光照

蛹虫草孢子萌发和养菌初期不需要光照，应保持黑暗环境。但在原基形成时要求100～250 lx的明亮散射光刺激才能正常出草。一般催草时每天需要12～15 h的光照刺激，室内生产可用多个40 W的荧光灯作为补充光源，灯管距生产瓶30～50 cm为宜，再配合适宜的温度、通风、湿度，一般只需10 d左右就会整齐出草。反之则会出草不齐，产量低，品质差。

5. 酸碱度

蛹虫草为偏酸性真菌，菌丝生长最适pH在5.2～6.8。但在灭菌和培养过程中pH要下降，所以在配制培养基时，应调高pH 1～1.5，可加入适量的磷酸二氢钾或磷酸氢二钾。

三、蛹虫草生产技术

(一)生产季节

蛹虫草适宜的生产季节由两个条件决定：一是接种期在当地平均气温不超过22 ℃；二是从接种时往后推1个月为出草期，当地平均气温不低于15 ℃。根据蛹虫草对温度的要求，可分春、秋两季生产。春播一般安排在4月上旬播种、秋播在8月上旬播种。立秋过后，气温由高转低，昼夜温差大，正好有利于出草，是生产的最佳季节。

(二)原料配方

麦粒、高粱米、小米、玉米渣均可替代大米生产蛹虫草，但以大米最佳。蛹虫草在大米培养基上生长周期为35～45 d，生物转化率高达60%以上。而在高粱米、小米、玉米渣等培养料上生长周期为40～63 d，生物转化率稍低。参考配方如下：

(1)大米70%、蚕蛹粉23%、蔗糖5%、蛋白胨1.5%、酵母粉0.5%、维生素微量。

(2)大米1 000 g、蛋白胨5 g、葡萄糖10 g、蚕蛹粉10 g、磷酸二氢钾1 g、硫酸镁0.5 g。

(三)装料、封口

将上述物质按配方称量，混匀，分装入500 mL罐头瓶中，每瓶约装30 g培养料，另加入30 mL左右的营养液。营养液配方：葡萄糖10 g，蛋白胨10 g，磷酸二氢钾2 g，硫酸镁1 g，蚕蛹粉10 g，肉膏8 g，奶粉25 g，黄豆粉3.5 g，pH为7～8，瓶口包扎聚丙烯薄膜(12 cm×12 cm×0.04 cm)，上面加两层报纸，然后用线绳封口。

(四)灭菌

高压0.15 kPa保持1.5 h或常压100 ℃保持10 h。灭菌后，罐头瓶内的米粒不夹生也不呈糊状，饭粒之间要有空隙。

(五)接种培养

冷却到25 ℃在接种室接种。按常规无菌方法将菌种接入瓶内(固体接种块1 cm^2，液体菌种接种量约3%)，保持培养室温度20～24 ℃，相对湿度65%左右，在避光的环境下培养。经25～30 d菌丝即可长满全瓶，这时，培养基表面会出现一些小小的隆起，表明菌丝的营养生长阶段已经完成。这一阶段管理的关键是避光，保持黑暗；力求恒温，防止培养温度忽高、忽低。

(六)转色

蛹虫草的转色实际上是菌丝的后熟阶段，不转色，不出草。所以，菌丝长透瓶底后，就要开堆散放，进行转色管理，这是生产成功的关键。转色方法是散开菌瓶(袋)，加强通风，增强光照，促进转色。每天通风见光 6～8 h；光照强度为 100～200 lx，如果光线不足，可用日光灯补光；转色初期，温度控制在 21 ℃，后期 23～24 ℃；空气相对湿度控制在 60%～70%。维持 5～10 d，待白色菌丝体逐渐转为黄色或橘黄色时，标志着转色完成。转色后应停止人工光照，不能连续日照，连续光照不容易长出子座。

(七)子实体发育管理

1. 诱导原基

(1)加强光照刺激　光照强度控制在 50～100 lx，每天 12 h 以上。光照太强、通风差，原基分化则密，甚至形成菌被而不长子座。

(2)加大温差刺激　白天室温控制在 18～21 ℃，晚上要打开门窗使室温降到 8～10 ℃，使培养室昼夜温差达 10 ℃以上，每天低温刺激 6～10 h。

(3)加强通风管理　每天早、中、晚各通风 15～20 min，或早、晚各通风 30 min。

一般经 8～12 d 培养基表面就会出现原基凸起，此时可每天或隔一天松动一次封膜口，以增加透气，此期间温度和空气相对湿度与发菌阶段相同。

2. 子座生长管理

原基出现后，随后就进入到子座生长期管理阶段。这个阶段需 15～20 d。此时管理上要注意以下几点：

(1)控制温度　形成子座的温度为 18～23 ℃，一般超过 25 ℃不能形成子座。

(2)控制湿度　子座生长阶段要提高空气相对湿度到 80%～90%，以减少瓶内水分蒸发。特别要注意湿度不宜过大，超过 95%容易长杂菌。

(3)加强光照　光照强度在 200 lx 以上，每天不少于 10 h。

(4)加强通风换气　可通过在封口膜上刺孔的方式增氧。每天的通风时间要根据子座的生长而不断增加。

总之，这一阶段要重点加强通气和光照的管理，同时要防止 25 ℃以上高温和 15 ℃以下低温。按上述管理条件，一般经 30～40 d，瓶内都有子座形成。

(八)采收

当子实体长高至 9～12 cm、上半部分出现细毛刺状凸起时，说明子实体已经开始成熟，即可采收。具体方法：打开封口膜，将子实体连同培养基一起取出，用裁纸刀或剪刀从子实体基部割下，注意不要将原料带下。采收后每瓶加入清水或营养液 3～5 mL，盖好薄膜，继续培养，约半个月可再发生子座，待子座长至 5 cm 以上高时，即可再次采收。

(九)干制

按照长度、粗度、色泽分不同等级，整齐摆放在烘盘内，50～55 ℃烘箱或烘干室通风排湿干燥，干燥过程中不用翻动。当用手可以掰断子实体时，说明含水量已经达到 13%左右，干燥结束，此时子实体容易折断，需要在房间放置 4～6 h 回潮，可事先在房间地面洒些水。回潮的蛹虫草既干燥又柔软，易于包装，用薄膜密封放在阴凉干燥处保存。

(十)包装与保藏

将子实体按照要求分等级包装,采用食品级塑料袋,每袋盛装500～1 000 g。包装好的子实体,应放在干燥通风、避光洁净的地方保藏,子实体袋不要相互挤压。长期存放应在每袋中放食品级干燥剂袋,定期检查,如果回潮应立即换新的干燥剂或进行避光干燥。保藏过程中一定要避免光照,长时间光照,哪怕是散射光,都会使子实体褪色,影响外观质量。

【思考与练习】

1. 蛹虫草有哪些药用功效?
2. 蛹虫草如何采收?

学习任务十四　食用菌病虫害防治

【知识目标】

- 了解食用菌主要病虫害的类型、特点。
- 掌握食用菌主要病害的症状、发生规律与防治措施。
- 了解食用菌主要害虫形态特征、特性。
- 掌握食用菌主要害虫的为害特点、发生规律及防治措施。

【能力目标】

- 会识别食用菌主要病害与虫害。
- 根据病害发生规律采取相应的防治措施。
- 根据害虫发生规律、为害特点采取相应的防治措施。
- 培养严谨认真的工作态度和周密的逻辑思维能力。

一、主要病害及其防治

(一)竞争性杂菌及其防治

1. 根霉

根霉又称面包霉,为害食用菌的最常见的种类为黑根霉,俗称黑色面包霉。

(1)症状及形态特征　受根霉为害后,培养基表面形成许多圆球状小颗粒体,初为灰白色或黄白色,后变成黑色,呈现黑色颗粒状霉层,致使食用菌菌丝无法生长。根霉菌丝白色透明,无横隔,在培养基表面形成匍匐菌丝,每隔一定距离长出假根,孢囊梗与假根对生,顶部膨大为孢子囊,初为黄白色,后变为黑色,成熟后,如囊壁破裂,释放出孢囊孢子,孢子黑色、浅灰或无色、浅褐色等。

(2)发生规律　根霉适应性强,广泛分布于土壤、空气、粪便、霉烂的谷物或面包上等,喜中温、高湿、偏酸的环境条件。在食用菌菌种生产和栽培中常见。

(3)防治措施　菌种生产尽量避开闷热、潮湿的夏季高温期。注意栽培场所环境卫生,及时处理废料尤其是污染料。制种、栽培场所要按规定定期消毒,接种时要无菌操作。发现菌种染菌要及时挑出,并对环境进行消毒,通常用石灰水喷洒地面。

2. 木霉

木霉又称绿霉。为害食用菌的木霉种类很多,主要有绿色木霉和康氏木霉等。

(1)症状及形态特征　受木霉污染后,初期在培养基或培养料上长出大量白色纤细的菌丝,几天后产生大量的分生孢子而呈绿色粉末状,孢子成熟后便可随气流、风力飘散。子实体被木霉菌丝包囊,表面出现褐色斑点,变软死亡。菌丝分隔、分枝、无色,分生孢子梗对生或互生,呈树枝状分枝,小梗上长出成簇的分生孢子穗,有 10～20 个孢子。分生孢子球形或椭圆形,呈黄绿色。

(2)发生规律　木霉适应性强,生长速度快,广泛分布于自然界中,存在于空气和土壤中。该菌喜高温、高湿、偏酸性环境,菌丝在 8～42 ℃均能生长,最适为 30 ℃,空气相对湿度 95%以上,pH 为 3.5～6.0,孢子萌发最为适宜。木霉可侵染所有的食用菌菌种与菇床,不但是一种常见的竞争性杂菌,而且还有寄生作用。分解纤维素的能力较强,能产生毒素,抑制食用菌菌丝及子实体的形成与生长。子实体采摘后的菇脚易被其感染。培养料碳水化合物过多、偏酸及高湿的环境利于木霉的生长。

(3)防治措施　应在培养料配制,消毒通风等方面加以防治:

①培养料配比、堆制要合理,麦麸或米糠比例要小于 10%。

②栽培培养料发酵温度 60 ℃,二次发酵,生料栽培时用 2%～3%的石灰拌料杀菌。在菇床上喷 1%～3%的石灰水提高 pH。子实体采后及时清除菇脚。

③用 50%的多菌灵 800 倍液拌料,可有效抑制木霉的生长。

④注意通风换气,保持空气新鲜,防止高温高湿,定期检查,及时处理污染部位。污染较轻时,将料瓶、袋挪出菇房,挖除污染部位,用 pH 为 10 的石灰水喷洒发病处,或用 2%甲醛溶液注射于料内。菇床还可直接用石灰或草木灰水喷洒,防治木霉扩展蔓延。

3. 青霉

食用菌生产中常见的青霉菌种类有黄青霉、疣孢青霉、圆弧青霉、苍白青霉等。

(1)症状及形态特征　培养基或培养料受污染后,初期出现白色或黄白色绒状菌丝,与食用菌菌丝相似,二者很难区分。经 1～2 d,产生分生孢子,呈现出浅蓝或绿色的粉状霉层。被侵染后,食用菌菌丝生长受抑制,不能扭结形成子实体或使其变褐腐烂。菌丝无色、淡色或有色,有分枝、分隔。分生孢子梗有分枝,为帚状分枝,每一小梗的顶端产生一串分生孢子。孢子球形或近球形,无色或淡绿色。菌落灰绿色、黄绿色或青绿色、蓝色等,绒状,常见有分泌水滴。

(2)发生规律　青霉种类多,分布广,适应性强,产生的分生孢子数量多。孢子通过空气、土壤、肥料、植物残体等传播。在食用菌制种、栽培过程中广泛存在。青霉适宜生长温度为 20～30 ℃,空气相对湿度在 90%以上。培养料中碳水化合物过多易产生。

(3)防治措施　防治方法参照根霉。注意菇房和菇场通风换气,避免高温高湿;局部发生时,可用 5%～10%石灰水冲洗涂擦或在患处撒石灰粉,也可先将其挖除,再喷 3%～5%的硫酸铜溶液。

4. 链孢霉

链孢霉又称脉孢霉、红粉霉。

(1)症状及形态特征　培养基或栽培料受污染后,链孢霉菌丝生长速度快,使食用菌菌丝无法生长。在棉塞或菌种表面堆积大量分生孢子,呈现粉红色粉层,厚度可达 1 cm 左右,所以称为红粉霉,菌种一旦污染需彻底淘汰。菌丝初为白色或灰色粒状,分枝有隔膜,很快变为鲜艳的橘黄色,菌丝呈棉絮状、绒毛状。分生孢子梗直接从菌丝上长出,梗顶端形成链状分生孢子,孢子球形或长卵圆形,无色或淡色,但常呈粉红色或橘黄色。

(2)发生规律　广泛存在于自然界中,在潮湿的甘蔗渣、玉米、棉籽壳上极易发生。好氧菌在缺氧时孢子不能形成。生活能力强,生长速度快,空气、土壤、腐烂植物等都可传播,喜高温、高湿条件。25～36 ℃生长最快,15～30 ℃孢子萌发率最高,孢子较耐高温,湿热 70 ℃下 4 min 失活。培养料含水量为 50%～70%,pH 为 5～8 时生长最适宜。链孢霉污染所有的食用菌的菌种与培养料。

(3)防治措施　参见根霉防治方法。废弃的培养料及菌种瓶、菌种袋及时处理或深埋，切断所有的传播途径。菇床患处可用石灰粉覆盖，再用浸过0.1%的高锰酸钾的湿纱布盖在石灰粉上。定期检查，发现污染需用石灰水或高锰酸钾溶液及时处理。

5. 鬼伞

鬼伞又称野蘑菇，常见的种类主要有墨汁鬼伞、毛头鬼伞、晶粒鬼伞、毛根鬼伞和粪鬼伞等，以墨汁鬼伞危害最大。

(1)症状及形态特征　鬼伞的菌丝白色，初发生时，和食用菌的菌丝很难区分，以后二者之间便形成明显的拮抗线，当其长出料面后可看到灰黑色的小型伞菌，开伞后有明显的条纹和缺裂，成熟后变黑并液化，溶解成黑色黏液团，在菇床上腐烂，发出恶臭味，引起其他霉菌在其上腐生。

(2)发生规律　鬼伞在自然界分布广泛，生长极快，生活于有机质和植物残体上。在蘑菇、草菇和平菇栽培中易发生。只生长在菇床的局部区域，不侵害食用菌菌丝和子实体，只争夺养分和水分。培养料不新鲜和发酵不彻底、培养料发酵时过湿或过干、含氨过多、偏碱均有利于鬼伞的发生。

(3)防治措施　培养料要新鲜无霉变，高温堆制，二次发酵；培养料碳氮比要合理，料中含水量要适当；菇床一旦发生鬼伞，开伞前及时拔除，以免担孢子飞散传播。

(二)真菌性病害及其防治

真菌分布广，种类多，以腐生为主，少部分为寄生菌。发病部分会有病状和病症。

1. 褐腐病

(1)发病表现　只感染子实体，不感染菌丝体。子实体受到感染时，表面出现一层白色绒毛状病原菌菌丝，菌柄肿大成水泡状，畸形，进而褐腐死亡，故又称湿泡病。如子实体未分化时被感染，则分化受阻，形成不规则的组织块，表面有白色绒毛状菌丝，组织块逐渐变褐，从内部渗出褐色的汁液而腐烂，并散发恶臭气味。

(2)发病原因　病原菌为疣孢霉。疣孢霉的厚垣孢子存活于土壤中，通过人、害虫、工具或喷水等渠道传播。出菇房高温高湿、通风不良时发病严重，10 ℃以下极少发病。

(3)防治措施　出菇房应安装纱门、纱窗，出菇房、床架及用具应严格消毒，彻底杀灭病菌及害虫。覆土要进行严格消毒。培养料要经后发酵处理或进行巴氏消毒。栽培季节要避开高温，栽培设施要控制好温度。一旦发病，停止喷水，加强通风，降温降湿；严重时销毁病菇，并清理料面，降低室内温度。

2. 褐斑病

褐斑病又称轮枝霉病。主要为害双孢蘑菇和平菇。

(1)发病表现　褐斑病蔓延很快，对子实体具有很强的侵染力，菌蕾受害后，形成质地较干的灰白色组织块，不能分化形成菌柄和菌盖。子实体感病后，病菌菌丝能侵入子实体的髓部，使菌柄异常膨大并变褐，菌盖发育迟缓，子实体呈畸形而僵化，菌盖上还产生许多不规则的针头大小的褐色斑点，以后斑点逐渐扩大并凹陷，凹陷部分呈灰色，充满轮枝霉的分生孢子，但菇体不腐烂、无臭味，最后干裂枯死。

(2)发病原因　病原菌是菌生轮枝霉、菌褶轮枝霉和蘑菇轮枝霉。轮枝霉主要存活于土壤及空气中，其最适生长温度为22 ℃左右，低于12 ℃时生活力很弱。通过人、工具、昆虫甚至喷水等媒介传播。菇房通风不良、空气相对湿度大时易发病。

(3)防治措施　喷水量适当,喷水后注意通风,使菇床表面干燥,可控制病害的发展。及时摘除和处理病菇,保持菇房清洁卫生。局部发病时,可喷2%甲醛或波尔多液。多菌灵、甲基托布津、百菌清等杀菌剂交替使用。

3. 软腐病

软腐病又称蛛网病、湿腐病、树枝状葡枝霉病。主要为害双孢蘑菇、平菇和金针菇、银耳等。

(1)发病表现　发病时,菇床上出现白色菌丝,并迅速蔓延,若不及时控制,可扩展至整个菇床。发病后,菇床上被病菌白色菌丝覆盖,变为暗灰绿色或暗褐色,食用菌菌丝很难出菇。

(2)发病原因　病原菌为树状葡枝霉,该病菌可长期存活于有机质丰富的土壤中,通过覆土材料、水、昆虫、空气流动而传播。其孢子在20 ℃左右时的萌发率最高,菌丝生长最适温度为25 ℃,与大多数食用菌相似。

(3)防治措施　覆土严格消毒;局部发生时应减少在菇床喷水的次数,加强菇房通风,降低湿度;在患病部位喷2%～5%的甲醛溶液进行防治,也可撒生石灰粉进行防治。

(三)细菌性病害及其防治

细菌是一类单细胞原核生物,分布广、繁殖快,常造成食用菌的严重污染。为害食用菌的细菌大多数为芽孢杆菌属和假单胞菌属。

细菌广泛存在于土壤、空气、水和各种有机物中,初次侵染通过水、空气传播,再次侵染通过喷水、昆虫、工具等传播。

细菌性褐斑病又称细菌性斑点病。为害金针菇、平菇、蘑菇等食用菌。

1. 发病表现

病菌只侵染子实体的表面组织,不为害菌肉。被感染后,菌盖表面出现小的圆形或椭圆形褐色(铁锈色)凹陷斑,在潮湿条件下病斑表面有一薄层菌脓,发出臭味,当斑点干燥后菌盖开裂,形成不对称的子实体。菌柄上有时也发生纵向凹陷斑块,但菌褶很少被感染。病菇形态变化不大,也不会引起腐烂。

2. 发病原因

病原菌为托拉斯假单胞菌。此菌在自然界分布极广,培养料、覆土材料以及不干净的水中都会有,在15 ℃以上、空气相对湿度大于85%时,病菌活性强,通过气流、昆虫、工具等传播。高温高湿、通风不良,特别是菌盖表面有水膜时极易发生。

3. 防治措施

菇棚、床架、用具等要用2%的漂白粉彻底消毒,尤其原来发病较重的菇棚更应彻底消毒;同时,菇房应安装纱门、纱窗防虫;培养料和覆土材料应按要求进行发酵或消毒;使用清洁水源,喷水后加强通风,降温降湿,避免菌盖表面长时间存有水膜;发现病菇及时清除,并在料面撒一层石灰粉,或用农用硫酸链霉素或漂白粉液每两天喷一次;发病较重时,先清理料面或覆土后再喷药。

(四)生理性病害及其防治

生理性病害又称非侵染性病害。在食用菌菌丝和子实体的生长发育过程中,由于不良的环境条件,使正常的生长发育受影响,导致减产和品质下降。

1. 菌丝徒长

(1)发病表现　菌丝徒长又叫冒菌丝,指外界条件利于菌丝生长,迟迟不结子实体。有些食用菌，如双孢蘑菇、香菇、平菇、金针菇等常出现菌丝持续生长，不分化子实体，密集成团，结成菌块或组成白色菌皮，出菇时间延迟，或不出菇。

(2)发病原因　环境调控不当，如出菇室高温，通风不良，二氧化碳浓度过高等，引起菌丝徒长；培养料中含氮量偏高，菌丝进行大量营养生长，不分化出菇。

(3)防治方法　培养料不应过熟、过湿；栽培过程中要加强管理，加强菇棚通风，降低二氧化碳浓度，适当降温降湿，以抑制菌丝生长，促进子实体形成；选择适宜配方，并及时划破或挑去菌皮，多喷水并加大通风以促进原基形成。

2. 菌丝萎缩

(1)发病表现　出现菌丝、菌蕾，甚至子实体停止生长，逐渐萎缩、变干，最后死亡的现象。

(2)发病原因　培养料配方或堆积发酵不当，造成营养缺乏或营养不合理；培养料湿度过大，引起缺氧，或培养料湿度过小；高温烧菌引起菌丝萎缩；虫害，覆土和培养料都能带入害虫。

(3)防治方法　选用长势旺盛的菌种；严格配制和发酵培养料，对覆土进行消毒；合理调节培养料含水量和空气相对湿度，加强通风换气；发菌过程中，尤其是生料栽培时，要严防堆内高温。

3. 子实体畸形

(1)发病表现　子实体形状不规则，或原基分化不好，形成菜花状、珊瑚状或鹿角状的畸形子实体，甚至子实体不分化，成为不分化的组织块。

(2)发病原因　菇房通风不良，二氧化碳浓度过高，光线不足，温度偏高；覆土颗粒太大，出菇部位低；机械损伤；病毒危害或农药中毒等均能导致子实体畸形。

(3)防治方法　创造最适宜子实体生长发育的环境条件。调节温、光、水、气；覆土松软，颗粒小；科学防治病虫害。

4. 死菇

(1)发病表现　出菇期，菇床上出现小菇变黄、萎缩、停止生长，最后死亡，有时成批死亡的现象。

(2)发病原因　出菇过密，营养不足；菇房持续高温高湿，通风不良，氧气不足，二氧化碳过量；覆土层缺水，幼菇无法生长；采菇或其他管理操作不慎，造成机械损伤；或者使用农药不当，产生药害等均可引起子实体死亡。

(3)防治方法　合理安排栽培季节，设施内环境调控，避免出菇期高温、高湿，保持良好通风。控制菌种播种密度，如出菇过密，可进行疏蕾。正确使用农药。

二、主要虫害及其防治

为害食用菌的害虫中以双翅目的菌蚊、菌蝇发生最为普遍和严重，其次是弹尾目的跳虫和鞘翅目的甲虫及螨类、线虫等。

(一)昆虫类害虫及其防治

1. 大菌蚊

大菌蚊属双翅目菌蚊科，是常见的菌蚊 。

(1)形态特征

①成虫　黄褐色，体长 5～6 mm，头部褐色，触角 1.4 mm，基部两节黄色。胸部发达，背板上毛多。前翅发达有褐斑，翅长 5 mm，宽 1.4 mm，后肢退化成平衡棒。足细长，基节和腿节均呈淡黄色。

②卵 褐色，椭圆形，顶端稍尖，背面凹凸不平，腹面光滑。

③幼虫 初孵化幼虫体长 1～1.3 mm，黄白色，头部黄色，老熟后体长 10～16 mm。

④蛹 初为乳白色，后渐变为淡褐色，又变为深褐色，长 5 mm、宽 2 mm。

(2)为害特点 大菌蚊主要为害双孢蘑菇、平菇的子实体，以幼虫蛀取菌柄和菌盖，将菌褶咬成缺刻，被害处留下明显的蛀形，并将虫粪排泄在孔外，被害子实体瘦弱、黄色，枯萎坏死。

(3)防治措施

①消除虫源 菇房要经常清扫，可在地面洒石灰粉，或喷布敌敌畏溶液；菇房的门窗、气孔要安好纱窗，防止成虫飞进菇房产卵；搞好菇房周围的环境卫生；菇房内晚上不宜开灯。

②人工捕捉 大菌蚊有群居习性，成虫和幼虫比较大，每天喷水前检查床面一次，发现幼虫后捕捉并杀死。袋装的培养料，从袋外将虫掐死；成虫有趋光性，可用黑光灯诱杀，在灯下放置盛有 0.1%的敌敌畏药液的容器。

③药剂防治 可喷布敌百虫溶液杀死幼虫和蛹。培养料进行发酵处理，以杀死料中虫卵。

2. 眼菌蚊

眼菌蚊俗称小黑蚊子、白蛆(幼虫)，属双翅目眼菌蚊科。

(1)形态特征

①成虫 为黑褐色小蚊虫，体长 1.8～3.3 mm，复眼发达。触角丝状，有 16 节。足细长，腿节淡褐色。前翅膜质透明，后翅退化成平衡棒。成虫寿命 3～5 d。

②卵 为卵圆形，白色。

③幼虫 幼虫为白色的蛆，头部尖，黑色，咀嚼式口器，12 节，幼虫有 4 龄。初孵化幼虫体长 0.6 mm，老熟幼虫 5～6 mm，幼虫期为 11～14 d。

④蛹 初孵化的蛹乳白色，逐渐变淡黄色，羽化前变成黑褐色。蛹期约为 4 d。

(2)为害特点 成虫可携带多种病菌、线虫等，传播病虫害。成虫爬在子实体上影响品质。幼虫取食培养料和菌丝体，蛀食菌蕾和幼菇。幼菇的菌柄被蛀食后呈海绵状，开伞后的子实体也可受害，此时多在菌褶上蛀食，造成子实体枯萎腐烂。

(3)防治措施 防治方法与大菌蚊相同。

3. 菌蝇

菌蝇又称菇蝇，其中对食用菌危害最大的是粪蝇。

(1)形态特征

①成虫 淡褐色或黑色，触角很短，比菌蚊健壮，爬行很快。

②卵 白色，椭圆形。

③幼虫 白色、蛆状，头部尖，尾部钝。

④蛹 长椭圆形。

(2)为害特点 菌蝇主要为害双孢蘑菇、平菇等。幼虫取食菌丝体和子实体。可把菌丝全部咬断，使菌床上菌丝消失，料变黑，有臭味；可使幼蕾枯死、腐烂，造成绝产。

(3)防治措施 出菇前菇房内发现菌蝇成虫，用敌敌畏杀灭，温度在 16 ℃以上，成虫在刮风的天气和黄昏后不会远飞，此时用药效果最好，每天可喷 2 次。用药剂拌料(如除虫菊酯等)，消灭料中的蛹或卵；菇床上可喷洒除虫菊酯，杀死幼虫或卵。播种后 2～3 周内，成虫易受菌丝香味的吸引飞进菇房，门窗和气孔应及时用窗纱封好。

4. 跳虫

跳虫是弹尾目中无翅的小型害虫，密集时形似烟灰，所以又叫烟灰虫。

(1)形态特征

①成虫　体长1.1～1.3 mm，蓝紫色至蓝黑色，有闪光；弹跳器短小。体表散生灰白色小点，长有棘毛，具有蜡质层，尾部运行灵活，弹跳如蚤。

②卵　白色，球形，半透明。

③若虫　体长与成虫相似，色较浅。

(2)为害特点　主要为害双孢蘑菇、平菇、草菇、香菇、木耳、银耳、竹荪等。取食子实体菌肉，使菌盖表面出现不规则形状的凹陷斑点，菌柄上有许多细小孔洞。

(3)防治措施

①制种期　室内清洁干燥，不堆杂物，地面喷洒0.1%敌敌畏溶液。

②栽培期　老菇房要彻底清除废料，培养料发酵处理，覆土要取深层土，在夏季晒干，再消毒熏杀处理。出菇前发生，用0.1%的敌敌畏溶液加少量蜜糖诱杀，效果较好。

(二)螨类及其防治

螨类俗称菌虱，一生经过卵、幼螨、若螨、成螨四个阶段。可为害双孢蘑菇、平菇、木耳、香菇、草菇、金针菇等。

1. 形态特征

螨的体形很小，没有触角，无翅，有4对足。对食用菌为害较大的主要有蒲螨和粉螨。

(1)蒲螨　体型微小，长圆或椭圆形，淡褐色，体壁上的毛较短，行动缓慢。

(2)粉螨　体型比蒲螨大，圆形，白色，体壁上有若干长毛。

2. 为害特点及传播途径

螨类主要通过培养料、菌种被带进菇房，也可随菇蚊和菇蝇的成虫飞进菇房。螨类直接取食菌丝，播种后常集中在菌种块周围咬食，造成菌丝生长不良或消失，出现“退菌”现象；菌种感染螨类后，封口菌丝首先被咬食而变得稀疏或退化。子实体发生阶段，可造成菌蕾枯死或子实体萎缩，生长差，无生气，螨类本身可携带病菌和传播病害。

3. 防治措施

保证菌种不带螨，如发生，可用棉塞蘸50%的敌敌畏乳油后塞瓶熏蒸；菇房内外消毒，菇房和菇场远离污染源；培养料用敌敌畏熏蒸闷杀，喷药后密闭24 h；用糖醋液诱杀，旧布或纱布浸在药液中取出拧干后覆盖在料面上，螨会爬到药液布上取食，每隔2 h取下药布放在开水锅中煮1 min，将螨全部杀死，取出拧干后再浸在药液中，连续诱杀2～3 d，经3～4 d再重复一次。

(三)线虫及其防治

线虫属于线虫门线虫纲，为害食用菌较严重的种类有食真菌茎线虫、蘑菇滑刃线虫等。

1. 形态特征

线虫种类多，分布广，通常为圆形、柱状或纺锤状，有的呈线状或丝状。线虫大小不等，体长一般为0.5～1 mm，比菌丝略宽，无色透明。

2. 为害特点及其传播途径

线虫主要由培养料、覆土和水源三条途径进入菇房，也可由人、工具和昆虫携带进入。线虫主要为害双孢蘑菇、香菇、草菇、黑木耳、银耳等。在蘑菇栽培中，受害后的典型症状是菇床局部菌丝先变细，进而萎缩死亡，受害面逐步扩大，培养料开始大片发黑和湿润，变黏，料面下沉，伴有刺鼻的腐败味。如果早期发生线虫，菇床会出现局部或全部小菇不断大量萎缩、腐烂、死亡的现象，或形成无菇区。严重时床架反面有液滴滴出。如果线虫钻进银耳子实体内，引起烂耳和流耳，生长停滞。

3. 防治措施

菇房消毒；使用清洁水；培养料发酵温度 60 ℃；生料栽培可用热水浸料（70 ℃）3 h，或用开水浸 0.5 h，或用 2%石灰水进行浸泡 12 h 后均可杀死线虫；用 80 mg/L 的硫化锌喷洒或 1%的石炭酸溶液喷杀；加强菇房通风，降低空气相对湿度，可在料面上撒上一层薄薄的草木灰，能起到防虫作用。

【思考与练习】

一、单项选择题

1. 竞争性杂菌的主要菌类是（　　）。

A. 细菌　　B. 真菌　　C. 病毒　　D. 放线菌

2. 防治病虫害的积极措施是（　　）。

A. 关闭门窗　　B. 加强通风　　C. 保持适宜温度　　D. 打药处理

3. 菇体患处变褐，流褐液，有腐臭味的病害是（　　）。

A. 褐斑病　　B. 褐腐病　　C. 斑点病　　D. 猝倒病

二、多项选择题

1. 培养料发生细菌性污染的原因包括（　　）。

A. 精料含量丰富　　B. 培养温度过高　　C. 灭菌不彻底　　D. 接种环境差

2. 防治食用菌害虫的措施包括（　　）。

A. 培养料使用杀虫剂

B. 菇房内外消毒

C. 菇房门窗使用纱网

D. 发生虫害时及时采用物理或化学方法防治

三、判断题

1. 高温、高湿、通气差，是诱发病虫害的主要外因。（　　）

2. 鬼伞不属于竞争性杂菌。（　　）

3. 偏碱性培养料有抑制杂菌污染的作用。（　　）

4. 褐斑病不侵染菌丝体，只侵染子实体。（　　）

5. 生料栽培时加入麸皮、玉米面、糖等营养物质不易发生病虫害。（　　）

6. 能爬善跳，聚集时似烟灰的害虫是螨虫。（　　）

7. 螨类有趋暖湿环境及肉香味的习性（　　）

项目四　食用菌保鲜与加工技术

问题导入：

食用菌保鲜的生理基础是什么？干制的食用菌与鲜食食用菌营养价值相同吗？食用菌保鲜的方法有哪些？食用菌可以加工成哪些产品？

【项目概述】

本项目从食用菌贮藏保鲜的生理基础入手介绍了几种食用菌保鲜的方法。从加工制作的基本技术、操作流程、易出现的问题、产品质量的鉴定等方面介绍了食用菌的干制品、罐藏品、盐渍品、糖制品、酱类、饮料的加工制作技术。

学习任务一　食用菌保鲜技术

【知识目标】

- 了解食用菌保鲜的生理基础。
- 掌握食用菌保鲜的基本方法。

【能力目标】

- 会控制食用菌保鲜的环境条件。
- 会用简单有效的方法保鲜食用菌。

食用菌在生产过程中，鲜菇的保鲜是一个非常重要的环节。刚采摘的食用菌组织脆嫩，含水量高，常温下，极易出现老熟、过度开伞、褐变、枯萎、软化、发黏、液化、腐败、产生异味等现象，导致食用菌形态、颜色、重量、质地、营养成分及气味的变化，最终失去商品价值。所以，对于鲜销品或贮运待加工的原料菇，都必须做好菇品的保鲜和贮藏运输工作。

一、食用菌贮藏保鲜的生理基础

（一）呼吸作用

1. 温度

温度是影响呼吸作用最重要的环境因素。在一定范围内，温度升高，酶活性增强，呼吸速度加快，有效贮藏时间缩短；温度降低，酶活性减弱，呼吸速度减缓，有效贮藏时间延长。通常情况下，在 5～35 ℃，温度每上升 10 ℃，呼吸强度增大 1～1.5 倍。一般食用菌贮藏温度以 5 ℃左右为宜，但草菇为 10 ℃。

2. 空气

食用菌都属于好气性真菌，空气成分是影响其呼吸作用的重要因素。降低空气中的 O_2 浓度，可以抑制呼吸。空气中 CO_2 浓度增高，呼吸也会受到抑制，比较适宜的 CO_2 浓度为 1%～5%，CO_2 浓度过高会造成中毒。

3. 机械损伤

菇体组织受伤时，根据损伤程度的不同，呼吸强度均有不同程度的增强，耐贮性和抗病性迅速下降。食用菌在采收时，应尽量避免组织受损，以降低呼吸速度，使产品能较长时间贮藏。

（二）褐变

褐变是食用菌采后生理变化的一个重要表现，包括酶促褐变和自身氧化（美拉德反应）。

酶促褐变取决于多酚氧化酶、游离氧分子及具有羟基的底物三个因素，三者必须同时存在并互相接触，才会发生酶促褐变，通常多酚氧化酶和底物存在于菇体组织细胞中，由膜结构分隔，并不混在一起，只有当细胞破碎或膜结构变性，三者混在一起时，才发生酶促褐变。其作用过程为采收后的菇体中的无色酚类物质被氧化成赤褐色的醌和水，醌再经氧化聚合成黑褐色物质。

酶促褐变的底物通常是细胞代谢物，难以控制。由此可见，酶和空气中的氧是促使鲜菇发生酶褐变的主要条件，多酚氧化酶的最适 pH 是 4～5，温度为 30～40 ℃，在 pH 3.0 以下活性被完全抑制，所以在鲜菇贮藏加工中，则可采取隔氧或抑制多酚氧化酶活性的措施来减少酶促褐变的发生。

美拉德反应主要是贮藏过程中碳水化合物和脂肪类物质的自动氧化，是碳水化合物和氨基酸间以及各种含氮化合物和有机酸之间的化学反应，从而产生褐色、茶褐色，甚至产生一些有臭味和有毒的物质，同时，还可使菇体的天然色素脱去，形成黑色素。这种变色的速度取决于氨基酸含量与种类、糖的种类及温度条件。在各种氨基酸中，以赖氨酸、胱氨酸和苏氨酸等对糖的反应较强；糖类中，参与黑色素形成反应的只有还原糖，即具有醛基的糖。黑色素形成与温度关系较大，提高温度能促使氨基酸和糖形成黑色素的反应加快。因此，降低贮藏温度是控制美拉德反应的有效方法。

此外，某些重金属也会促进褐变，如锡、铁、铅、铜等，因此在食用菌贮藏加工中，避免与上述金属器皿接触是减缓美拉德反应的有效措施。

（三）水分损失

新鲜的食用菌含水量很高，通常达 90%左右，在贮藏过程中，会因蒸腾和呼吸作用散失。水分散失最明显的特征是失重和失鲜。失重包括水分和干物质两方面的损失，其中失水是主要的。失鲜则是食用菌贮藏中的质量损失，表现在菇体收缩变形、起皱、质地变硬等。两者使食用菌在结构、色泽、风味等方面发生变化，影响食用菌品质，降低菇的商品性。而且由于失水，正常的水分平衡被破坏，呼吸作用加强，菇体腐烂变质得就会快，因此在食用菌的贮运过程中，要防止过多的水分损失。

> **动脑筋：**食用菌子实体上长白毛了还可以食用吗？

二、食用菌保鲜技术

依据食用菌子实体降低或失去鲜活性的生理基础，在生产或销售过程中保持菇体的新鲜品质要从菇种、栽培管理措施、采收时间、贮藏条件、场所卫生、机械损伤等各方面综合考虑，以达到良好的保鲜效果。

目前，食用菌保鲜方法运用得较多的有冷藏保鲜、气调（CA）保鲜、电离辐射保鲜、负离子保鲜和化学药品或植物激素保鲜等。

（一）冷藏保鲜

温度是影响呼吸作用、水分散失、酶活性及微生物繁殖的主要因素。在一定范围内，高温保鲜期短，较低温（0～15 ℃）保鲜期延长。下面是用聚乙烯袋包装的几种食用菌不同温度的货架寿命，1 ℃时为 14～20 d，6 ℃时为 10 d，20 ℃时为 2～3 d，可见，温度对保鲜期影响是很大的。不过，不同品种的菇体适宜温度不同，一般以 0～8 ℃为宜。

（二）气调保鲜

CO_2 也能延缓菇体开伞和影响多酚氧化酶活性。气调保鲜一般来说是指增加 CO_2 含量，降低 O_2 含量和保持高氮水平。气调方法有自发气调和人工气调。

1. 自发气调

利用产品自身呼吸调节气体组成，O_2、CO_2 浓度变化动态及平衡态各种气体比率，取决于产品特性、温度、质量和包装材料的透气特征。蘑菇用特定薄膜包装于 18～23 ℃下可贮藏

3～5 d，香菇用塑料袋包装并用 5 ℃低温可存 15 d。目前，人们常采用有硅窗的塑料薄膜袋进行包装，这是因为硅橡胶具有较大的 CO_2 和 O_2 的透性比，并且袋内 CO_2 的透出量是与袋内 CO_2 的浓度呈正相关，因此，贮藏一定时间后，袋内的 CO_2 和 O_2 含量就会自然调节在一定的范围内。

2. 人工降氧法

即用气体置换装置抽出 O_2，充入 CO_2/N_2 或 CO_2 和 N_2，以达到一个有利于贮藏鲜菇的气体环境，效果好，但投资大。

（三）电离辐射保鲜

具有电离作用的射线主要有 α、β、γ 三种射线。但 α 射线易被阳光吸收，β 射线穿透力弱，只能用于食品表面杀菌，能用于食品内部杀菌的只有 γ 射线。

（四）负离子保鲜

负离子对菇类有良好的保鲜作用，其机制是空气中的负离子能抑制菇体的生化代谢过程，还能净化空气；负离子发生器在产生负离子的同时还产生臭氧，而臭氧具有强氧化功能，有杀菌和抑制机体活动的作用。

负离子保鲜食用菌，成本低，操作简便。当负离子与菇体或空气中正离子结合时，即中和消失，不会残留有害物质。其中产生的臭氧，遇到有机体便分解，不会集聚。因此，负离子保鲜是菇类保鲜中的一种有前途的方法。

动脑筋：食用菌子实体的生理状态对于保鲜时间有影响吗？

（五）鲜菇家庭保鲜

1. 清水浸泡

此法适于短期贮存，水能隔绝空气，菇体变色慢，体态饱满，但要求水中含铁量低（低于 0.000 2%），不放于铁制器皿内浸泡。

2. 盐水处理

将鲜菇轻轻放入 0.6%的盐水中浸泡 10 min，捞出沥干，装在塑料袋内，在 10～25 ℃条件下，经 4～6 h，袋内菇体可变为亮白色。此法可保鲜 3～5 d。

3. 焦亚硫酸钠处理

先用 0.01%的焦亚硫酸钠水漂洗菇体 3～5 min，再用 0.1%焦亚硫酸钠水浸泡 30 min，然后捞出沥干装进塑料袋贮存，在 10～15 ℃条件下，保鲜效果好，色泽可长时间保持不变，但贮藏温度超过 30 ℃时，仅能保鲜 1 d，以后逐步变色。

4. 比久保鲜

用 0.001%～0.1%的比久水溶液浸泡鲜菇 10 min，捞出沥干，贮于塑料袋内，在 5～22 ℃条件下可保存 8 d，能有效防止褐变，延长衰老，保持新鲜。

【思考与练习】

1. 导致鲜食用菌腐烂变质的原因有哪些？
2. 常用的食用菌保鲜方法有哪些？

学习任务二　食用菌加工技术

【知识目标】

- 了解食用菌加工的基本原理。
- 了解食用菌加工的基本流程和操作技术。

【能力目标】

- 熟知常见食用菌产品加工的基本原理。
- 能完成简单食用菌产品的加工。

对于食用菌的利用除了鲜食之外，还可制作各种食用、药用产品。如干制的香菇、木耳、银耳，用食用菌制作酱油、醋、饮料、罐头、酱类、蜜饯、食脯等。下面介绍几种食用菌的加工技术。

一、食用菌干制加工技术

(一)食用菌干制的基本原理

食用菌干制实质上是让子实体失水到一定程度，降低分解酶的活性，降低呼吸速度。同时减少水分能减少微生物的侵染，使食用菌保持营养价值和商品性。

(二)影响干燥速度的因素

1. 干燥介质的温度

菇体的干燥是把预热的空气作为干燥介质，但它不是干的，是湿的，是干空气和水蒸气的混合物，当这种热空气与湿润原料接触时，将其所带的热放出，菇体吸收热量使其水分汽化，空气因此而降低温度。要使菇体继续干燥，必须连续不断地提高空气和水蒸气的温度。

2. 干燥介质的相对湿度

干燥介质(空气)的湿度越低，则空气的湿度饱和差越大，菇体干燥速度越快。如果升高空气的温度，同时又通过通风排湿，降低相对湿度，菇体水分就更容易排掉，干燥的速度也可加快，干燥后的菇体含水量也可达到更低的程度，特别是在干燥后期更为显著。

3. 气流速度

气流速度越大，干燥过程越快，反之则越慢。因为在原料附近饱和的水汽不断被带走，而新鲜的未饱和的空气不断地补充，从而加速了蒸发过程。

4. 原料的装载量和菇体大小

菇体的大小不同，它们与干燥介质的接触也不同，菇体越小，蒸发面积越大，干燥速度越快。烘盘上单位面积装量也影响菇体干燥速度，装得越多，厚度越大，不利于空气流通，影响水分蒸发。

5. 大气压力

大气压力为 101.3 kPa 时水的沸点是 100 ℃，如果大气压力降低，水的沸点也会相应降低。据此原理，目前已发展了减压干燥法(真空干燥)。这种干燥法通常在常温下进行脱水，因此菇体营养不会受到严重破坏，而且菇形也可保持良好的外观。

(三)食用菌干制工艺

1. 干制分类

(1)自然干制　依靠太阳晒干或热风干燥的称为自然干制。其优点是节约能源，设备简单，易操作，但受气候限制，易引起损失。

(2)人工干制　人工干制就是利用烘房或烘干机等设备使菇体干燥。可以缩短干制时间，减少因腐烂而造成的损失，保证产品质量，延长保存的时间，并且干菇含水量一致，易于统一管理，是目前常用的方法。

2. 干制过程

(1)原料处理　为了提高干菇的质量，除了要注意不同菇的采收期和恰当的采收方法外，在干制前还要注意除去菇体基部的泥土杂质，去掉菇根，将鲜菇分级，去掉畸形菇和病虫菇，必要时对某些菇还要进行热处理。如金针菇用于干制应先将其在锅内蒸 10 min 再干制，有些还要进行切分；如香菇，常根据人们对成品的要求不同，剪去全部或少许菇脚，将菇片切丝或切条等。处理好后，再将不同等级的菇体分别干制。

动脑筋：食用菌干制过程中，如果烘干后又重新吸水，再次烘干，期间如何判断子实体是否变质？比如木耳自然风干时淋雨了，需要再次风干，这种情况应该如何判断木耳的质量？

(2)晒干　将鲜菇、鲜耳薄薄地摊在苇席或竹帘上，放在太阳下暴晒至干。摊晒时，要注意勤翻动，小心操作，以免破损，对于像香菇那样的伞菌，晒时应倒放，让菌褶向上。一般鲜菇有 2～3 个晴天即可晒干，待确定已晒干，放入塑料袋中，迅速密封后即可贮藏。

(3)烘干　烘干是将鲜菇放在烘箱、烘笼或烘房中，用电、炭火或远红外线加热干燥，使其脱水。为提高菇品质量，多以机械脱水为主。

二、食用菌罐藏加工技术

目前生产的食用菌罐头，按其罐藏内容物的组成和制造的目的不同可分为清水罐头和复合式食用菌罐头。以食用菌整菇、片菇或碎菇为主要原料，注入适当浓度的盐水作填充液，称清水罐头，如蘑菇罐头、鲜草菇罐头、鲜鲍鱼菇罐头等，主要用于菜肴的烹调加工，是当前食用菌生产的主要类型，容器以马口铁罐和玻璃罐为主。用菇类和肉、鸡、鸭等原料配制经烹调加工制成的罐头称复合式食用菌罐头，如香菇肉酱、香菇全鸡、蘑菇猪肚汤等，是将烹饪技术与制罐工艺相结合的产品，可直接食用，是一种取食、携带都很方便的食品。

(一)食用菌罐藏加工的基本原理

罐藏食用菌能较长期地保藏而不变质，原因是菇体处于密封容器内，与外界空气及各种微生物隔绝，经过高温杀菌处理，罐内微生物的营养体被完全杀死，幸存下来的极少数微生物芽孢，因罐形成了一定的真空而无法活动；同时高温破坏了菇体内的酶系统，从而阻止了菇体变质，但若有较少数厌氧性微生物芽孢幸存，罐藏品仍有变质的危险。因此，罐藏品有一定的保藏期限。为了生产高质量的罐藏品，必须弄清罐藏与微生物的关系，了解影响杀菌效果的因素，以及罐头食品杀菌的理论根据等基本知识。

1. 食用菌罐藏与微生物的关系

罐头生产所涉及的微生物，主要包括细菌、霉菌和酵母菌等。在罐头生产中，霉菌和酵母菌的败坏作用在食品原料装罐之前是重要的，在密封杀菌合格的罐头中，它们无法生存，导致罐头食品败坏的微生物最主要的是细菌。

食用菌罐藏所采用的杀菌理论依据和工艺参数，都是以杀死某类细菌为依据的。通常首先考虑要消灭的是肉毒杆菌，它能产生肉毒杆菌毒素，人类食用被此毒素污染的食品，能引起食物中毒甚至死亡。这种杆菌是具有芽孢的革兰阳性厌氧菌，耐热性强，其芽孢在 100 ℃、6 h 或 120 ℃、4 min 才能被杀死。罐藏杀菌如能达到抑制肉毒杆菌的效果，那么一般使食品败坏的微生物以及一些致病微生物，就都能够受到抑制。所以罐藏杀菌温度及杀菌时间的研究大多是结合肉毒杆菌的耐热性来进行的。此外，嗜热脂肪芽孢杆菌和凝结芽孢杆菌的耐热性较强，经常引起罐头食品的产酸败坏，也可作为拟定杀菌条件的对象菌。

(1)细菌对营养物质的要求　罐头加工厂的食品原料含有细菌生长发育和繁殖所需要的各种营养物质，若包括细菌在内的各种微生物大量存在，会增加罐头败坏的潜势。因此，食品加工厂的原料选择、处理和环境卫生管理工作十分重要。

(2)细菌对氧气的要求　依据细菌对氧的要求，可将细菌分为好氧性细菌、厌氧性细菌和兼性厌氧性细菌。在罐头中，好氧性细菌是受限制的，而厌氧性细菌是引起罐藏食品败坏的主要因素，必须通过高温杀菌或调酸处理等措施消灭。

(3)细菌对酸的适应性　各种细菌生长的最适 pH 是有差异的。罐藏食品的 pH 对细菌的最重要的作用是影响其对热的抵抗力。在一定温度下，pH 越高，细菌的抗热力越低，也就是提高了杀菌的效应。在实际应用中，一般以 pH 4.5 作为划分食品酸性强弱的界线，pH 4.5～6.8 的为低酸食品，pH＜4.5 的为酸性食品，食用菌罐头属于低酸性食品。

低酸性食品中的微生物，以嗜温性、厌氧性细菌为主，如产生毒素的肉毒梭状芽孢杆菌都属于这一类，通常作为杀菌的标准。

(4)细菌的耐热力　根据细菌对温度的适应范围可将其分为以下 3 种类型。

①嗜冷性细菌　生长最适温度为 14.4～20 ℃，这类细菌只对罐头原料构成威胁，对于密封杀菌后的罐头没有威胁性。

②嗜温性细菌　生长最适温度为 30～36.7 ℃。肉毒梭状芽孢杆菌属于嗜温性细菌，这类细菌对于食品安全非常重要。

③嗜热性细菌　生长温度最低是 37.8 ℃左右，最适温度为 50～56.6 ℃，有的种类可以在 76.7 ℃下缓慢生长。这类细菌的孢子更耐高温，有的能在 121 ℃下幸存 60 min 以上。这类细菌在食品败坏中不产生毒素，对此可采用清洁卫生和各种原料配料的严格管理来控制。

2. 影响杀菌效果的因素

(1)食品中的细菌数量　食品中的细菌数量，特别是孢子的数量越多，其抗热力越强。因此，食品原料污染细菌的程度、原料从采收到加工的存放方式和时间，以及罐头加工厂的卫生条件和卫生管理等，均可影响食品中的细菌数量，从而影响杀菌效果。污染率越高，残存耐热性芽孢的概率越大，如采用原定的杀菌温度和杀菌时间，就可能让部分有害细菌残留，而盲目提高杀菌温度和延长杀菌时间，又会影响罐头品质。可见，罐头生产的全过程必须讲究食品卫生，减少细菌污染，抑制其繁殖蔓延，提高杀菌效果。

(2)罐头的成分和酸度　罐头食品含有各种营养成分，其中油脂、蛋白质、糖等能增加细菌的抗热性；有机酸、植物杀菌素(如葱、蒜、辣椒)等能降低其抗热性，食用菌罐头汤汁中常添加 0.05%～0.1%的柠檬酸，提高汤汁的酸度，促进细菌菌体蛋白质的变性，从而提高杀菌效果。

(3)罐头的传热速度　传热快的食品，罐头的中心温度上升快，预热时间就短，杀菌时间也缩短了。

热的传递方式有传导、对流和辐射 3 种方式。在罐头食品杀菌过程中，只有传导和对流 2 种方式。在某一种罐头食品中，以哪种传热方式为主就取决于该食品的理化性质、装罐的数量与形式。固态食品则主要靠传导作用，如液态固态相混，则传导和对流两种方式俱存。在同类产品中，小罐头比大罐头传热快，汤汁多的比汤汁少的传热快。罐头初温越高，杀菌效率也越高。

(4)罐头生产要做到“三个及时”　一是装罐后及时封口，二是封口后要及时杀菌，三是杀菌后及时冷却。前面两个及时是为了提高罐头初温，从而提高杀菌效果。目前，我国在罐头生产中多数采用静止杀菌，这样处在锅中心的罐头受热最慢，而紧靠锅边的罐头受热最快。

3. 灭菌对食用菌品质的影响

食用菌罐头灭菌过程包括升温阶段、维持阶段和冷却阶段，这 3 个阶段对食用菌的色泽、组织结构、风味和营养成分等都有一定的影响。灭菌温度越高，时间越长，对食用菌营养成分的破坏越大，对食用菌品质的影响越严重。食用菌罐头灭菌一般采用高温短时灭菌，并尽量缩短升温时间和冷却时间，以减少对营养成分的破坏。为了缩短升温时间，要求罐内原料的初温即灭菌前罐内菇体和汤汁的温度要高，在罐头排气封罐后，立即进行灭菌。

灭菌后的罐头应立即冷却，终止高温对菇体的继续作用，如果冷却时间过长，罐内菇体的色泽、组织结构、风味和营养成分均会受到破坏。在生产实践中，对含酸较高的罐头（$pH<4.5$）采用常压沸水灭菌 10～30 min，含酸少的罐头采用高温灭菌。

（二）罐藏容器

作为罐藏容器必须具备以下条件。

1. 对人体无毒害

罐藏食品含有脂肪、蛋白质、糖、有机酸等营养成分。有时还含有食盐等成分，作为罐藏容器的材料与食品有直接接触，而食品又要贮存较长时间，从而容器材料应与食品之间不起化学反应、不致危害人体健康、不污染食品而影响食品风味。

2. 密封性能良好

食品的腐败变质往往是微生物污染的结果。罐藏食品是将食品原料经过加工、密封填充、杀菌制成的一种可以长期保存的食品。如果容器密封不良，就会使杀菌后的食品重新被微生物污染而造成腐败变质。因此，容器必须具有良好的密封性能。使内容物与外界隔绝，防止外界微生物的污染，这样才能确保食品不致变质而长期贮存。

3. 耐腐蚀性强

罐头食品含有机酸、蛋白质等有机物，以及某些人体所必需的无机盐等，这些物质都有可能腐蚀容器。有些物质在罐头生产中会产生一些化学变化，释放出具有一定腐蚀性的物质，而且罐藏食品在贮存过程中内容物与容器接触也会发生缓慢的变化，使罐藏容器出现腐蚀。因此，罐藏容器必须具有良好的耐腐蚀性能。

4. 适合于工业化生产

随着罐头工业的不断发展，罐藏容器的需要量与日俱增。因此，要求罐藏容器能适应工厂机械化和自动化生产，质量稳定，在生产过程中能够承受各种机械加工，且材料资源丰富，成本低廉。

(三)食用菌罐藏工艺

食用菌罐藏工艺主要包括原料准备、容器准备及罐藏加工。

1. 工艺流程

原料处理→烫漂→冷却、分级→装罐→排气→封罐→杀菌→冷却→成品罐头。

2. 技术要点

(1)原料菇的选择(品种)　原则上所有食用菌都可加工成罐头,但为提高品质,常选择质地致密、较耐热的双孢蘑菇、金针菇、猴头菇、银耳、草菇等的纽扣菇或整菇作为加工原料。

(2)原料菇的处理　处理包括原料的选择、分级、洗涤、切分、护色等,以双孢蘑菇为例,双孢蘑菇要求挑选新鲜、无病虫害、色泽洁白的纽扣菇和整菇(直径 2～4 cm)为原料,削平菌柄,柄长不超过 0.8 cm,然后,将选好的菇体倒入流水槽内(软水),迅速洗去泥沙、杂质,捞出后进行护色处理。

①稀盐溶液处理　将菇体浸入 0.6%～0.8%食盐液中,不超过 6 h。

②硫代硫酸钠处理　使用浓度为 0.1%～0.5%的硫代硫酸钠溶液处理一定时间,至菇体呈纯白色为止。

(3)烫漂　在一定温度下,对菇体进行短时间的热处理称烫漂。目的是抑制酶的活性,以保持菇品色泽、风味和营养,排除组织细胞中的气体和固定品质,终止菇体内的生化反应,软化组织便于装罐,提高装罐净重,排除某些产品的不良气味,清洗原料。

①利用蒸汽预煮机,在 96～98 ℃条件下处理 5～15 min,汁液可回收做罐头的填充液。

②用连续预煮机或不锈钢夹层锅,先将 2%浓度的盐水(或加 0.1%柠檬酸的自来水)在锅内烧开,投入蘑菇,水与菇比为 3∶2,水温 85～90 ℃,处理 5～8 min,并撇除上浮的泡沫。

(4)冷却分级　烫漂后立即投入流水或冷水、冷风中冷却,时间以 30～40 min 为宜,并按大小进行分级、选拣,分级可采用滚筒式或机械振荡式分级机。然后进行选拣,分成纽扣菇、整菇、片菇、碎菇四档,有的则需要修剪或切片。

(5)装罐　菇体烫漂冷却后即装入已消毒的空罐内并注罐液,注意每罐不可装得太满,要距盖留 8～10 mm 的空隙。由于在灭菌时还要收缩,所以在装菇体时,应按标准计算多加 7%～8.7%,然后通入汤汁(配方为清水 97.5 kg、精盐 2.5 kg、柠檬酸 50 g,加热 90 ℃以上,用纱布过滤),注入时汤汁温度不低于 70 ℃。分装时,应按各种罐号规定称量装足。

(6)排气　罐头装罐加液以后,封罐之前一般要进行排气处理。

①排气目的　排气时果蔬组织中的空气受热膨胀,逸出罐外,同时罐顶空隙中空气被水蒸气代替,密封冷却后即形成一定的真空度,有利于罐藏。除去内容物中的空气,排除氧气,以减少马口铁的腐蚀及内容物的变色变质;保持真空度,可减少杀菌时罐头内压,以保证容器的安全和外形的良好特征;防止好氧性微生物的生长和繁殖,减少罐头腐败的可能性;便于成品检查,一般盖底内凹者正常,凸出者腐败,击时声音轻、沉者正常,反之腐败。

②排气方法　装罐前将原料加热,趁热装罐,在降温前封罐;原料装罐后,不密封,置于 82～96 ℃下,排气 8～15 min,使中心温度达到 70～85 ℃,是目前最常用的排气法;用真空封罐机在封罐时抽成一定的真空度再封罐,一般要求达到 46.7～53.3 kPa,注意从安全生产考虑,大型罐的真空度应略小于小型罐,以免使大型罐"瘪听"。

(7)封罐　罐头排气后立即封罐,以防止罐温下降,而影响真空度和外界微生物对罐头的感染。封罐一般用封罐机进行,型号很多,有自动、半自动和真空封罐机三种;基本原理和部件都是一样的,即通过两个滚轮,第一滚轮的作用是将罐身的边与罐盖紧密卷5层,第二滚轮的作用是将形成的缝线压平,使其形成严密封闭状。

(8)杀菌　罐头经排气密封后,并不能杀灭罐中微生物,而仅能防止再侵染,故必须采取杀菌措施,以破坏食品本身所含的酶类及杀死使食品败坏的微生物,达到安全保存和改进风味的目的。杀菌方法有常压杀菌和高压杀菌两大类。

①常压杀菌　在常压下进行,杀菌温度一般在沸点温度左右(100 ℃),此法多适用于果品类及其他酸性罐头。

②高压杀菌　在完全密封的条件下,加压升温进行杀菌,又称高温杀菌,食用菌罐头的杀菌多采用此法,温度一般控制在121～127 ℃。

(9)冷却　冷却法有常压冷却和加压冷却两种,但常采用加压冷却。罐头的冷却水要符合生产用水标准,活细菌数不得超过50个/mL,最好使用氧化处理的冷却水。玻璃罐的冷却水温要逐步降低,以免玻璃罐破裂。待冷却到35～40 ℃,将罐头取出擦干于保温室中保温培养一周,然后抽样检查,打印标记后,即可包装入库贮藏或销售。

(四)食品罐头的检验和贮存

1. 检验

(1)成品罐头检验的目的　一是测定罐头杀菌条件是否充分,二是找出罐头腐败的原因。

(2)检验内容　一是细菌的检验,二是理化性质的检验,三是感官检验。

(3)检验步骤　入库罐头逐瓶检查,并抽样送检。按生产班次抽样,每3 000罐抽1罐,每班每个产品不得少于3罐,分别送检,做感官检验、理化检验和微生物检验(细菌学检验)。

2. 贮存

(1)贮存方式　罐头在仓库中的贮存,有散堆与包装两种形式。

(2)贮存管理　罐头在贮存中要避免过高或过低的温度,更要避免剧烈的温度变动。库内要有适当的通风条件。在贮存期间要经常检查,检出漏罐,避免污染好罐,减少损失。

(五)食用菌罐头常见的腐败现象及原因

罐头食品腐败的现象和原因是复杂的,常见的腐败分为下面3类。

1. 罐形变化的败坏

(1)胀罐　细菌作用产生气体而形成的内压使罐头的底盖向外突出,这种胀罐根据发生阶段的不同,有轻微胀罐和严重胀罐之分。

①撞胀　罐头外形正常,如将罐头抛落撞击,能使一端底盖突出,如施加压力,底盖即可恢复正常。

②弹胀　罐头一端或两端底盖稍向外突出,如施加压力,则可以保持一段时间的向内凹入的正常状态。

③软胀　罐头的两端底盖都向外突出,如施加压力,可以使其恢复正常,但除去压力,则立即恢复外突状态。

④硬胀　这种胀罐是最严重的,施加压力也不能使其两端底盖平坦凹入,是由于细菌的存在和活动产生气体,导致罐头内容物产生恶臭味和有毒物。轻微的胀罐(如撞胀或弹胀)也可能是由于装罐过量、排气不够或杀菌时热膨胀所致,这种胀罐是无害的。

(2)氢胀　这也是一种胀罐,外形与上面的胀罐一样,发展的阶段也一样。但这是由于对罐壁的腐蚀作用而释放出氢气,产生内压,使罐头底盖外突。这种胀罐多发生在酸性菇类罐头中，如汤液中加了太多的柠檬酸，且用马口铁包装的罐头，常发生这类胀罐。这类胀罐不危及人体健康安全。

(3)漏罐　由罐头缝线或孔眼渗漏出部分内容物。封盖时缝线有密封缺陷，或铁皮腐蚀生锈穿孔，或微生物产生气体而引起过大的内压损坏缝线的密封，或机械损伤，都可造成漏罐。

(4)变形罐　罐头底盖不规则地突出成峰脊状，很像胀罐。这是由于冷却技术掌握不好，消除蒸汽过快，罐内压力过大造成严重张力而使底盖不整齐地突出，冷却后仍保持其突出状态。这种情况一冷却完就形成了，而不是在罐头贮存过程中形成的。因罐内并无压力，如稍加压力即可恢复正常，对罐内菇体品质无影响。

(5)瘪罐　多发生在大型罐上，罐壁向内陷入变形。这是在罐内排气后，真空度过高、过分的外压或反压冷却等操作不当造成的，对罐内菇体品质无影响。

2. 理化性状腐败

这类腐败主要表现在菇体变色、变味等方面，菇体变色的原因很多，例如，贮藏时间过长，菇体内含硫物质与铁皮腐蚀下来的铁反应产生黑色物质，污染菇体。菇体内的单宁也可与铁起反应而产生黑色物质。

菇类罐头也常发现异味现象。在原料预处理过程中，由于卫生条件太差或过分拖延时间，使产品在微生物的作用下产生异味。容器气味的污染也会产生异味，如用松、杉木箱装运菇体及金属容器接触菇体等。如果容器内部在制作中被机油、柴油、汽油等污染，会带来更严重的气味。此外，如果酶在热处理时没被破坏，在贮藏时发生酶促生化反应，使菇体腐败而产生异味。

3. 微生物引起的腐败

(1)杀菌不彻底　致使某些微生物得以幸存，在适宜的条件下微生物就活动起来，产生气体的就形成胀罐；不产生气体的，则罐头外形无变化，而罐内菇体腐败，如酸败。这类腐败就是由于微生物在杀菌过程中没有完全被杀死，有的虽严格执行了杀菌操作要求，但由于原料过分污染，大量细菌存在而使杀菌效果达不到要求。

(2)罐漏引起的腐败　由于封罐机调节不当，形成缝线的密封缺陷；或在杀菌过程中操作不慎，造成缝线的松弛；或冷却水的过分污染，冷却时罐内吸入污水；或处理不当，损害密封缝线等，引起外界微生物侵入罐内，产生败坏。

(3)杀菌前的败坏　在原料准备过程中，拖延时间过久，因为微生物的繁殖而导致严重的腐败，杀菌后只不过停止了其继续腐败，已形成的腐败还保留在罐中。

三、食用菌盐渍加工技术

食用菌的盐渍技术是通过形成高渗透压的保藏环境来抑制微生物的生存，延长菇类保藏期的加工方法。

(一)盐渍加工的基本原理

食用菌盐渍加工时，常将鲜菇预煮(杀青)后再用饱和盐水浸泡，目的是增加菇体细胞膜的渗透性，尽快终止菇体细胞内生化变化(如酶促褐变)，最大限度地保存菇体的营养价值与商品价值。同时，盐渍加工还利用食盐溶液的高渗透压对微生物的抑制或破坏作用，使菇体免遭其害而得以较长时间的保藏。

盐渍加工的食用菌产品含盐量可达25%，可以产生约15 MPa压力，远远超过一般微生物细胞的渗透压(微生物细胞的渗透压是 0.34～1.63 MPa),因此,微生物不能从盐渍品中吸取营养而生长繁殖,其还能使微生物细胞内的水分外渗,使细胞处于休眠状态或死亡。使盐渍品得以长时间保藏。

食盐对微生物的抑制能力与微生物的种类、微生物的生活基质种类以及该食用菌的带菌数量有关,实验证明,6%的食盐溶液能抑制大肠杆菌和肉毒杆菌,10%的能抑制腐败菌,12%～13%的能抑制乳酸菌,20%的能抑制霉菌,25%的能抑制酵母菌。

夏天气温高,微生物繁殖快,要抑制微生物活动,盐水浓度相应要高;冬天气温低,食盐防腐力增强,浓度可低些。

盐水的 pH 对防腐力影响很大。pH 为 7.0 时,抑止腐败菌要求 20%的浓度,抑止酵母菌活动要求 25%的浓度;当 pH 为 2.5 时,14%的盐水即可抑制酵母菌生长发育。因此,在盐渍时,盐水中加适量有机酸对防腐有利(一般加适量的柠檬酸)。

(二)盐渍过程中品质的变化

1. 形态质地变化

由于反渗透作用,菇体水分外渗,体积减小,质地变脆。

2. 色泽变化

由蛋白质水解生成的酪氨酸,在酶的作用下经一系列氧化反应,最后生成深黄褐色或黑褐色的色素,氨基酸与还原糖作用可生成黑色物质,温度越高,色素的形成越快。

3. 香气形成

蛋白质水解生成的氨基酸具有一定的香气;酒精发酵所生成的微量酒精也具有一定的芳香;酒精与氨基酸作用生成的酯类物质则香气更浓,加工时,人为加入蒜、花椒等香料,也有增香作用。

4. 鲜味变化

食用菌蛋白质受微生物的作用和菇体本身所含水解酶的作用而逐渐被分解为氨基酸,有的氨基酸具有一定的鲜味和甜味,其中的谷氨酸与食盐作用生成谷氨酸钠(味精),更增加了鲜味。

5. 亚硝胺的产生

亚硝胺是一类致癌物质,由硝酸盐转化而来,产生原因主要包括:①原料腐烂菇内存在亚硝酸盐;②水中含有大量亚硝酸盐;③加工技术用盐量和温度控制不当。

在加工过程中加入适量的维生素 C(400 mg/kg)或苯甲酸钠(50 mg/kg),都可有效阻断亚硝胺的形成,同时,还要注意原料、水的新鲜及干净程度。

(三)盐渍工艺(平菇为例)

1. 工艺流程

原料选择→漂洗→煮制→盐渍→包装。

2. 技术要点

(1)原料处理　选择新鲜的、菇体完整的、直径为 3～12 cm 的平菇,将成丛的逐个分开,并将柄基老化部分剪去,剩余的最长不超过 1 cm。剔除畸形菇及杂质,用清水洗净备用。

(2)煮制　将洗净沥干的平菇放入沸水中,轻轻搅拌并撇去泡沫,煮沸 10 min,至菌盖有韧性,菇熟而不烂时捞起放冷水中冷却(煮制时,加入占水量 0.01%的柠檬酸效果更好)。平菇的失重率为 10%～15%,即每 100 kg 鲜菇,杀青后湿重为 85～90 kg。

(3)盐渍　冷却并沥干水分后的平菇即可进行盐渍，盐渍前先将瓷缸洗净，然后一层盐、一层菇地盐渍，在最上面撒盐。盐的用量为每 100 kg 鲜菇用 25 kg 食盐，2 d 后进行倒缸，重新加入浓度为 25%的盐水，使盐水淹没菇体，再过 6～7 d，检查缸内盐水浓度，若低于 20%，则加适量盐或盐水，以提高浓度。另外，也可以将煮制冷却后的平菇直接倒入浓度为 20%～22%的盐水中，盐渍 5～7 d，进行倒缸，并检查盐水浓度，隔 6～7 d，再倒缸一次，同样把浓度稳定在 20%～22%。注意盐水必须煮沸、凉凉后使用。

(4)包装　将盐渍好的平菇捞出，沥干至不滴水时称重包装，装量因桶而异，装好后再加入 20%～22%的盐水，使盐水浸没菇体，然后密封贮存。

(四)食用菌盐渍常见问题及解决措施

食用菌在盐渍过程中或在较长时间贮藏后(3 个月以上)，经常出现以下几种情况：

1. 酸膜或菌花酸膜

灰白色或乳黄色具有皱纹的膜状物，浮在盐液面上，是由产膜酵母菌或伪酵母菌在盐液表面生长所产生的。菌花是乳白色、光滑的膜状物，是由酒花酵母菌产生的。这些微生物都是好气性、抗盐、耐酸的微生物，能够氧化糖、乙醇、醋酸及乳酸等生成 CO_2 和水，对盐水菇的品质有不良的影响。要控制这些微生物活动，有如下两种方法。

(1)加满盐水，旋紧盖子，隔绝空气，形成无氧状态，使好气性微生物因缺氧而不能生长。

(2)盐水浓度在 22%以上，pH 降至 2.5 以下，也可再加入 0.05%～0.1%的防腐剂(苯甲酸或苯甲酸钠)。

2. 上层菇体腐烂发臭

由于菇体浮出液面接触空气，促进了细菌活动，分解菇体营养产生硫化氢等有毒气体，产生恶臭。防治方法是注意不让菇体浮出液面，用竹竿、卵石压住。

3. 菇体变黑

由于杀青不彻底，菇体没煮熟，菇体内的酶没有完全被破坏，在水解酶的作用下，蛋白质水解成氨基酸，氨基酸中的酪氨酸在酪氨酸酶的作用下氧化生成黑色物质。此外，细胞中的氨基酸与还原糖作用也可以生成黑色物质，使菇体变黑。防治方法如下。

(1)杀青要彻底，菇体煮到熟而不烂。

(2)装桶时，加入 0.4%～0.5%柠檬酸，可使菇体呈淡黄色。

4. 菇体变黄

由于盐渍时盐水浓度太低，乳酸菌和异型乳酸菌进行发酵活动，降解菇体，产生乳酸，菇体变蜡黄色，盐水浑浊，发酸、变味。防治方法是注意检查盐水浓度，控制在 22%以上。

四、食用菌糖制加工技术

(一)食用菌糖制加工基本原理

1. 高浓度糖液具有较高的渗透压

低浓度的糖液是微生物的营养品，有利于微生物的生长和发育，而高浓度的糖液可使附着在原料上的微生物无法生长繁殖，因为高浓度糖液具有较高的渗透压。如 1%的糖液可产生 0.12 MPa 的压力；65%的糖液可产生 4.55 MPa 的压力，而一般的微生物能耐 0.34～1.67 MPa 的压力，所以常用含糖量为 60%～65%及以上或可溶性固形物含量达到 68%～75%的糖液，使微生物细胞原生质脱水而生理干燥，起到抑制微生物的作用。

2. 高浓度糖液能降低水分活度

水分活度(a_W)是以热力学表示的水的自由度,是溶液中的水蒸气分压与纯水蒸气压之比。a_W 实际上表示游离水的数量,因为只有游离水才能产生蒸气压,微生物生长需要游离水,食品中可溶性固形物的增加,使游离水含量减少,即 a_W 变小,微生物不易获得所需的水分,因而不能繁殖。通常糖制品的 a_W 在 0.1～0.8,而大部分的腐败菌要求 a_W 在 0.9 以上才能生存,因而糖制品具有较强的保藏性能。

3. 高浓度糖液具有抗氧化作用

氧在糖液中的溶解度小于在水中的溶解度,并且糖液浓度与氧浓度呈负相关,如浓度为60%的蔗糖溶液,在 20 ℃时氧的溶解度仅为在纯水中的 1/6,因而有利于糖制品色泽、风味和维生素 C 的保存,并抑制好氧微生物的活动。

适宜糖制的食用菌有双孢蘑菇、平菇、香菇、金针菇、猴头菇、银耳、木耳等,食用菌糖制品种类较多,但以食用菌蜜饯和食用菌脯为主,两者生产工艺基本相同。

(二)食用菌糖制加工蜜饯(平菇为例)

1. 原料

新鲜平菇子实体、苹果酸钠、柠檬酸、氯化钙、白砂糖。

2. 工艺流程

选料整理→烫漂→硬化保脆处理→冷浸→煮糖。

(1)选料整理　选择完整、肉质肥厚、未霉烂变质,基本上未开伞的幼嫩子实体为加工原料。由于平菇菌盖与菌柄组织质地差异较大,应将两者切开分别加工,菌盖以完整为好,一般不必修整,菌柄可切成长 2～3 cm,厚 1～1.5 cm 的菇条于清水中漂洗沥干后备用,也可以用干菌柄加工,但必须用清水浸发 4～6 h,回软后洗净使用。

(2)烫漂　常采用二次烫漂法,因为平菇菌盖组织疏松,气体含量高,质地脆嫩,若烫漂不够,则排气不足,质脆易烂。第一次烫漂水温 95～100 ℃,2.5～3 min,第二次烫漂水温 80～85 ℃,5～7 min,菌柄可采用一次烫漂法,水温 95～100 ℃,7～8 min,捞起后迅速放入冷水中冷却。

(3)硬化保脆处理　将烫漂过的平菇在 0.4%～0.5%氯化钙水溶液中浸泡 8～10 h,菇液比 1∶2,然后用清水洗去残液;还可将菇体投入 5%石灰水中处理 12 h,然后清水漂洗 48 h,其间换水 5～6 次。

(4)冷浸　将硬化并漂洗干净的菇体沥干,在浓度 40%的糖液中冷浸 5～6 h,使菇体内水分初步析出,加 5%的苹果酸钠和 0.8%～1%的柠檬酸,于锅中煮沸后再加入经冷浸的平菇,大火煮沸,然后改用文火,以减少煮糖时的破损。

(5)煮糖　煮制前先配制好 60%～70%的糖液,以保持糖液微沸为度。煮制期间应不断补充水分,并用糖计测定糖液浓度,使糖浓度保持在 55%以上,煮制时间约 60 min(菌柄为 65～70 min),将糖液浓缩到 72%左右即可出锅。煮糖时,菇体色泽会出现变化,即灰白→灰黄→浅黄→金黄。

蜜饯包装一般分两层,先用玻璃纸包,然后装入塑料袋内密封、贮存。平菇蜜饯成品基本保持鲜菇的扇形结构,呈金黄琥珀色,透明感强,咀嚼韧性好,酸甜适中,在常温下可保藏一年。

五、食用菌酱类加工技术

食用菌酱类的加工方法通常是以各类食用菌子实体为原料,与酱类制作技术相结合,再根据不同消费者的口味需求，配以各种调味料和新鲜调料如葱、姜、蒜等加工而成。具有酱类和食用菌的双重营养和风味，且因食用菌种类不同，风味各异，有些产品还具有食用菌的独特保健功效，深受广大消费者的喜爱。

（一）工艺流程

原料的选择整理→漂洗→烫漂→切分→配料及酱制→后熟→包装。

(1)原料选择与整理　选质嫩、菇体完整、无病虫的新鲜子实体，切除菇脚。另外选新鲜、完整、无机械损伤和病虫害的辣椒，去掉果柄。

(2)漂洗　将整理好的蘑菇及辣椒，最好在采后 2 h 内用稀盐水(盐含量不超过 0.6%) 漂洗，以除去原料表面的杂质，保持原料的色泽正常。

(3)烫漂　将整理好的蘑菇捞出，置 95 ℃、含柠檬酸 0.05%～0.1%的水中烫漂 5～8 min，以破坏菇内酶活性，杀死表面微生物，软化组织，稳定色泽。

(4)切分　将烫漂好的菇体及辣椒纵切成长条状，以利于酱渍。

(5)配料及酱制　按蘑菇、辣椒、酱油各 2.5 kg，白砂糖 1.5 kg，熟花生油 350 g 及适量味精的配方，将上述原料放入洁净的容器中，混合均匀，用塑料布封口。

(6)后熟管理　入缸后 7 d 内，每隔 2 d 搅拌一次，共搅 3 次。搅拌过程中要将缸底与缸面的原料互换位置，保证酱制均匀，于室温下放置 10～30 d 即可成熟。

(7)包装　待产品成熟后即可取食，也可用塑料袋真空密封包装，经杀菌后作商品出售。

（二）产品质量

(1)感官指标　酱黄色，有蘑菇及辣椒特有的风味，酱香浓郁；口感脆嫩，甜、酸、咸、辣、鲜味适口。

(2)微生物指标　大肠菌群数<30 个/100 g，致病菌不得检出。

(3)本产品含盐量低，且色、香、味俱全，营养价值高，并有保健功能。

六、食用菌饮品加工技术

利用食用菌加工饮品，其优势一是加工增值的幅度大；二是加工技术容易掌握，投资规模可大可小，可根据企业的情况灵活掌握；三是充分利用食用菌的营养和保健功能，开发在营养和保健功能上特点突出的产品以吸引消费者，占领市场。随着研究的深入，人们将食用菌的营养与保健功能揭示得越来越清楚，加上加工技术越来越先进，食用菌饮品的品种越来越多，能够满足不同消费者的需要，加工前景也将越来越广阔。食用菌饮料包括酒精饮料、乳酸饮料、茶饮料和碳酸饮料。

茶饮料是指以茶叶或不含茶叶的原料用沸水冲泡、温浸而成的一种专供饮用的液体。常用的原料有植物的花、叶、果实、皮、茎枝、细根等。茶饮料可分为袋泡茶和茶块，其中袋泡茶颇受欢迎。袋泡茶的特点是体积小，便于贮存和携带，使用方便。袋泡茶适用质地较轻、疏松、有效成分易于浸出的原材料，尤其是含挥发性成分的原材料。

（一）茶饮料加工技术

1. 基本技术

(1)袋泡茶加工　袋泡茶一般可分为全生料型和半生料型两种。全生料型是将原材料(或含茶叶)粉碎成粗末，经干燥、灭菌入滤袋中即可制得。半生料型是将部分原材料粉碎成粗末，部分原材料(或含茶叶)煎煮后去渣取汁，浓缩成浸膏后吸收到原材料的粗末中，经干燥、灭菌后，分别装入耐温的滤袋中即可。

(2)茶块加工　将原材料粉碎成粗末、碎片，用面粉作黏合剂。也可将部分原材料煎煮后去渣取汁，提取浓缩成稠膏作为黏合剂，与剩余原材料粗粉末混匀，制成软材或颗粒，用模具或压茶机压制成一定的形状，低温干燥而成。

(3)质量检查

①外观及水分　外观洁净，色泽一致，闻之清香，口味纯正；袋装茶颗粒大小基本一致；含水量一般不超过12%。

②定性定量检测　可用显微镜、薄层色谱、化学鉴别等方法进行定性检测。含有挥发性成分的茶，可对其中的挥发油含量和水浸液中挥发性成分的浸出量进行测定。

③装量检测　取茶剂10份，去掉包装，分别称量(袋或包)内容物的重量并与标示重量比较。

2. 茶饮料加工实例(香菇营养保健茶加工)

本产品根据香菇独特的浓郁香气及具有较高的食用、保健和药用价值的特点，配合我国名茶——乌龙茶及相应的中草药加工而成，是一种高级营养保健饮品。

(1)工艺流程　原料→去杂→预煮→烘干→粉碎→配制→包装→杀菌→成品。

(2)操作要点

①原料选择与处理　香菇菌柄是制备保健茶的主要原料，应选择无霉变、无虫蛀、色泽好、优质的菌柄为原料。先用清水洗净，再摊开蒸30 min，阴干脱水，控制含水量在40%以下，然后进行烘干。烘干温度以先低温后高温为原则，使其含水量在13%以下。烘干后用粉碎机粉碎并过2 mm筛，晾干备用。

②乌龙茶的选择及处理　选择色、香、味俱佳的上等品为原料，先在一定温度下烘干，然后粉碎过筛备用。

③中草药的选择及处理　应选择《中华人民共和国药典》规定的1～2种中草药为原料，这些中草药对于降压、减肥、明目等均有一定作用。处理方法是先在一定温度下烘干，然后粉碎过筛备用。

④包装与灭菌　要经过反复比较试验，确定菇、茶、药的适宜配比，然后进行配制、包装。包装袋可采用袋泡茶纸袋，每袋3 g，再以纸盒包装，每盒20袋。灭菌可以采用包装、称量、杀菌一次完成的包装机械，也可采用钴射线杀菌。

(3)产品质量指标　茶汤黄褐色，香气浓烈，滋味纯正，没有药味、苦味，有回味，味道甘醇爽口，口感好。此茶不仅有乌龙茶香气浓烈、回味爽口的特点，而且具有香菇特有的清香。

(二)食用菌碳酸饮料加工技术

食用菌碳酸饮料属于充气饮料，一般充入的气体为CO_2，故又称碳酸饮料。食用菌充气饮料饮用后，具有清凉感觉，在酷暑季节，既能解渴、消除疲劳，又能补充营养，发挥食用菌的保健作用，因而是一种营养丰富的碳酸饮料。

1. 基本技术

(1)食用菌浓缩液提取制备　选新鲜食用菌子实体提取时，除去杂质，清洗干净，称量，然后切碎，放在锅中，加入1倍鲜菇重的清水，煮沸10 min，过滤取汁。然后将滤渣加0.5倍鲜菇重的水再煮沸3～5 min，过滤，并用少量水淋滤。最后收集全部滤液，在铝锅中浓缩，当滤液达到菇重2倍时停止浓缩，加入0.1%苯甲酸钠，将菇汁装进消过毒的容器中，低温保存备用。

选用干食用菌子实体制菇汁，先将菇称量，后洗净去杂，浸在 6 倍于干菇重的水里泡发 2 h，取出切成条，将菇放在铝锅中，加进泡菇的水煮沸 10 min。然后进行过滤，滤渣再在 3 倍干菇重的水中煮沸 5 min，过滤，用适量水淋滤。合并滤液，浓缩滤液至菇重 10 倍时停止浓缩，加入 0.1%苯甲酸钠，将菇汁装入消过毒的容器中，低温短期保存备用。

(2)配方选择

①食用菌汽水(1 L)　菇汁 300 mL，白砂糖适量，柠檬酸 9 g，小苏打 6.5 g，防腐剂 0.2 g。

②食用菌橘汁汽水(1 L)　菇汁 100 mL，白砂糖 90 g，柠檬酸 1.2 g，甜蜜素 0.14 g，浓缩橘汁 17.3 g，橘子香精 0.5 g，乳化香精 1.2 g，防腐剂 0.29 g。

(3)制作过程　将上述配方中的固体原料先溶于菇汁中，然后装入 CO_2 的碳酸化水，使成 1 000 mL，封口即可；或在菇汁中加入各种成分，然后加水至 1 000 mL，放进 6.5 g 小苏打（替代碳酸水），立即封口；或按照碳酸饮料的加工工艺进行生产。

2. 食用菌碳酸饮料加工实例

(1)猴头菇汽水　将猴头菇片 300 g 加入沸水煮片刻捞起，加入碱液浸泡，然后以清水漂洗，直至洗净碱液。在锅内加水 10 L，烧沸后投入猴头菇，用 4 层纱布过滤 2 次，得 10 L 滤液备用；在室温下或在高温下将适量糖溶于水，糖度为 55%，过滤去杂质备用；先以少量水将柠檬酸、色素溶解过滤，滤液与猴头菇提取液混合，之后加入糖浆液中，搅拌，使物料混合均匀。调和糖浆定量注入瓶中，再注入碳酸化水，经压盖，颠倒，检验合格后即为成品。

(2)香菇汽水　取干香菇 30 g，洗净后放入铝锅中加水 1 L，煮沸 10 min，待冷却后用 4 层纱布过滤，并用水淋滤，使滤液达 1 L 时止。然后加入适量白糖，冷却后装瓶，再加入柠檬酸 9 g，小苏打 6.5 g，迅速加上瓶盖，最后将瓶子放入冷水或冰箱中，20 min 后即可饮用。

(3)银耳汽水　干银耳 30 g 洗净，放入锅中，加水 1 L，煮沸 30 min 左右，用 4 层纱布过滤，取滤液，加开水补足至 1 L。然后加入适量白糖，待冷却后装瓶，加入柠檬酸 9 g，最后加入小苏打 6.5 g，迅速压下瓶盖，以防气体溢出。最后将瓶子放入冷水或冰箱中，20 min 后即可饮用。

【思考与练习】

1. 食用菌干制的方法有哪些？
2. 食用菌罐藏的原理是什么？
3. 影响食用菌罐头杀菌效果的因素有哪些？
4. 简述食用菌盐渍加工的原理。
5. 食用菌盐渍过程中品质有哪些变化？

附 录

附表 1 农作物秸秆成分

%

种类	水分	粗蛋白质	粗脂肪	粗纤维（含木质素）	无氮浸出物（可溶性碳水化合物）	粗灰分
稻草	13.4	1.8	1.5	28.0	42.9	12.4
小麦秆	10.0	3.1	1.3	32.6	43.9	9.1
大麦秆	12.9	6.4	1.6	33.4	37.8	7.9
玉米秆	11.2	3.5	0.8	33.4	42.7	8.4
高粱秆	10.2	3.2	0.5	33.0	48.5	4.6
黄豆秆	14.1	9.2	1.7	36.4	34.2	4.4
棉秆	12.6	4.9	0.7	41.4	36.6	3.8
棉籽壳	13.6	5.0	1.5	34.5	39.5	5.9
甘薯藤(鲜)	89.8	1.2	0.1	1.4	7.4	0.2
花生藤	11.6	6.6	1.2	33.2	41.3	6.1

附表 2 农副产品化学成分

%

种类	水分	粗蛋白质	粗脂肪	粗纤维（含木质素）	无氮浸出物（可溶性碳水化合物）	粗灰分
稻壳	6.8	2.0	0.6	45.3	28.5	16.9
细米糠	9.0	9.4	15.0	11.0	46.0	9.6
麦麸	12.1	13.5	3.8	10.4	55.4	4.8
玉米芯	8.7	2.0	0.7	28.2	58.4	20.0
花生壳	10.1	7.7	5.9	59.9	10.4	6.0
玉米糠	10.7	8.9	4.2	1.7	72.6	1.9
高粱糠	13.5	10.2	13.4	5.2	50.0	7.7
豆饼	12.1	35.9	6.9	4.6	34.9	5.1
豆渣	7.4	27.7	10.1	15.3	36.3	3.2
菜饼	4.6	38.1	11.4	10.1	29.9	5.9
芝麻饼	7.8	39.4	5.1	10.0	28.6	9.1
酒糟	16.7	27.4	2.3	9.2	40.0	4.4
淀粉渣	10.3	11.5	0.71	27.3	47.3	2.9
蚕豆壳	8.6	18.5	1.1	26.5	43.2	3.1
废棉	12.5	7.9	1.6	38.5	30.9	8.6
棉仁粕	10.8	32.6	0.6	13.6	36.9	5.6

附表 3　谷类、薯类农副产品化学成分

%

种类	水分	粗蛋白质	粗脂肪	粗纤维（含木质素）	无氮浸出物（可溶性碳水化合物）	粗灰分
稻谷	13.0	9.1	2.4	8.9	61.3	5.4
大麦	14.5	10.0	1.9	4.0	67.1	2.5
小麦	13.5	10.7	2.2	2.8	68.9	1.9
黄豆	12.4	36.6	14.0	3.9	28.9	4.2
玉米	12.2	9.6	5.6	1.5	69.7	1.0
高粱	12.5	8.7	3.5	4.5	67.6	3.2
小米	13.3	9.8	4.3	8.5	61.9	2.2
马铃薯	75.0	2.1	0.1	0.7	21.0	1.1
甘薯	9.8	4.3	0.7	2.2	80.7	2.3

附表 4　农副产品主要矿质元素含量

%

种类	钙	磷	钾	钠	镁	铁	锌	铜/(mg/kg)	锰/(mg/kg)
稻草	0.283	0.075	0.154	0.128	0.028	0.026	0.002	—	25.8
稻壳	0.080	0.074	0.321	0.088	0.021	0.004	0.071	1.6	42.4
米糠	0.105	1.920	0.346	0.016	0.264	0.040	0.016	3.4	85.2
麦麸	0.066	0.840	0.497	0.099	0.295	0.026	0.056	8.6	60.0
黄豆秆	0.915	0.210	0.482	0.048	0.212	0.067	0.048	7.2	29.2
豆饼粉	0.290	0.470	1.613	0.014	0.144	0.020	0.012	24.2	28.0
芝麻饼	0.722	1.070	0.723	0.099	0.331	0.066	0.024	54.2	32.0
蚕豆荚	0.190	0.260	0.488	0.048	0.146	0.065	0.038	2.7	12.0
豆腐渣	0.460	0.320	0.320	0.120	0.079	0.025	0.010	9.5	17.2
酱渣	0.550	0.125	0.290	1.000	0.110	0.037	0.023	44.0	12.4
淀粉渣	0.144	0.069	0.042	0.012	0.033	0.016	0.010	8.0	—
稻谷	0.770	0.305	0.397	0.022	0.055	0.055	0.044	21.3	23.6
小麦	0.040	0.320	0.277	0.006	0.072	0.008	0.009	8.3	11.2
大麦	0.106	0.320	0.362	0.031	0.042	0.007	0.011	5.4	18.0
玉米	0.049	0.290	0.503	0.037	0.065	0.005	0.014	2.5	—
高粱	0.136	0.230	0.560	0.079	0.018	0.010	0.004	413.7	10.2
小米	0.078	0.270	0.391	0.065	0.073	0.007	0.008	195.4	15.6
甘薯	0.078	0.086	0.195	0.232	0.038	0.048	0.016	4.7	19.1

附表 5　牲畜粪的化学成分

%

种类		水分	有机质	矿物质	氮(N)	磷(P_2O_5)	钾(K)
干粪	猪粪		82		3～4	2.7～4	2～3.3
	黄牛粪		90		1.62	0.7	2.1
	马粪		84		1.6～2	0.8～1.2	1.4～1.8
	牛粪		73		1.65～2.48	0.85～1.38	0.25～1
鲜粪	马粪	76.5	21	3.9	0.47	0.30	0.30
	黄牛粪	82.4	15.2	3.6	0.30	0.18	0.18
	水牛粪	81.1	12.7	5.3	0.26	0.18	0.17
	猪粪	80.7	17.0	3.0	0.59	0.46	0.43
	家禽	57	29.3	—	1.46	1.17	0.62
尿	马尿	89.6	8.0	8.0	1.29	0.01	1.39
	黄牛尿	92.6	4.8	2.1	1.22	0.01	1.35
	水牛尿	81.6	—	—	0.62	极少	1.60
	猪尿	96.6	1.5	1.0	0.38	0.10	0.99

附表 6　各种培养料的碳氮比(C/N)

种类	C/%	N/%	C/N	种类	C/%	N/%	C/N
木屑	49.18	0.10	491.80	麸皮	44.74	2.20	20.34
楝落叶	49.00	2.00	24.50	玉米粉	52.92	2.28	23.21
稻草	45.39	0.63	72.30	米糠	41.20	2.08	19.81
大麦秆	47.09	0.64	73.58	啤酒糟	47.70	6.00	7.95
玉米秆	46.69	0.53	88.09	高粱酒糟	37.12	3.94	9.42
小麦秆	47.03	0.48	98.00	豆腐渣	9.45	7.16	1.32
棉籽壳	56.00	2.03	27.59	马粪	11.60	0.55	21.09
稻壳	41.64	0.64	65.00	猪粪	25.00	0.56	44.64
甘蔗渣	53.07	0.63	84.24	黄牛粪	38.60	1.78	21.70
甜菜渣	56.50	1.70	33.24	水牛粪	39.78	1.27	31.30
奶牛粪	31.79	1.33	24.00	纺织屑	59.00	2.32	22.00
羊粪	16.24	0.65	24.98	沼气肥	22.00	0.70	31.43
兔粪	13.70	2.10	6.52	花生饼	49.04	6.32	7.76
鸡粪	14.79	1.65	8.96	大豆饼	47.46	7.00	6.78
鸭粪	15.20	1.10	13.82				

附表 7 培养料含水量参照表(一)

每 100 kg 干料中加入的水/kg	料水比	含水量/%	每 100 kg 干料中加入的水/kg	料水比	含水量/%
75	1∶0.75	50.3	130	1∶1.3	62.2
80	1∶0.8	51.7	135	1∶1.35	63.0
85	1∶0.85	53.0	140	1∶1.4	63.8
90	1∶0.9	54.2	145	1∶1.45	64.5
95	1∶0.95	55.4	150	1∶1.5	65.2
100	1∶1	56.5	155	1∶1.55	65.9
105	1∶1.05	57.6	160	1∶1.6	66.5
110	1∶1.1	58.6	165	1∶1.65	67.2
115	1∶1.15	59.5	170	1∶1.7	67.8
120	1∶1.2	60.5	175	1∶1.75	68.4
125	1∶1.25	61.3	180	1∶1.8	68.9

附表 8 培养料含水量参照表(二)

%

含水量	料水比	含水量	料水比	含水量	料水比	含水量	料水比
15	1∶0.176	34	1∶0.515	53	1∶1.129	72	1∶2.571
16	1∶0.190	35	1∶0.538	54	1∶1.174	73	1∶2.704
17	1∶0.205	36	1∶0.563	55	1∶1.222	74	1∶2.846
18	1∶0.220	37	1∶0.587	56	1∶1.272	75	1∶3.000
19	1∶0.235	38	1∶0.613	57	1∶1.326	76	1∶3.167
20	1∶0.250	39	1∶0.639	58	1∶1.381	77	1∶3.348
21	1∶0.266	40	1∶0.667	59	1∶1.439	78	1∶3.545
22	1∶0.282	41	1∶0.695	60	1∶1.500	79	1∶3.762
23	1∶0.299	42	1∶0.724	61	1∶1.564	80	1∶4.000
24	1∶0.316	43	1∶0.754	62	1∶1.632	81	1∶4.263
25	1∶0.333	44	1∶0.786	63	1∶1.703	82	1∶4.556
26	1∶0.350	45	1∶0.818	64	1∶1.777	83	1∶4.882
27	1∶0.370	46	1∶0.852	65	1∶1.857	84	1∶5.250
28	1∶0.389	47	1∶0.885	66	1∶1.941	85	1∶5.667
29	1∶0.408	48	1∶0.923	67	1∶2.030	86	1∶6.143
30	1∶0.429	49	1∶0.960	68	1∶2.215	87	1∶6.692
31	1∶0.449	50	1∶1.000	69	1∶2.226	88	1∶7.333
32	1∶0.471	51	1∶1.040	70	1∶2.333	89	1∶8.091
33	1∶0.493	52	1∶1.083	71	1∶2.448	90	1∶9.100

附表 9　培养料含水量参照表(三)

要求达到的含水量/%	每 100 kg 干料应加入的水/kg	料水比（料∶水）	要求达到的含水量/%	每 100 kg 干料应加入的水/kg	料水比（料∶水）
50.0	74.0	1∶0.74	58.0	107.1	1∶1.07
50.5	75.8	1∶0.76	58.5	109.6	1∶1.10
51.0	77.6	1∶0.78	59.0	112.2	1∶1.12
51.5	79.4	1∶0.79	59.5	114.8	1∶1.15
52.0	81.3	1∶0.81	60.0	117.5	1∶1.18
52.5	83.2	1∶0.83	60.5	120.3	1∶1.20
53.0	85.1	1∶0.85	61.0	123.1	1∶1.23
53.5	87.1	1∶0.87	61.5	126.0	1∶1.26
54.0	89.1	1∶0.89	62.0	128.9	1∶1.29
54.5	91.2	1∶0.91	62.5	132.0	1∶1.32
55.0	93.3	1∶0.93	63.0	135.1	1∶1.35
55.5	95.5	1∶0.96	63.5	138.4	1∶1.38
56.0	97.7	1∶0.98	64.0	141.7	1∶1.42
56.5	100.0	1∶1	64.5	145.1	1∶1.45
57.0	102.3	1∶1.02	65.0	148.6	1∶1.49
57.5	104.7	1∶1.05	65.5	152.2	1∶1.52

附表 10　常用消毒剂的配制及使用方法

品名	使用浓度	配制方法	用途	注意事项
乙醇	75%	95%乙醇 75 mL 加水 20 mL	手、器皿、接种工具及分离材料的表面消毒 防治对象:细菌、真菌	易燃,防着火
苯酚（石炭酸）	3%～5%	95～97 mL 水中加入苯酚 3～5 g	空间及物体表面消毒 防治对象:细菌、真菌	防止腐蚀皮肤
来苏儿	2%	50%来苏儿 40 mL 加水 960 mL	皮肤及空间、物体表面消毒 防治对象:细菌、真菌	配制时勿使用硬度高的水
甲醛（福尔马林）	5%或原液每立方米 10 mL 熏蒸	40%甲醛溶液 12.5 mL 加蒸馏水 87.5 mL	空间及物体表面消毒,原液加等量的高锰酸钾混合或加热熏蒸 防治对象:细菌、真菌	刺激性强,注意皮肤及眼睛的保护
新洁尔灭	0.25%	5%新洁尔灭 50 mL 加蒸馏水 950 mL	用于皮肤、器皿及空间消毒 防治对象:细菌、真菌	不能与肥皂等阴离子洗涤剂同用
高锰酸钾	0.1%	高锰酸钾 1 g 加水 1 000 mL	皮肤及器皿表面消毒 防治对象:细菌、真菌	随配随用、不宜久放

续附表10

品名	使用浓度	配制方法	用途	注意事项
过氧乙酸	0.2%	20%过氧乙酸 2 mL 加蒸馏水 98 mL	空间喷雾及表面消毒 防治对象:细菌、真菌	对金属腐蚀性强,勿与碱性物品混用
漂白粉	5%	漂白粉 50 g 加水 950 mL	喷洒、浸泡与擦洗消毒 防治对象:细菌	对服装有腐蚀和脱色作用。防止溅在服装上,注意皮肤和眼睛的保护
碘酒	2%～2.4%	碘化钾 2.5 g、蒸馏水 72 mL、95%乙醇 73 mL	用于皮肤表面消毒 防治对象:细菌、真菌	不能与汞制剂混用
氯化汞	0.1%	取 1 g 氯化汞溶于 25 mL 浓盐酸中,加水 1 000 mL	分离材料表面消毒	剧毒
硫酸铜	5%	取 5 g 硫酸铜加水 95 mL	菌床上局部杀菌或出菇场地的杀菌 防治对象:真菌	不能贮存于铁器中
甲基托布津	0.1% 或 1∶(500～800)	0.1%的水溶液	对接种钩和出菇场所空间喷雾消毒 防治对象:真菌	不能用于木耳类、猴头菇、羊肚菌的培养料中
多菌灵	1∶1 000 拌料或 1∶500 喷洒	用 0.1%～0.2% 的水溶液	喷洒床畦消毒 防治对象:真菌、半知菌	不能用于木耳类、猴头菇、羊肚菌的培养料中
气雾消毒剂	每立方米 2～3 g	直接点燃熏蒸	接种室、培养室和菇房内熏蒸消毒	易燃,对金属有腐蚀作用

附表 11　常用消毒剂防治对象及用法

名称	防治对象	用法与用量
甲醛	线虫	5%喷洒,每立方米喷 250～500 mL
苯酚(石炭酸)	害虫、虫卵	3%～4%的水溶液喷洒
漂白粉	线虫	0.1%～1% 喷洒
除虫菊酯类	菇蝇、菇蚊、蛆	见商品说明,3%乳油稀释 500～800 倍喷雾
鱼藤酮	菇蝇、跳虫	0.1%水溶液喷雾
食盐	蜗牛、蛞蝓	5%水溶液喷雾
对二氯苯	螨类	每立方米 50 g 熏蒸

参 考 文 献

[1] 陈宗泽,唐玉琴．食用菌栽培技术[M]. 北京:中国人民解放军出版社,2000.
[2] 卯晓岚．中国大型真菌[M]. 郑州:河南科学技术出版社,2000.
[3] 陈士瑜．中国蕈菌文化研究[J]. 中国食用菌,2000,19 (增刊):54-59.
[4] 刘朝贵．食用菌栽培新技术[M]. 成都:四川科学技术出版社,2001.
[5] 王波．最新食用菌栽培技术[M]. 成都:四川科学技术出版社,2001.
[6] 丁自勉．灵芝[M]. 北京:中国中医药出版社,2001.
[7] 王传福．新编食用菌生产手册[M]. 郑州:中原农民出版社,2002.
[8] 冯景刚．种菇速成图说[M]. 北京:中国农业出版社,2002.
[9] 张金霞．食用菌菌种生产与鉴别[M]. 北京:中国农业出版社,2002.
[10] 王爱成,李柏．灵芝[M]. 北京:北京科学技术出版社,2002.
[11] 刘祖同,罗信昌．食用蕈菌生物技术及应用[M]. 北京:清华大学出版社,2002.
[12] 裴黎．现代 DNA 分析技术理论与方法[M]. 北京:中国人民公安大学出版社,2002.
[13] 韩玉财．最新食用菌生产与经销大全[M]. 沈阳:辽宁科学技术出版社,2002.
[14] 蔡衍山,吕作舟,蔡耿新．食用菌无公害生产技术手册[M]. 北京:中国农业出版社,2002.
[15] 陈士瑜．食用菌栽培新技术[M]. 北京:中国农业出版社,2003.
[16] 陈士瑜．珍稀菇栽培与加工[M]. 北京:金盾出版社,2003.
[17] 陈士瑜．菇菌栽培手册[M]. 北京:科学技术文献出版社,2003.
[18] 王贺祥．食用菌学[M]. 北京:中国农业大学出版社,2004.
[19] 张金霞．食用菌安全优质生产技术[M]. 北京:中国农业出版社,2004.
[20] 兰进．食药用菌栽培技术图解[M]. 北京:中国农业出版社,2004.
[21] 常明昌．食用菌栽培[M]. 北京:中国农业出版社,2004.
[22] 曹德宾,孙庆温,王世东．绿色食用菌标准化生产与营销[M]. 北京:化学工业出版社,2004.
[23] 贾身茂．白灵菇无公害生产技术[M]. 北京:中国农业科学技术出版社,2004.
[24] 张柏松,王广来,曹德宾．食用菌病害的识别与防治[M]. 北京:化学工业出版社,2005.
[25] 王尚壁,安娜,李军,等．白灵菇不同出菇方式比较试验[J]. 湖北农业科学,2005(6):82-83.
[26] 常明昌．食用菌栽培[M]. 北京:中国农业出版社,2005.
[27] 卢敏,李玉．吉林省食用菌产业发展现状与战略研究[J]. 吉林农业大学学报,2005(2):230-232.
[28] 李宏伟．黑木耳代料栽培技术[M]. 哈尔滨:东北林业大学出版社,2005.
[29] 潘崇环,孙萍．新编食用菌栽培技术图解[M]. 北京:中国农业出版社,2006.
[30] 韩铁均,王志学．元蘑的大棚栽培[J]. 特种经济动植物,2007(7):45.
[31] 迟竟学．榆树茬子栽培榆耳技术[J]. 特种经济动植物,2007(7):42-43.
[32] 詹卫东．杨树菇人工栽培试验研究[J]. 现代农业科技,2007(6):4-6.